Schummelseiten

Legen Sie diese Seite neben sich, wenn Sie Ihren Roman erstellen.

»M« bedeutet Meilenstein. Eine ausführliche Erklärung der Meilensteine finden Sie im Kapitel »Aufbau eines Liebesromans nach der Girlandenmethode«.

Phase 1: Exposition / Einführung in die »Alte Welt« der Figuren

- ✔ M1 und M2: Einführung der Figuren mit ihren Konflikten in der alten Welt
- ✔ M3: Das erste ernsthafte Aufeinandertreffen (»Meet Cute«-Moment)
- ✔ M4: Hindernis, sich zu verlieben, aufzeigen
- ✔ Plot Point 1 (M5): Unfreiwilliges Zusammensein oder unfreiwillige Trennung

Phase 2: Verlieben / Sehnsucht

- ✔ M6: Weitere Gründe und Umstände, die gegen die Liebe sprechen
- ✔ M7: Erste Zweifel am Hindernis: Vielleicht geht es doch?
- ✔ M8: Verlangen zueinander vertiefen
- ✔ M9, Variante 1: Hoffnung schüren, dass es doch eine Chance gibt
- ✔ M9, Variante 2: Hoffnung minimieren, dass es doch eine Chance gibt
- ✔ Midpoint, Variante 1: Alles sieht sehr gut aus. Nichts kann sie trennen.
- ✔ Midpoint, Variante 2: Es sieht schlecht aus. Sie werden wohl nie zusammen sein.

Phase 3: Auseinanderdriften / Aufeinander zugehen

- ✔ M11, Variante 1: Erste Zweifel an der Liebe. Sand im Getriebe.
- ✔ M11, Variante 2: Chance auf Wiedervereinigung
- ✔ M12, Variante 1: Zweifel verstärken
- ✔ M12, Variante 2: Hoffnung stärken, eventuell erstes Wiedersehen
- ✔ M13, Variante 1: Die Figuren driften weiter auseinander. Emotionale Entfernung.
- ✔ M13, Variante 2: Wiedersehen mit Distanz
- ✔ M14, Variante 1: Mauern hochziehen und Schutzschild aufstellen. Abkapseln.
- ✔ M14, Variante 2: Intimität und Wiedervereinigung. Hoffnung auf Zukunft.

Schummelseiten

- ✔ Plot Point 2 (M15), Variante 1: Die Figuren trennen sich
- ✔ Plot Point 2 (M15), Variante 2: Altes Problem noch ungelöst. Plötzliche Trennung, Rückzug oder »Angst wird über die Liebe gestellt«

Phase 4: Für die Liebe kämpfen

- ✔ M16: Trennung (wenn noch nicht geschehen) und Liebeskummer
- ✔ M17: Erkenntnis der Wahrheit, doch jetzt scheint es zu spät zu sein
- ✔ M18: Die »Große Geste«, 1. Teil des Finales. Figuren stellen sich der Angst und riskieren ihren Tod (metaphorisch oder tatsächlich).
- ✔ M19: Versöhnung und Happy End oder bittersüßes Ende
- ✔ M20: Epilog oder Konsequenz aus dem Finale

Liebesromane schreiben für Dummies

Annika Bühnemann

Liebesromane schreiben für dummies®

WILEY-VCH GmbH

Liebesromane schreiben für Dummies

Bibliografische Information der Deutschen Nationalbibliothek

Die Deutsche Nationalbibliothek verzeichnet diese Publikation in der Deutschen Nationalbibliografie; detaillierte bibliografische Daten sind im Internet über `http://dnb.d-nb.de` abrufbar.

1. Auflage 2026

Coverfoto: © FPWing – stock.adobe.com
Korrektur: Petra Heubach-Erdmann
Satz: Straive, Chennai, India
Druck und Bindung:

Print ISBN: 978-3-527-72268-6
ePub ISBN: 978-3-527-85061-7

Über die Autorin

Die meisten Kinder lernen in der ersten Klasse Buchstaben kennen, Annika Bühnemann (geboren 1987) schrieb da ihre erste Geschichte, nämlich ein Drama über einen kranken Osterhasen. Ein Werk, das vermutlich nur deshalb nicht verfilmt wurde, weil Hollywood die emotionale Tiefe nicht verkraftet hätte.

Von da an war die Zielrichtung klar: irgendwas mit Bücherschreiben. Zwischen Mathearbeiten und jugendlicher Identitätskrise entdeckte sie Shari Low und den Roman »Saure Gurken Zeit«. Damit war auch das Genre vorerst gesetzt: humorvolle Liebesromane mit Herz, Hirn und Humor. Mit Mitte 20 veröffentlichte sie ihren ersten eigenen Roman, der sich sofort viele Tausend Male in nur wenigen Wochen verkaufte. Sie startete den Blog *vomschreibenleben.de* und berichtete transparent über ihren Werdegang als Autorin, ihre Marketingmaßnahmen, ihre Herausforderungen und Lösungen. Nach und nach beriet sie immer mehr Autorinnen und Autoren auf ihrem Weg, sodass sie sich 2016 als Schreib- und Marketingcoach selbstständig machte. Etwas später ließ sie sich als Life Coach zertifizieren, um insbesondere bei Selbstzweifeln, Krisen und Motivationslöchern helfen zu können.

Parallel dazu veröffentlichte sie mit und ohne Verlag weitere Liebesromane. Sie gewann eine Ausschreibung von DroemerKnaur, wo 2023 ihr Roman *Nur noch bis morgen* unter Pseudonym erschien.

Heute schreibt sie in zwei Genres: Cosy Crime mit sarkastischer Würze (beispielsweise die Reihe *Morde mit Meerblick*) und magische Liebesromane mit Herz. Ihr eigenes Herz gehört voll und ganz ihrer vierköpfigen Familie, die sie täglich durch ihr Chaos inspiriert.

Auf einen Blick

Inhaltsverzeichnis

Einführung

Shakespeare hat es getan. Jane Austen hat es getan. Nicholas Sparks und Colleen Hoover ebenso. Auch die Drehbuchautoren von *Bridget Jones* und *Tatsächlich … Liebe*: Sie alle haben über die Liebe geschrieben. Große Gefühle sind der Motor unzähliger Geschichten, der Treibstoff der Literatur, der Grund, warum wir Tränen lachen und Taschentücher neben einem Buch liegen haben. Manchmal fühlt es sich so an, als wäre schon alles darüber gesagt worden. Trotzdem möchten Sie einen schreiben. Vielleicht denken Sie: »Es gibt doch schon so viele Liebesromane, wieso sollte gerade ich noch etwas dazu sagen können?«

Erstens: Wir Menschen lieben es, über die Liebe zu lesen, und deshalb kann es gar nicht genug Geschichten geben.

Unsere Herzen sind von Natur aus chronisch romantisch veranlagt. Selbst dieser bärtige Zyniker, der sich nur für Horror und dystopische Sci-Fi interessiert, hat ein Herz, das sich nach Liebe sehnt, und wird deshalb von einer wirklich guten Liebesgeschichte berührt. Ob in einem Krimi, in einem Fantasy-Epos oder in einem Roman, der sich ausschließlich der Liebe widmet – sie ist das emotionale Zentrum, das alles zusammenhält. Der Mensch braucht Liebe und der Mensch versteht das Leben durch Geschichten.

Zweitens: Der Gedanke, es sei »schon alles gesagt worden«, ist einfach nicht wahr.

Sicher, es geht im Kern immer um die gleiche Frage, aber keine zwei Liebesgeschichten sind identisch. Ihre Stimme, Ihre Sichtweise, Ihre Art, Menschen und ihre Gefühle zu beschreiben, gibt Ihrer Geschichte Einzigartigkeit. Niemand auf der Welt würde bei der gleichen Romanidee genau die Geschichte schreiben, die Sie mithilfe dieses Buches schreiben werden.

Drittens: Es gab nie eine bessere Zeit, um Bücher zu schreiben.

Früher brauchte man Beziehungen zu Verlagen und Agenturen, eine Menge Glück und musste um Mitternacht bei Vollmond eine Jungfrau opfern, um überhaupt an eine Veröffentlichung denken zu dürfen. Heute können Sie innerhalb weniger Monate ein Buch schreiben und überarbeiten, lektorieren lassen und es als E-Book oder Print-on-Demand herausbringen und die Herzen der Leserinnen und Leser erfreuen – und das alles vom Sofa aus, in Jogginghose und mit einer Kuscheldecke um die Schultern (möglicherweise habe ich dieses Buch auch so geschrieben. Ich werde die Antwort nicht verraten). Außerdem können Sie nach wie vor Ihr Buch über einen Verlag veröffentlichen lassen. Gute Bücher finden ihren Weg.

Sogar Marketing ist kein Hexenwerk mehr. Sie brauchen kein riesiges Werbebudget, keine teuren Anzeigen oder den Heiligen Gral des Buchmarketings (auch wenn der natürlich helfen würde. Melden Sie sich bei mir, wenn Sie ihn gefunden haben! Meine Kontaktadresse steht am Ende). Mit Social Media, Newsletter-Marketing und ein wenig Kreativität können Sie sich eine unterstützende Community aufbauen, sogar noch bevor Sie das Buch veröffentlicht haben.

Kurz: Die Welt braucht mehr Geschichten über die Liebe. Ihre Geschichte. Also schnappen Sie sich ein Notizbuch, einen Kaffee oder Tee (oder ein Glas Wein, je nach Tageszeit) und legen Sie los. Denn wenn nicht jetzt, wann dann?

Über dieses Buch

Ich verrate Ihnen ein Geheimnis: Der Papier- oder Datenberg, den Sie gerade in den Händen halten, wurde gar nicht für Sie geschrieben. Der erste Entwurf war für mich selbst, um alles zu notieren, was ich beim Schreiben von Liebesromanen wichtig finde. Ich wollte eine Struktur haben, an der ich mich entlanghangeln kann, wenn ich einen neuen Roman verfasse. Erst in der Überarbeitung kamen Sie dann ins Spiel und ich habe überlegt, für wen mein Text am hilfreichsten wäre und was ich von dem, was ich bereits auswendig weiß, aufschreiben oder vertiefen sollte, damit Sie selbst loslegen können.

Für dieses Buch ist es unwichtig, ob Sie bereits Romane geschrieben oder veröffentlicht haben oder zum ersten Mal eine Figur und eine Handlung entwickeln. Ich gehe davon aus, dass Sie gerne schreiben und aus irgendeinem Grund Unterstützung in Liebesdingen brauchen – natürlich nur in Sachen Schreibhandwerk. Sie wollen wissen, wie man Klischees vermeidet, Gefühle auslöst, originell ist, aber dennoch die Erwartungen der Zielgruppe erfüllt. Vielleicht haben Sie in der Vergangenheit bereits erste Erfahrungen beim Schreiben von Liebesgeschichten gesammelt und festgestellt, dass es schwieriger ist, als es sich liest. Immer mehr Fragen türmen sich in Ihrem Kopf und ich gebe mein Bestes, jede davon im Folgenden zu beantworten.

In meinen Coachings und Seminaren frage ich meine Teilnehmenden gerne, wo sie stehen und was ihr Ziel ist. Leider können wir beide hier nur sehr einseitig kommunizieren und Sie müssen die Einschätzungen selbst übernehmen. Ich habe den Inhalt so konzipiert, dass Sie alle als Leserinnen und Leser mit unterschiedlichen Erfahrungsstufen auf Ihre Kosten kommen können.

Konventionen in diesem Buch

Zur besseren Orientierung in diesem Buch verwende ich folgende Konventionen:

Fett geschrieben habe ich Begriffe, die Sie sich merken sollten oder die ich im Kontext des Abschnitts für hervorhebenswert erachte.

Kursiv geschriebene Begriffe sind entweder Roman- oder Filmtitel oder direkte Zitate – ich vertraue darauf, dass Sie aus dem Kontext schließen werden, was davon gerade zutrifft.

Außerdem werden Sie immer wieder von drei Bestseller-Autorinnen lesen, die mir für diesen Ratgeber verraten haben, wie sie arbeiten:

- ✔ **Adriana Popescu** arbeitete als Drehbuchautorin, als Chefredakteurin für Zeitschriften und studierte Literaturwissenschaften, bevor sie sich ausschließlich dem Schreiben von Romanen widmete, die in mehreren großen Publikumsverlagen erscheinen.

Unter Pseudonymen tummelt sie sich in verschiedenen literarischen Genres. Mit dem Roman »Die Bucht der Träume«, den sie als »Elena Sonnberg« geschrieben hat, ist ihr direkt der Sprung auf die Spiegel-Bestseller-Liste gelungen.

- ✔ **Anne Freytag**s Romane begeistern Jugendliche wie Erwachsene gleichermaßen. Die ersten beiden Jugendbücher wurden für den Deutschen Jugendliteraturpreis nominiert. Für ihren 2018 erscheinenden Roman »Nicht weg und nicht da« wurde sie mit dem Bayerischen Kunstförderpreis ausgezeichnet.
- ✔ **Katharina Herzog** ist Autorin für Liebesromane mit Fernweh-Garantie und Wohlfühl-Versprechen. Sie entführt ihre Leserschaft an Sehnsuchtsorte wie Amrum, die Amalfiküste, Juist, New York und Schottland – und erobert mit ihren Romanen nicht nur Herzen, sondern auch regelmäßig die Spiegel-Bestseller-Listen. Zudem schreibt sie fantastische Kinderbücher.

Was Sie hier lernen werden

Liebesromane bringen eine große Besonderheit mit sich: Wir machen hier etwas zur Haupthandlung, was normalerweise eine Nebenhandlung ist – und das wirft die Frage auf, wie man so viel zu erzählen hat, um daraus einen 400-Seiten-Roman zu bauen.

Ich arbeite selbst nicht nur als Buchcoach und helfe somit angehenden Autorinnen und Autoren bei der Umsetzung ihres Traums, sondern bin auch zertifizierter Life Coach. Deshalb möchte ich die Chance nutzen und Ihnen nicht nur Schreibhandwerkstipps geben, sondern Sie auch mental auf diese Reise vorbereiten, denn Sie werden sich mit Ihrer Geschichte über viele Wochen und Monate beschäftigen. Ich zeige Ihnen im Folgenden deshalb,

- ✔ wie Sie sich mental auf die Reise vorbereiten,
- ✔ wie Sie mitreißende Liebesgeschichten schreiben, inklusive der Figuren und Handlung,
- ✔ wie Sie Ihren Stil verbessern und
- ✔ was Sie tun können, wenn doch mal Motivation fehlt oder eine Blockade auftaucht.

Nutzen Sie dieses Buch einfach als kleine Abkürzung. Ich habe Ihnen alles zusammengefasst und aufbereitet, was Sie wissen müssen, damit Sie nur dieses eine Buch zu lesen brauchen (und vielleicht den Schwesternratgeber »Romane schreiben für Dummies«) und die gewonnene Zeit ins Schreiben investieren können.

Was Sie nicht lesen müssen

Normale Menschen lesen Bücher einfach von vorne nach hinten, eine Seite nach der anderen. Aber wir sind Autorinnen und Autoren und damit schon von Natur aus irgendwie nicht ganz normal (oder geht das nur mir so?). Sie können die folgenden Seiten deshalb auch auf andere Art lesen. Suchen Sie sich ein passendes Thema heraus, aber lesen Sie alle Kapitel irgendwann einmal.

Obwohl Sie die Texte einfach nur lesen können, nehmen Sie am meisten mit, wenn Sie dieses Buch als **Arbeitsbuch** betrachten. Es gibt viele Umsetzungsaufgaben, die Ihnen helfen sollen, die Theorie auf Ihr eigenes Projekt zu übertragen. Und das Tolle ist, dass Sie immer wieder nachschlagen können, woran Sie sich gerne erinnern wollen. Nutzen Sie dieses Buch einfach als Vorlage für zukünftige Projekte. Ich habe es geschrieben, damit ich es beim Planen und Schreiben kontinuierlich neben mir liegen haben kann – Sie dürfen das Gleiche tun.

Törichte Annahmen über den Leser

Ich erinnere mich an einen Spruch meiner Englischlehrerin damals, der lautete: »It is dangerous to assume because you might make an ›ass‹ out of ›u‹ and ›me‹.« Sinngemäß übersetzt heißt es, wer Annahmen übereinander anstellt, kann völlig danebenliegen. Und trotzdem werde ich genau das jetzt tun, damit Sie einschätzen können, ob ich dieses Buch für Sie geschrieben habe.

Dieses Buch ist das Richtige für Sie, wenn Sie …

- ✔ … gerne Geschichten aufschreiben (egal, ob Sie bereits Erfahrungen sammeln konnten oder völlig neu in der Riege der Schreibzunft sind).
- ✔ … wissen wollen, wie Sie die Schreibhandwerkstipps anderer Bücher auf das Genre des Liebesromans übertragen.
- ✔ … motiviert sind, mehrere Monate immer wieder an Ihrem Buch zu arbeiten, auch wenn das manchmal bedeuten kann, Szenen zu verwerfen und neu zu schreiben.
- ✔ … erfahren wollen, wie Sie einen umwerfenden Liebesroman schreiben.

Falls Sie schon lange keinen Liebesroman mehr gelesen haben, ist das nicht weiter schlimm, da alle Beispiele auch so verständlich sind. Dennoch ist es nicht verkehrt, in den nächsten Tagen einen Besuch in einer Buchhandlung oder Bücherei vorzunehmen und sich zwei bis dreißig angesagte Liebesromane mitzunehmen. Im Kapitel »So finden Sie die passende Idee für Ihren Roman« gehe ich darauf ein, wie Sie »analytisch lesen« lernen.

So ist dieser Ratgeber aufgebaut

Dieses Buch geht auf verschiedene Bereiche des Schreibens ein:

Teil I: Gehen Sie sich aus dem Weg

Wir beginnen unsere kleine gemeinsame Reise mitten in Ihrem Kopf. Wenn Sie zum ersten Mal einen Liebesroman schreiben (oder Ihr Handwerk verbessern möchten), rufen Sie automatisch nicht nur alle möglichen Klischees in Ihr Gedächtnis, die Sie im Laufe Ihrer

Lebensjahre über sich und über Liebesromane gesammelt haben, sondern wecken auch eine Menge Selbstzweifel.

Im ersten Kapitel erfahren Sie, was genau uns Menschen eigentlich so an der Liebe fasziniert. Das hilft Ihnen, Ihre eigenen triftigen Gründe zu finden, kontinuierlich an Ihrem Projekt zu arbeiten. Ich teile mit Ihnen anschließend »Dos und Don'ts« des Schreibens und zeige Ihnen, wie Sie Zeit für Ihren Roman einplanen, auch wenn Ihr Leben vollgestopft ist.

Ein eigenes Kapitel widmet sich dem Thema Selbstzweifel, weil das meiner Erfahrung nach das größte Hindernis auf dem Weg zum eigenen Buch ist. Ich zeige Ihnen, wie Zweifel überhaupt entstehen und was Sie dagegen tun können.

Teil II: So planen Sie Ihren Roman

Nachdem wir den Mindset-Teil abgeschlossen haben, folgen Kapitel über die Planung Ihres Romans. Sie lernen das Geheimnis immerwährender Inspiration kennen und bekommen die Hausaufgabe, Filme zu gucken. Sie finden heraus, welche Arten von Liebesromanen es gibt, wie Sie eine passende Idee formulieren und wie Sie Figuren erstellen, die nicht nach Klischee stinken.

Sie können diesen Teil vor dem Schreiben lesen und zuerst das Gerüst erstellen oder während der Überarbeitung berücksichtigen. Tun Sie, was Ihnen besser gefällt und wovon Sie sich das bessere Ergebnis versprechen. Beide Varianten sind möglich.

Teil III: Schreiben Sie Ihren Roman

Nach der Planung schreiben Sie Ihren Roman. Ich gebe Ihnen dafür ein mögliches Schritt-für-Schritt-Konzept an die Hand, an dem Sie sich orientieren können.

Teil IV: Verbessern Sie Ihren Schreibstil

Nach dem Schreiben des ersten Entwurfs geht es an die Überarbeitung. Ich teile mit Ihnen meinen eigenen Prozess und ich schreibe darüber, wie Sie es schaffen, Gefühle beim Lesen auszulösen, Ihre eigene Stimme zu entdecken und welche Elemente Sie gewinnbringend einsetzen können, um Ihre eigenen Stil auszubauen.

Anschließend erhalten Sie Tipps, falls die Motivation doch mal ausbleibt und Sie in eine Schreibblockade geraten.

Teil V: Der Top-Ten-Teil

Kein ... *für Dummies*-Buch ohne diesen berühmten Teil. Und deshalb gebe auch ich Ihnen im letzten Teil des Buches noch zehn Tipps mit auf den Weg zu Ihrer erfolgreichen Karriere als Liebesroman-Autor/in.

Symbole, die in diesem Buch verwendet werden

Eine Umsetzungsaufgabe für Sie, mit der Sie konkret an Ihrem Liebesroman arbeiten. Führen Sie die Aufgaben durch, um parallel zum Lesen Ihr Buch zu planen und zu schreiben.

Sie können hier eine zusätzliche Fingerübung machen, die Ihr Schreibhandwerk verbessert, aber nicht direkt mit Ihrem Roman zu tun hat.

Dieses Symbol nimmt Bezug auf einen wichtigen Punkt, der bereits angesprochen wurde und den Sie sich merken sollten.

Hier kommt ein Tipp aus der Praxis, der Ihnen hilft, die Theorie noch besser in die Praxis umzusetzen.

Häufige Stolperfallen, bei denen Sie besonders umsichtig vorgehen sollten.

Teil I

Gehen Sie sich aus dem Weg

IN DIESEM TEIL …

- ✔ Neben fantastischen Ideen sind in Ihrem Kopf auch hemmende Gedanken, leise (und laute) Zweifel und andere Hindernisse, die es zu überwinden gilt. Darum kümmere ich mich im ersten Teil.
- ✔ Die folgenden Kapitel rüsten Sie mit dem aus, was Sie an Werkzeugen brauchen, um den Marathon des Romanschreibens mental zu schaffen.
- ✔ Außerdem finden Sie heraus, wie Sie genug Zeit zum Schreiben im Alltag finden, warum Sie unangenehme Gefühle brauchen und was Sie in akuten Notfällen tun können.

IN DIESEM KAPITEL

Test zur Standortbestimmung

Was die Testergebnisse für Sie persönlich bedeuten

Kapitel 1
So, so, Sie wollen also Liebesromane schreiben?

Beantworten Sie jede Frage spontan und kreuzen Sie Ihre Antwort an. Es gibt hierbei keine richtigen oder falschen Antworten.

Wie oft schreiben Sie aktuell an Ihrem Romanprojekt?

A. Was für ein Projekt?

B. Wenn mich die Muse küsst. Also … selten.

C. Ein- bis zweimal pro Woche, wenn's gut läuft.

D. Mehrere Male in der Woche – ich habe relativ feste Zeitfenster.

E. Quasi täglich. Schreibzeit ist heilig. Ich trage sie im Kalender ein. Mit Farbe.

Wenn Ihnen jemand 3 Stunden schenkt – wie reagieren Sie?

A. Super! Endlich mal die Küche gründlich putzen oder den Serienmarathon weitermachen.

B. Ich denke ans Schreiben, lande aber auf Social Media oder sehe mir Videos zum Schreibhandwerk an.

C. Ich prokrastiniere eine Weile und schreibe dann in der letzten halben Stunde.

D. Ich nutze sie effizient – klarer Fokus auf mein Buch.

E. Ich schreibe 3000 Wörter und wünsche mir noch mehr Stunden.

Was tun Sie bei einer Schreibblockade?

A. Weinen. Oder Netflix. Oder beides.

B. Ich warte auf Inspiration. Sie kommt bestimmt bald.

C. Ich versuche es mit einem Trick (Musik, Kaffee, Kerze).

D. Ich analysiere, was mir gerade fehlt, und schreibe weiter.

E. Schreibblockaden? Die existieren in meinem Vokabular nicht. Komme ich in einem Projekt nicht weiter, schreibe ich an einem anderen.

Ihre Figuren …

A. … verhalten sich wie Holzpuppen mit Sprechfunktion.

B. … sind ganz okay, aber ich kann sie nicht auseinanderhalten.

C. … haben Stärken und Schwächen, aber sie überraschen mich selten.

D. … kenne ich wie meine besten Freundinnen.

E. … sind mir bekannter als ich selbst. Ich träume sogar von ihnen.

Wie strukturieren Sie Ihre Geschichte?

A. Struktur? Ich folge ausschließlich meinem Bauchgefühl.

B. Ich habe eine grobe Idee – Moment, irgendwo ist doch ein Klebezettel …

C. Ich nutze die »Heldenreise«, 4-Akt-Struktur oder ähnliche Modelle.

D. Ich plane ausführlich und weiß, wann was passieren muss.

E. Ich kenne mich mit allen Plotmethoden aus und weiß, bei welchem Projekt ich welche anwende oder weglasse und wann ich lieber meinem Gefühl folge als einer festen Struktur – ohne mich zu verzetteln und eine völlig andere Geschichte zu schreiben.

Wie fühlen sich Ihre Szenen an?

A. Erinnern ein bisschen an meine alten Schulaufsätze.

B. Die Figuren tun immer etwas, aber nicht jede hat Ziele und Konflikte.

C. Jede Szene hat einen Zweck, aber manchmal fehlt der Funke.

D. Szene = Mini-Drama mit Wendung. Kein Problem.

E. Jede Szene ist wie ein Film. Mit Soundtrack im Kopf. Wenn es traurig wird, muss ich mitweinen, weil es mich so bewegt.

Wie steht es um Ihren Stil?

A. Ich mag es kaum lesen. Klingt wie aus der Grundschule.

B. Man erkennt, was ich sagen will.

C. Ich finde immer öfter Formulierungen, auf die ich stolz bin.

D. Ich finde meinen eigenen Stil immer mehr.

E. Wenn mein Stil ein Kleid wäre, würden es andere leihen wollen.

Wie sicher fühlen Sie sich beim »Show, don't tell«?

A. Äh … wobei?

B. Ich habe davon gehört, aber weiß jetzt nicht mehr genau, was das ist.

C. Ich versuche es, aber oft wird es trotzdem ein »Tell«.

D. Ich überarbeite meine Texte gezielt danach, bin aber oft unsicher, wann ich es einsetzen sollte und wann nicht.

E. Ich liebe es, mit Bildern zu arbeiten. Meine Szenen sind Kino im Kopf, an genau den richtigen Stellen.

Was ist Ihr Ziel beim Schreiben?

A. Ich will einfach mal zwanglos rumprobieren.

B. Ich hätte gerne ein Buch, irgendwann mal.

C. Ich möchte eines Tages veröffentlichen.

D. Ich will viele Leserinnen erreichen und mein Buch stolz zeigen können.

E. Bestsellerliste, Verfilmung, Lesereise – ich habe nicht nur Visionen, sondern einen konkreten Plan.

Wie wichtig ist Ihnen die Tonalität Ihres Buchs?

A. Keine Ahnung, was damit gemeint sein soll.

B. Ich weiß zumindest, was ich *nicht* will.

C. Ich versuche, eine passende Stimmung zu erzeugen.

D. Ich lege gezielt die Tonalität fest und versuche sie einzuhalten.

E. Ein Buch ohne passende Tonalität kann ich mir nicht vorstellen. Ich weiß genau, wie ich bestimmte Stimmungen und Atmosphäre erzeuge.

Wie gehen Sie mit fehlender Motivation um?

A. Ich lege das Manuskript weg. Für immer. Meine Schublade ist voller unbeendeter Ideen.

B. Ich denke, dass die Idee vielleicht doch doof war.

C. Ich schiebe die aktuelle Szene nach hinten und schreibe woanders weiter.

D. Ich suche aktiv nach dem Problem. Vielleicht fehlt ein Konflikt?

E. Ich erkenne den wahren Grund dafür und weiß, wie ich mich dennoch motiviere. Zur Not schreibe ich einfach trotzdem und halte aus, dass es sich wie der letzte Mist anfühlt. Schreibzeit ist Schreibzeit!

Wie sehr nehmen Sie sich selbst als Autorin/Autor ernst?

A. Gar nicht.

B. Nur mein engster Kreis weiß von meinem Traum.

C. Ich sehe mich als Lernende auf dem Weg.

D. Wenn ich veröffentlicht habe, bin ich ein/e echte/r Autor/in.

E. Schreiben ist meine Berufung, egal, wie man es bezeichnet.

Auswertung: Auf welcher Stufe befinden Sie sich?

Zählen Sie, wie oft Sie A, B, C, D oder E gewählt haben:

Überwiegend A: Die Träumerin / Der Träumer

Sie träumen vom Schreiben – und das ist großartig! Jetzt wäre ein guter Moment, das Träumen mit kleinen Schritten in Richtung »Machen« zu verknüpfen. Sie haben dieses Buch gekauft (oder lesen wenigstens die Leseprobe), was schon ein wunderbarer Schritt in die richtige Richtung ist. Weiter so!

Falls Sie bisher noch nie mit einem Buch über das Schreibhandwerk in Berührung gekommen sind, sollten Sie sich unbedingt »Romane schreiben für Dummies« auf den Wunschzettel schreiben, denn in dem vorliegenden Ratgeber dreht sich alles um die Frage, wie wir allgemeingültige Schreibhandwerksregeln auf Liebesromane übertragen.

Überwiegend B: Die Anfängerin / Der Anfänger

Sie schreiben bereits – manchmal. Ihr innerer Kritiker ist etwas laut, aber das lässt sich ändern. Ihr Roman möchte wachsen. Bleiben Sie dran! Das vorliegende Buch unterstützt Sie dabei.

Überwiegend C: Die / Der Fortgeschrittene

Sie haben sich schon viele Gedanken gemacht und vieles ausprobiert. Jetzt lohnt sich gezieltes Training, um Ihre Projekte zur Reife zu bringen. Sie sind bereits auf einem guten Weg, aber haben noch Wachstumspotenzial. Doch keine Sorge, mit diesem Buch haben Sie einen unterhaltsamen Begleiter auf der Reise.

Überwiegend D: Die / Der Ambitionierte

Sie wissen, was Sie wollen – und Sie gehen es an. Sie planen, strukturieren und haben bereits Erfahrung gesammelt. Vielleicht haben Sie schon Romane in einem anderen Genre geschrieben und möchten jetzt lernen, wie man speziell die Herausforderungen in Liebesgeschichten angeht. Genau das lernen Sie hier.

Überwiegend E: Profi in den Startlöchern

Sie haben schon Erfahrung gesammelt und kennen sich bereits sehr gut aus. Daher wissen Sie schon, dass viele Aspekte dieses Buches für Sie eine Wiederholung sein werden, aber aus jedem Ratgeber kann man Punkte für sich übernehmen, die einem vorher noch nicht klar waren. Ich bin gespannt, was Sie hier lernen werden.

IN DIESEM KAPITEL

Warum Menschen Liebesromane lesen

Wie das Schreiben von Liebesromanen sich auf Ihr eigenes Leben auswirkt

Warum Sie eigentlich einen Liebesroman schreiben wollen

Kapitel 2
Warum brauchen wir Liebesromane?

Ich habe 2014 zum ersten Mal Buchmessenluft geschnuppert. Meine Freundin und ich schlenderten durch die Leipziger Messehallen und kamen an einen Stand, bei dem unabhängige Autorinnen und Autoren sich mit ihrer Leserschaft getroffen haben. Es gab zwei Bereiche: einen für Liebesromane und einen für Krimis. Krimis und Thriller führen seit Jahren die Beliebtheitsskala der gelesenen Genres an. Bei einer Umfrage von »Splendid Research« wurden 893 Lesende nach ihrem Lieblingsgenre befragt, wobei Mehrfachnennungen möglich waren. Liebesromane landeten hier auf der Beliebtheitsskala auf Platz 5, Krimis und Thriller auf 1 und 2. Umso überraschter war ich, als ich auf der Leipziger Buchmesse dann beobachten konnte, dass sich kaum jemand in den Krimibereich verirrte. Der Bereich, in dem man Liebesromanautorinnen und -autoren treffen konnte, platzte hingegen aus allen Nähten.

Ein paar Jahre später, wieder die Leipziger Buchmesse. Wenn man bisher eine Menschenschlange gesehen hat, die sich durch eine ganze Halle zog (Wartezeit: drei Stunden und mehr), dann wusste man: Sebastian Fitzek ist da. Doch er ist nicht mehr der Einzige, der das schafft. Längst stehen junge Leserinnen und Leser stundenlang an, um sich von Autorinnen und Autoren ihre Bücher signieren zu lassen, die Liebesromane schreiben, vorzugsweise erotische (was dann als »spicy« bezeichnet wird). Im Jahr 2024 gab es zum ersten Mal eine eigene Halle für ein Liebesroman-Subgenre, nämlich New-Adult-Romane. Und warum? Weil der Andrang auf Bücher und ihre Verfasserinnen und Verfasser zu groß geworden ist. Die Kapazität der Hallen wurde von Liebesroman-Fans gesprengt.

Mehr als nur Anziehung

Liebesgeschichten begleiten die Menschheit seit Anbeginn der Erzählkunst. Von den antiken Mythen über mittelalterliche Epen bis hin zu den modernen Romanen – Liebe ist der rote Faden, der sich durch unsere Erzählkultur zieht. Schon die Gebrüder Grimm sammelten Märchen, in denen Prinzen und Prinzessinnen Hindernisse überwinden, um zueinander zu finden (wenngleich Märchen in erster Linie Ermahnung für Erwachsene sein sollten – wenn Sie sich mal mit den Ursprungsfassungen von Rotkäppchen und Dornröschen befassen, merken Sie, dass diese Geschichten für Erwachsene waren). *Aschenputtel, Rapunzel,* Klassiker wie *Romeo und Julia, Stolz und Vorurteil* oder *Faust*: Die Liebe spielt in legendären Geschichten fast immer eine Rolle – nicht selten eine tragende.

Dabei geht es um so viel mehr als bloße körperliche Anziehung. **Eine Liebesgeschichte zeigt nicht, wie sich zwei Figuren ineinander verlieben, sondern was sie trennt.** Sie handelt von Hindernissen, von Ängsten, von Zurückweisung und dem tiefen Wunsch nach Verbundenheit. Die erfolgreichsten Romane sind solche, die das zwischenmenschliche Zusammenspiel thematisieren. Menschen sind soziale Wesen – unser Gehirn ist darauf programmiert, Beziehungen einzugehen und zu pflegen. Die Psychologie zeigt, dass die Angst vor Ablehnung tief in uns verankert ist, da sie evolutionär mit dem Überleben zusammenhing (ich gehe im Kapitel »Was Sie vom Schreiben abhält: Selbstzweifel und fehlende Motivation« näher darauf ein). Früher bedeutete der Ausschluss aus der Gemeinschaft den sicheren Tod. Heute äußert sich diese Angst in der Sorge, nicht geliebt oder anerkannt zu werden. Dostojewski, Tolstoi, Balzac, Shakespeare und Co. waren hervorragende Psychologen, die treffsicher aufzeigen konnten, wie Menschen ticken. Als Autorinnen und Autoren sollten wir also in erster Linie eine gute Menschenkenntnis entwickeln und ein Auge für Details.

Studien zur Verhaltensforschung belegen, dass unser Gehirn bei einer emotional berührenden Geschichte Oxytocin ausschüttet, das sogenannte »Bindungshormon«, das Empathie und Vertrauen fördert. Genau das geschieht, wenn Leserinnen und Leser sich in Liebesromanen wiederfinden: Sie erleben die Gefühle der Figuren mit, durchleben ihre Ängste und Hoffnungen und fühlen sich verstanden, denn unser Gehirn unterscheidet in diesem Moment nicht zwischen Realität und Fiktion. Liebe und Verbundenheit im Roman spiegeln sich in unserem Gehirn, wenn es ein befriedigendes Ende gab. Wir fühlen uns nach der Lektüre glücklich – ich würde sogar sagen, glücklicher als nach der Aufklärung eines Kriminalfalls. Liebesgeschichten sprechen menschliche Bedürfnisse in der Tiefe an. Das Spannende am Lesen von Romanen ist dieser Zauber, dass man aus den Erfahrungen der Figuren so für sein eigenes Leben lernen kann, als hätte man selbst dieses Abenteuer bestanden. Bei kaum einem anderen Medium habe ich selbst diese Erfahrung so stark gemacht wie beim Lesen – insbesondere bei Liebesromanen.

Dabei muss es noch nicht einmal ein Happy End geben. Die meisten Klassiker enden tragisch und sind dennoch Liebesromane. Dramen begeistern uns Menschen oft mehr als Friede-Freude-Eierkuchen-Beziehungen, vielleicht auch deshalb, weil wir durch Konflikte besser lernen als durch Frieden.

Liebesromane als Selbsterkenntnis

Ich gehe sogar noch einen Schritt weiter und behaupte: Indem Sie Liebesromane schreiben, lernen Sie selbst noch besser, wie man eine gute, glückliche Beziehung führt. Sie werden sich im Verlauf der Romanplanung mit schwierigen Fragen beschäftigen wie:

- ✔ Warum verliebt man sich in einen Menschen?
- ✔ Wenn man verliebt ist, was spricht gegen eine Annäherung?

- ✔ Woran kranken Beziehungen?
- ✔ Wie versöhnt man sich nach besonders schwierigem Vertrauensbruch?
- ✔ Wie wächst man über sich hinaus?

Und viele mehr. Sie reflektieren hierbei nicht nur Ihre eigenen, persönlichen Erfahrungen mit der Liebe, sondern werden auch anderen intensiver lauschen. Vielleicht werden Sie das Internet dazu durchforsten und »Psychologie Heute« abonnieren, um Ihre Figuren – und sich selbst, Ihre Beziehungen und die Menschen – besser zu verstehen.

Ihre Geschichte kann Ihnen selbst und Ihrer Leserschaft Mut machen und sie dazu inspirieren, bessere Beziehungen zu führen.

Die größten Geschichten der Menschheit waren Liebesromane. Selbst wenn Ihr Anspruch ein paar Stufen darunter liegt, lohnt es sich, die Liebe in den Mittelpunkt Ihrer Idee zu stellen.

Ihr eigenes Warum

Mal eine ganz blöde Frage: Warum wollen Sie einen Liebesroman schreiben?

So blöd, wie die Frage im ersten Moment wirkt, ist sie nämlich gar nicht. Allerspätestens in der Phase, in der Sie Ihr Werk an eine Agentur, einen Verlag oder an die Leserschaft verkaufen wollen, sollten Sie wissen, warum Sie monatelang daran gearbeitet haben. Offen gestanden brauchen Sie dieses Warum wahrscheinlich schon viel früher, nämlich wenn die ersten Zweifel kommen (und die werden kommen, machen Sie sich darauf gefasst).

Im Business-Kontext existieren viele verschiedene Modelle, die Ihnen helfen können, Ihr Warum zu finden und auszudrücken. Ich möchte Ihnen als erste Übung Simon Sineks »Goldenen Kreis« vorstellen.

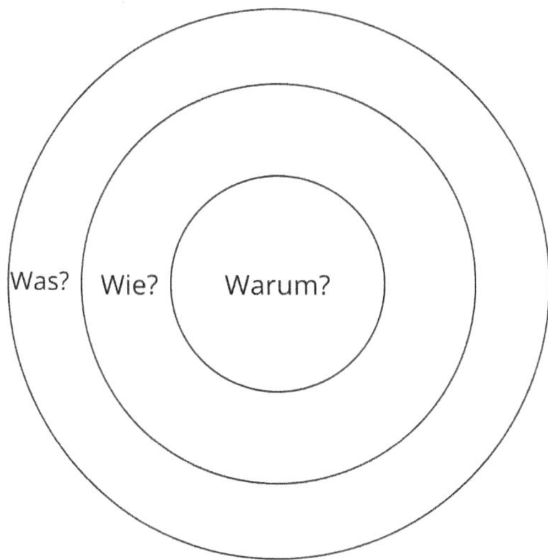

Abbildung 2.1: Der Goldene Kreis von Simon Sinek

Die herkömmliche Methode von Unternehmen und Einzelpersonen, die ihre Produkte vorstellen, nutzt den Weg von außen nach innen:

- ✔ *Was?* Ich schreibe Liebesromane.
- ✔ *Wie (unterscheide ich mich)?* Meine Bücher sind sowohl sarkastisch als auch inspirierend.
- ✔ *Warum (schreibe ich)?* Äh... na ja, weil ich Schreiben liebe?

Die meisten hören beim »Was« und »Wie« auf. Und dann ist die Begeisterung des Publikums ungefähr so groß wie für die Bedienungsanleitung eines Staubsaugers. Und die Wenigen, die sich bis zum »Warum« durchkämpfen, sagen dann wirklich oft, dass sie das Schreiben halt lieben. Aber bringt es Sie dazu, sich meine Romane näher anzugucken, nur weil Sie wissen, dass ich gerne schreibe?

Warum wird es sich lohnen, wenn jemand diese Geschichten liest? Was ist der positive Effekt? An diesem Punkt kommt die Magie des Goldenen Kreises ins Spiel: von innen nach außen denken.

Anstatt mit dem »Was« zu starten, denken Sie intensiv über Ihr Warum nach und bauen danach den Prozess von innen nach außen auf. Angenommen, ich finde heraus, dass ich nicht einfach nur gerne schreibe, sondern meine Leserschaft auch ermutigen will, an ihre Träume zu glauben. Wie könnte das aussehen?

- ✔ *Warum (schreibe ich)?* Ich glaube fest daran, dass jede Frau in der Lage ist, ihr persönliches Traumleben zu gestalten. Meine Geschichten sollen sie inspirieren, ihre Ziele umzusetzen und aktiv ihre Träume zu verwirklichen.
- ✔ *Wie (unterscheide ich mich)?* Indem ich humorvolle, lebensnahe Liebesromane schreibe, die Mut machen, neue Perspektiven aufzeigen und Lust auf Veränderung wecken.
- ✔ *Was (schreibe ich)?* Ich schreibe Romane mit Herz und Humor.

Fühlen Sie den Unterschied? Plötzlich klingt es nicht mehr nach einer Selbstbeschreibung, sondern nach einer größeren Idee dahinter. Nach etwas, das Menschen teilen, weil sie sich darin wiederfinden. Und genau das ist der Punkt.

Menschen entscheiden emotional, nicht rational. Sie kaufen Ihr Buch nicht, weil es objektiv gut ist. Sie kaufen es, weil sie sich darin gesehen fühlen, weil sie sich angesprochen fühlen, weil sie sich selbst oder ihre Sehnsüchte in einer Geschichte wiederfinden. Sie kaufen es, weil es ihnen etwas bietet, das sie sich wünschen. Oder weil eine Horde anderer Menschen es ihnen empfohlen hat.

Und wir Autorinnen und Autoren entscheiden ebenfalls auf Grundlage unserer Emotionen, ob wir durchhalten oder nicht. Mit einer Vision im Herzen und einem klaren Plan fällt es Ihnen leichter, viele Wochen oder Monate Ihrer Zeit zu investieren, um dieses Projekt abzuschließen.

Schreiben Sie durchgehend für mindestens 15 Minuten mit einem Stift auf Papier darüber, warum Sie einen Liebesroman schreiben wollen. Setzen Sie den Stift nicht ab, sondern notieren Sie ungefiltert und unzensiert alle Gedanken, auch wenn sie »Ich weiß es ehrlich gesagt nicht« lauten.

Zusammengefasst:

- ✔ Liebesromane helfen uns, uns selbst und andere Menschen besser zu verstehen.
- ✔ Ihr eigenes Warum zu finden, ist ein wichtiges Fundament für Ihre nächsten Schritte ins Autorenleben.

IN DIESEM KAPITEL

Was Sie unbedingt tun sollten, wenn Sie Bücher schreiben wollen

Was Sie unbedingt lassen sollten, wenn Sie Bücher schreiben wollen

Kapitel 3
Dos and Don'ts beim Schreiben

In meiner langjährigen Erfahrung als Begleiterin bei der Entwicklung von Romanen durfte ich viele verschiedene Menschen kennenlernen, die alle mit ihren eigenen Herausforderungen zu kämpfen hatten. Und obwohl jeder von uns ein ganz individuelles Leben führt, lassen sich doch einige Muster erkennen, die beim kreativen Schreiben immer wieder vorkommen.

Do!

Wir brauchen beim Schreiben ein »Warum«, einen Grund dafür, diese Reise auf uns zu nehmen. Im Englischen gibt es dafür das schöne Wort »Commitment«, was so viel bedeutet wie »Hingabe, Verpflichtung«. Wenn Sie sich mit jeder Faser Ihres Körpers dem Projekt hingeben, werden Sie auch die Täler des Zweifels durchschreiten, Zeitfenster öffnen und siegreich am anderen Ende des Weges ankommen. Machen Sie sich deshalb klar, warum es Sie packt, einen Liebesroman zu schreiben, und beantworten Sie danach diese Frage:

Warum werde ich mich diesem Projekt verschreiben, komme, was wolle? Im vorigen Kapitel habe ich das Thema schon angerissen.

Was Sie außerdem tun sollten: Gehen Sie mit **spielerischer Leichtigkeit** ans Werk. Schreiben macht Spaß! Ja, es wird Phasen geben, in denen die Leichtigkeit etwas verloren geht, was gerade während einer Überarbeitungsphase der Fall sein kann, wenn Sie eher analytisch vorgehen und weniger »im Flow« sind. Sollten Sie ins Stocken geraten, machen Sie sich Ihr »Warum« noch einmal klar und fragen Sie sich: Wie würde das aussehen, wenn es leicht wäre?

Manchmal kommen Ihnen dann bereits Ideen, wie Sie wieder mehr Spaß in den Prozess bringen – und sei es nur, dass Sie den Platz wechseln, an dem Sie arbeiten.

Apropos Platz:

Wenn möglich, arbeiten Sie nicht mitten im Lebenschaos. Ich habe jahrelang kein Büro gehabt, sondern am Esstisch oder auf der Couch geschrieben, damals noch ohne geräuschunterdrückende Kopfhörer. Es macht einen großen Unterschied, in welcher Umgebung Sie schreiben. Wenn möglich, richten Sie einen Bereich ein, in dem Sie ungestört sind. Als Mutter von zwei kleinen Kindern weiß ich, wie unmöglich dieses Unterfangen zuweilen wirkt, doch probieren Sie es. Meine Kinder wissen: Wenn die Bürotür zu ist, dürfen sie nur hereinkommen, wenn es dringend ist (natürlich sorge ich für eine adäquate Betreuung in dieser Zeit, solange die Kinder klein sind).

Sie gehören jetzt zu der Berufsgruppe der Schriftstellerinnen und Schriftsteller, also verhalten Sie sich auch so. **Nehmen Sie Ihr Romanprojekt ernst.** Die meisten von uns arbeiten nebenberuflich an ihren Büchern und haben, wie Sie, immer wieder das Problem, ausreichend Zeit für diese kreative Arbeit zu finden. Wie Sie im nächsten Kapitel erfahren werden, geht dem optimalen Zeitplan eine wichtige Aufgabe voraus: Das Schreiben muss zu Ihren Top-Prioritäten gehören, damit es funktioniert.

Reden Sie nicht nur davon, irgendwann einen Roman zu schreiben. Tun Sie es. Jetzt ist die Zeit gekommen.

Don't!

Lassen Sie sich von Ängsten und Zweifeln bitte nicht lähmen. Jeder, der schreibt, hat diese leisen Stimmen, die alles infrage stellen. Aber jeder von uns hat auch die Stimmen in sich, die uns antreiben und motivieren, leiten und ermutigen. Sie werden sich in diesem Buch mit Gefühlen beschäftigen. Fangen Sie gleich bei sich an! Beobachten Sie sich, nehmen Sie wahr, aber reagieren Sie nicht gleich darauf.

Hören Sie nicht auf, auch wenn es mal schwierig ist. Es werden immer und immer wieder Zeiten kommen, in denen es nahezu unmöglich ist, regelmäßig zu schreiben. Wenn Sie ein paar Wochen oder Monate aussetzen müssen, ist das kein Weltuntergang, aber fangen Sie wieder an, sobald sich eine Stunde Zeit auftut. Sie kennen das von anderen Routinen: Sobald man raus ist, ist es leicht, aufzuhören. Verschreiben Sie sich Ihrem Ziel und hören Sie erst auf, daran zu arbeiten, wenn Sie fertig sind. Nehmen Sie sich vor, nie mehr als eine Ausnahme hintereinander zu machen.

Lassen Sie sich von der Fülle des vor Ihnen liegenden Materials nicht einschüchtern. Viele meiner Kundinnen und Kunden sind anfangs überwältigt, wenn sie herausfinden, was sie alles berücksichtigen sollten, um einen lesenswerten Roman zu schreiben. Stellen Sie sich vor, man hätte Ihnen in der ersten Klasse gesagt, welche Aufgaben Sie später im Abitur lösen sollen. Sie wären vermutlich wie versteinert gewesen (ich wäre es), weil Sie nicht vermutet hätten, wie viel da auf Sie zukommt. Wie heißt es so schön in einem Witz? »Wie isst man einen Elefanten? Bissen für Bissen.«

Und zu guter Letzt: **Setzen Sie nicht sklavisch und ohne zu hinterfragen jeden Tipp um, den Sie hören oder lesen.** Auch nicht die aus diesem Buch. Lernen Sie mit der Zeit, kreative Entscheidungen zu treffen und abzuwägen, ob der gehörte Ratschlag Ihre Geschichte besser machen würde oder nur »anders«. Sie sind die Person, die letztlich mit Herzblut dieses Buch präsentiert und dahinterstehen soll. Probieren Sie aus, welche Methoden, Tipps, Tricks und Ratschläge für Sie wertvoll sind – und ignorieren Sie den Rest.

Zusammengefasst:

- ✔ Finden Sie Ihr antreibendes »Warum«
- ✔ Verschreiben Sie sich diesem Projekt mit Hingabe
- ✔ Gehen Sie mit spielerischer Leichtigkeit vor. Schreiben macht Spaß!
- ✔ Richten Sie sich einen Arbeitsplatz ein, an dem Sie ungestört sind
- ✔ Nehmen Sie das Schreiben ernst
- ✔ Lernen Sie, die Zweifel zu dämpfen
- ✔ Bleiben Sie dran
- ✔ Gehen Sie einen Schritt nach dem anderen, Stück für Stück
- ✔ Entscheiden Sie selbst, wie Sie Ihre Geschichte schreiben wollen

IN DIESEM KAPITEL

Warum Sie genug Zeit haben

Wer über Ihre Zeit bestimmt

Wie Sie mehr Zeit zum Schreiben finden

Kapitel 4
Was Sie vom Schreiben abhält: Fehlende Zeit

Sie kennen das sicher: Der Tag hat 24 Stunden, aber irgendwie reicht die Zeit trotzdem nie aus, um all das zu erledigen, was Sie sich vorgenommen haben. Ihr Kalender ist voll, die To-do-Liste wächst schneller als ein Bambuswald, und wenn Sie abends erschöpft aufs Sofa sinken, bleibt das Schreiben mal wieder auf der Strecke. Die verflixte Zeit – immer zu wenig davon! Aber ist das wirklich so?

Zeit ist wie ein Chamäleon – sie passt sich unserer Wahrnehmung an. Wenn wir mit einer langweiligen Aufgabe beschäftigt sind, zieht sie sich wie zäher Kaugummi. Sind wir jedoch tief in einer spannenden Tätigkeit versunken, verfliegt sie. Das Problem ist also nicht, dass es zu wenig Zeit gibt. Wichtiger ist, was wir in der uns zur Verfügung stehenden Zeit tun. Um ausreichend Zeit zum Schreiben zu haben, sollten Sie zuerst herausfinden, wohin Ihre Zeit aktuell verschwindet.

Warum »keine Zeit« oft eine Ausrede ist

Hand aufs Herz: Wie oft haben Sie schon gesagt, »Ich würde ja gern schreiben, aber ich habe keine Zeit«? Und jetzt schauen Sie sich mal die Bildschirmzeit auf Ihrem Handy an, prüfen Sie, welche Filme Sie gesehen haben und überschlagen Sie, was Sie in den letzten 72 Stunden gemacht haben. Waren da wirklich keine 30 oder 60 Minuten Zeit dabei, die Sie mit dem Schreiben hätten verbringen können?

Die meisten Menschen haben nicht wirklich ein Zeitproblem, sondern ein Prioritätenproblem. Schreiben ist eine kreative Tätigkeit, die Konzentration und Energie erfordert. Und genau hier liegt einerseits der Reiz und andererseits der Knackpunkt: Unser Gehirn liebt schnelle Erfolge und belohnt sie durch eine Dopaminausschüttung. Eine neue Nachricht checken: Dopamin. Eine Aufgabe auf der To-do-Liste abhaken: Dopamin. Eine Serie weiterschauen: Dopamin.

Schreiben hingegen fühlt sich oft an wie ein Marathonlauf ohne Ziel. Ständig steigen Selbstzweifel auf, die uns erklären, warum das alles eh keinen Sinn hat und es viel erfolgversprechender wäre, jetzt die neueste Staffel *Grey's Anatomy* zu schauen. Kann ja auch zur Recherche dienen.

Schreiben Sie eine Woche lang alles auf, was Sie tun – wirklich alles! Vom morgendlichen Kaffee bis zum nächtlichen Scrollen durch die YouTube-Shorts. Danach analysieren Sie: Womit verbringen Sie Ihre Zeit wirklich?

Häufig stellt man bei einer genauen Analyse fest, dass es mehr Zeitfenster gibt, als man zunächst angenommen hat. Sie können einen ganzen Roman in einem Jahr schreiben, wenn Sie jeden Tag eine Seite schaffen. Finden Sie heraus, wie lange Sie dafür brauchen.

Wenn Sie es noch nicht getan haben, dann notieren Sie sich klar und deutlich, warum Sie Ihren Roman schreiben wollen. Indem Sie sich regelmäßig mit diesen Gründen verbinden, steigern Sie Ihre Motivation.

So finden Sie Zeit

Ersetzen Sie mal den Satz »Ich habe keine Zeit« durch »Ich nehme mir dafür jetzt keine Zeit«.

Es mag sich unangenehm anfühlen (weil es so ehrlich ist), aber diese kleine Änderung in der Wortwahl zwingt Sie dazu, Ihre Prioritäten bewusster zu setzen. »Ich habe heute keine Zeit zum Schreiben, ich muss einkaufen« wird dann zu »Ich nehme mir jetzt keine Zeit zum Schreiben, sondern kaufe ein, damit ich etwas zum Essen habe.«

Sobald Sie erkennen, dass Sie selbst die Kontrolle über Ihre Zeit haben, verändert sich Ihr Blickwinkel – und plötzlich ist das Schreiben nicht mehr das erste Opfer Ihres Alltagschaos, sondern eine bewusste Entscheidung.

Wie machen das andere Autorinnen? Ich habe drei Bestseller-Autorinnen gefragt, wie sie ihre Bücher schreiben und Zeit dafür finden. Hier ihre Antworten:

Katharina Herzog verrät auf meine Nachfrage:

> *Ich habe zwei feste Schreibtage – Donnerstag und Freitag – die sind nicht verhandelbar. Da mache ich keine Arzttermine, treffe mich nicht auf einen Kaffee. Von 8 bis 13 Uhr gehört die Zeit dem Schreiben, oft kommt noch ein Tag am Wochenende dazu.*

Anne Freytag:

> *Mittlerweile schreibe ich am liebsten direkt nach dem Aufstehen für ein bis eineinhalb Stunden. In dieser Zeit ist mein innerer Kritiker noch müde, und ich schaffe in diesen 60 bis 90 Minuten so viel wie nachmittags in vier bis sechs Stunden.*

Und Adriana Popescu sagt:

> *Ich setze mir keine fixen Zeiten, aber fixe Wortziele. Mal große, mal kleine. Aber ich schreibe täglich, damit ich diese Routine behalte und in der Geschichte bleibe. Ob ich nun morgens, mittags oder abends schreibe, das spielt keine Rolle. Nur nach 18 Uhr ist Feierabend.*

Sie sehen also: Es gibt nicht »das eine« Patentrezept. Im Laufe der Zeit finden Sie Ihren Weg. Um dennoch nicht ganz ziellos zu starten, verrate ich Ihnen hiermit ein paar Tricks für den Anfang:

Der beste Trick für eine regelmäßige Schreibzeit

Der beste mir bekannte Trick, um mehr Zeit zum Schreiben zu finden, lautet: Planen Sie das Schreiben wie einen Arzttermin oder wie Ihre Arbeitstermine in Ihren Alltag ein. Diese Zeit ist keine Freizeit, sondern Arbeitszeit, schließlich sind Sie Schriftstellerin oder Schriftsteller und arbeiten an Ihrem Roman.

Mit der Zeit können Sie dadurch eine Schreibroutine aufbauen. Mehr zu diesem Thema finden Sie im Kapitel »So finden Sie eine passende Idee für Ihren Liebesroman« im Abschnitt »So produzieren Sie«.

So machen Sie Zeit frei

Nur Sie selbst können herausfinden, wo sich in Ihrem Leben noch Zeitfenster verstecken, die Sie bisher nicht genutzt haben. Die folgende Liste kann Ihnen helfen, solche Zeitpotenziale besser zu erkennen:

✔ **Social-Media-Apps in den Urlaub schicken**

Löschen Sie Apps, mit denen Sie täglich mehr als 10 Minuten Zeit verbringen, oder nutzen Sie sie nur noch zu festen Zeiten, falls Sie darauf angewiesen sind. Das gilt auch für Messenger-Dienste! Kündigen Sie an, eine Weile lang nicht mehr sofort zu reagieren, sondern erst in Ihrer Freizeit (Nicht-Schreibzeit). Erklären Sie Ihren Arbeitsplatz zur handyfreien Zone!

Übrigens empfehle ich auch, Messenger-Dienste und Social-Media-Apps von der Smartwatch zu entfernen, damit Sie weniger abgelenkt sind. Nutzen Sie stattdessen die Timer-Funktion, um sich anzeigen zu lassen, wie viel Schreibzeit Sie noch haben.

✔ **Bildschirmzeit begrenzen**

Zusätzlich zu den Apps, die Ihnen Zeit rauben, können Sie sich generell eine begrenzte Bildschirmzeit einrichten, die auch für Fernseher, Monitore und Tablets gilt. Vielleicht haben Sie Lust, die nächsten Szenen Ihres Romans mal mit der Hand zu schreiben und eine Woche lang zu sehen, wie sehr Sie auf Bildschirme verzichten können.

Mindestens zwei Stunden vor dem Schlafengehen sollten Bildschirme ohnehin ausgeschaltet werden, um Ihnen einen erholsamen Schlaf zu schenken.

✔ **Prioritäten bewusst setzen**

Schreiben Sie eine Liste mit den fünf wichtigsten Aufgaben pro Tag. Das Schreiben sollte dabei einen festen Platz haben, wenn Sie diese Leidenschaft ernst nehmen.

- **Werden Sie zur Lerche oder Nachtigall**

  Stehen Sie vor allen anderen auf oder bleiben Sie länger als andere wach, um die Randzeiten des Tages zum Schreiben zu nutzen. Testen Sie eine Zeit erst mindestens vier Wochen lang aus, ehe Sie sich dagegen entscheiden, damit Ihr Körper die Chance hat, früher wach zu werden beziehungsweise später müde zu werden.

Schließen Sie sich mit anderen Autorinnen und Autoren zusammen! Ich schreibe täglich mit ein paar Gleichgesinnten morgens um 5:30 Uhr. Es ist motivierender, früh aufzustehen, wenn andere mitmachen.

- **Machen Sie »Nein« zu Ihrem neuen Lieblingswort**

  Entscheiden Sie sich ganz bewusst für oder gegen die Tätigkeiten, mit denen Sie Ihren Alltag füllen. Machen Sie sich klar, warum Sie zu jemandem oder etwas »Ja« sagen. Jedes Ja für »etwas« ist ein Nein für Ihr Buchprojekt.

- **Schreiben Sie, wenn Sie schreiben**

  Fokussieren Sie sich auf jeweils eine Sache, statt zwischen Aufgaben hin und her zu springen. Wenn gerade Schreibzeit ist, dann eliminieren Sie alles um sich herum, das Sie ablenken könnte.

- **Nutzen Sie Leerzeiten zum Schreiben**

  Führen Sie jederzeit Gerätschaften mit sich, mit denen Sie Ihre Gedanken notieren können (Notizbuch, Tablet, Handy). Wann immer Sie ein paar Minuten Zeit haben, diktieren oder schreiben Sie: im Wartezimmer, abends auf der Couch (statt fernsehen), als Beifahrerin oder Beifahrer, in öffentlichen Verkehrsmitteln, …

- **Gleiches zusammen erledigen**

  Erledigen Sie ähnliche Aufgaben gebündelt. Statt beispielsweise jeden Tag oder jeden zweiten Tag einzukaufen, planen Sie im Voraus und kaufen Sie nur alle vier bis fünf Tage ein. Planen Sie Social-Media-Beiträge an einem Tag im Monat vor, statt jeden Tag einen Beitrag zu erstellen. Beantworten Sie anstehende E-Mails in einem Rutsch. So erledigen Sie Aufgaben schneller und haben mehr Zeit zur Verfügung.

Zusammengefasst:

- Sie bestimmen über Ihre Zeit.
- Entscheiden Sie bewusst, wofür Sie sie einsetzen.
- Wenn das Schreiben zu kurz kommt: Ist es Ihnen aktuell wichtig genug? Notieren Sie ehrlich Ihre momentanen Prioritäten.

IN DIESEM KAPITEL

Wie Selbstzweifel entstehen

Unbequeme Gefühle sind der Preis für Erfolg

Erste Hilfe bei akuten Selbstzweifeln

Kapitel 5

Was Sie vom Schreiben abhält: Selbstzweifel und fehlende Motivation

Mangelnde Zeit ist phasenweise ein echtes Argument, um nicht zu schreiben. Es gibt Zeiten, in denen tatsächlich so viel los ist, dass Sie keine Viertelstunde erübrigen können, um an Ihren Projekten zu schreiben. Aber das ist nicht immer der Fall. Häufig erzählen wir uns die Zeitlüge, um uns vom eigentlichen Problem abzulenken: hemmenden Gedanken.

Wie entstehen Selbstzweifel?

Sie tragen einen riesigen Koffer mit den Erfahrungen Ihrer Kindheit, Jugend und der Erwachsenenzeit mit sich herum. Aussagen und Erkenntnisse aus Ihrer Kindheit sind dabei in der Regel am stärksten ausgeprägt und viele davon haben Sie höchstwahrscheinlich bis heute noch nicht reflektiert. Die Studienlage schwankt, aber man kann davon ausgehen, dass wir Menschen nur fünf bis zwölf Prozent der Reize bewusst wahrnehmen, die in und um uns herum ablaufen. Viele Tausend Gedanken rauschen täglich durch unseren Kopf, ohne dass es uns auffällt. Sie bestimmen nicht nur, wie wir uns fühlen, sondern auch, was wir tun. Ob Sie also an Ihrem Roman schreiben, hat wesentlich mit Ihren unbewussten Gedanken darüber zu tun:

Umstand (neutrales Thema, Auslöser, zum Beispiel Ihr Roman) → Gedanke beziehungsweise unreflektierte Meinung auf Grundlage Ihrer Konditionierung → Gefühl → Aktionen → Ergebnis (Nachwirkung der Aktionen)

Warum wir etwas tun, ist abhängig von unseren Gefühlen.

Wie wir uns fühlen, wird durch unsere Gedanken ausgelöst.

Und welcher Gedanke in welcher Situation hochkommt, ist abhängig von Ihrer »Konditionierung«. Diese Konditionierung ergibt sich aus Ihrem Charakter, Ihrer Erziehung, Ihren Erinnerungen und Erfahrungen, Ihrer Kultur und Ihren Entscheidungen. Um es ganz einfach auszudrücken, stelle ich Ihnen Annabelle und Christina vor:

Annabelle wuchs in einer Kleinstadt in Deutschland auf. Sie ist das dritte Kind der Familie. Ihre Eltern haben, wie fast alle Eltern, ihr Bestes gegeben, um Annabelle auf das Leben vorzubereiten, waren jedoch auch sehr viel mit den Herausforderungen des Lebens beschäftigt. Annabelle hat gelernt, dass sie am besten durchs Leben kommt, wenn sie sich anpasst, unauffällig ist und sich bemüht, ihre Eltern glücklich zu machen. Dann waren ihre Eltern am freundlichsten zu ihr. In der Schule fiel ihr das Lernen eher schwer und sie hatte oft Angst, schlechte Noten nach Hause zu bringen, weil ihre Eltern ihr Vorwürfe machten und es Fernsehverbot oder Hausarrest gab. Eine Lehrerin meinte zu ihr, dass nie etwas aus ihr wird, wenn sie so weitermache wie bisher. Als Erwachsene liest Annabelle mehr und flüchtet sich immer häufiger in Fantasywelten. Sie möchte nun selbst einen Romantasy-Roman schreiben, aber es kommen viele Zweifel in ihr hoch, sobald sie ein paar Wörter tippt.

Bevor Sie weiterlesen, hier eine kleine Übung: Was denkt Annabelle über sich und ihr Romanprojekt vielleicht? Versetzen Sie sich kurz in ihre Lage und stellen Sie sich vor, wie Annabelle ihr Dokument öffnet. Welche Gedanken gehen ihr durch den Kopf? Schreiben Sie es auf.

Was Annabelle genau denkt, können wir nur vermuten, aber ich würde mutmaßen, dass es sich ungefähr so anhört:

- ✔ Wer bin ich, dass ich Bücher schreiben will?
- ✔ Was, wenn das, was ich hier schreibe, absoluter Mist ist?
- ✔ Das will sowieso niemand lesen.
- ✔ Ich kann das nicht.
- ✔ Erst mal brauche ich neuen Kaffee.

Auf der anderen Seite haben wir Christina. Sie wuchs ebenfalls in einer Kleinstadt auf und ist das dritte Kind der Familie. Ihre Eltern haben die Kinder oft mit in die Bücherei genommen und ihnen abends vorgelesen, auch als sie schon in der Schule waren. Wenn sie sich in der Schule bemüht hat, haben ihre Eltern es unabhängig von ihren Noten honoriert und gemeinsam mit ihr Lösungen überlegt, wie sie den Schulalltag souverän meistern kann. Trotzdem fiel es Christina schwer, sich zu behaupten, aber ihre Eltern haben sie vorbehaltlos unterstützt und gefördert. Sie war sich jederzeit der Liebe ihrer Eltern und Geschwister sicher und durfte sich in allem ausprobieren, woran sie Spaß hatte. Als Erwachsene entdeckte sie ihre Liebe zu Romantasy-Büchern und mittlerweile möchte sie selbst einen Romantasy-Roman schreiben.

Welche Gedanken hat Christina wohl, wenn sie sich an ihr Manuskript setzt?

Auch hier können wir nur Annahmen machen, aber die Vermutung liegt nahe, dass es sich um Gedanken handelt wie:

- ✔ Wenn ich es will, dann schaffe ich das.
- ✔ Ich bin gespannt, was ich Neues lerne.
- ✔ Ich kann es kaum erwarten, die Geschichte aus meinem Kopf aufzuschreiben.
- ✔ Meine Eltern und Geschwister werden das bestimmt lesen.
- ✔ Aber erst mal brauche ich neuen Kaffee.

Wie Sie sehen können, haben Gedanken die Eigenart, Gefühle auszulösen. Bei Annabelle sind es eher hemmende Gefühle, bei Christina eher motivierende. Natürlich wird auch Christina beim Schreiben immer wieder Zweifel haben und Annabelle wird Szenen schreiben, die sie begeistern, denn die Welt ist nicht schwarz-weiß.

Gefühle entstehen durch Ihre Gedanken und nicht durch Äußeres

Wenn die Gefühle in uns durch unsere eigene Einstellung ausgelöst werden, was würde das im Umkehrschluss bedeuten? Richtig: »Äußere« Dinge lösen keine Gefühle aus.

Wenn »das Schreiben Ihnen Angst macht«, dann wäre es richtiger, zu sagen, dass Sie Zweifel haben oder sich Sorgen machen, nicht gut genug zu sein. »Das Schreiben« selbst ist ein abstrakter Vorgang, der keinen eigenen Willen hat und nichts aktiv in Ihnen auslösen kann. *Was etwas in Ihnen auslöst, sind Ihre Gedanken über das Schreiben.* Nicht das Schreiben selbst.

Gleiches gilt für unsere Mitmenschen. »Mein Nachbar macht mich wütend« ist so nicht richtig. *Das, was dieser Nachbar tut oder sagt, interpretieren Sie auf eine bestimmte Art und Weise, was Sie wiederum wütend macht.* Ich bin mir sicher, dass Ihr Nachbar ähnliche Annahmen über Sie hegt, die vermutlich ebenso falsch sind. Machen Sie ihm nächstes Mal ein ehrliches Kompliment und schauen Sie, was passiert.

Selbstzweifel, Ängste und andere negative Gefühle beim Schreiben entstehen also durch unsere Einstellung dem Roman und uns selbst gegenüber. Doch das ist nicht alles.

Freude: Ja. Schmerzen: Nein.

Nicht nur Ihre persönlichen Erfahrungen können Zweifel an Ihnen und Ihrem Roman erzeugen, auch Ihr genetisches Erbe spielt eine Rolle.

Das Leben strebt zum Leben. Selbst Bakterien reagieren so auf äußere Reize, dass sie entweder zu einer Quelle hinstreben – beispielsweise zu Nahrung – oder vor ihr fliehen, um sich zu schützen. Da sie kein Gehirn haben, denken sie nicht darüber nach (Denken ist ohne Gehirn nämlich äußerst schwierig, auch wenn es immer wieder Menschen zu geben scheint, die das sehr gut hinkriegen), sondern tun es impulsgesteuert.

Auch Menschen handeln oft impulsgesteuert, wie Sie wissen, wenn Sie Kinder haben oder cholerische Vorgesetzte.

Woher kommt das? Vereinfacht ausgedrückt besteht Ihr Gehirn aus vier Bereichen:

- ✔ Dem Hirnstamm für Reflexe wie Atmen, Herzschlag, Körpertemperatur et cetera,
- ✔ dem Kleinhirn für Prozesse wie Gleichgewicht, Koordination und Bewegung,
- ✔ dem Zwischenhirn als Bindeglied zum Großhirn und
- ✔ dem Großhirn für komplexere Prozesse.

Im Großhirn selbst interessieren uns zwei Bereiche: der **Temporallappen** und der **Frontallappen**. Schreiben Sie es auf, das ist prüfungsrelevant.

Der Temporallappen ist auch der Sitz der **Amygdala**, die Informationen emotional bewertet und entsprechende Prozesse anstößt. Bei drohender Gefahr löst sie Stressreaktionen aus, die uns bei der Flucht vor Tigern und wild gewordenen Expartnern helfen.

Der Frontallappen auf der anderen Seite dient unserem vernunftmäßigen Denken. Mit ihm können wir planen, analysieren und reflektieren. Er sorgt dafür, dass wir vor einem Tiger davonlaufen, weil wir tatsächlich sterben könnten, aber dem Expartner die Stirn bieten, obwohl wir lieber wegrennen wollen.

Grundsätzlich will unser Gehirn:

- ✔ Schmerzen vermeiden,
- ✔ Annehmlichkeiten erfahren und
- ✔ Energie sparen.

Das Gehirn verbraucht unheimlich viel Energie und ist sehr sparsam (Fun Fact: Zuweilen verbraucht das Gehirn unglaubliche 40 Prozent der gesamten Energie, die Sie erzeugen!). Es möchte so wenig Energie wie möglich einsetzen, um zu funktionieren. Deshalb automatisiert es Prozesse, denn was automatisch abläuft, darüber muss man nicht mehr nachdenken und das wiederum spart Energie. Sobald Sie sich nach langjähriger Fahrpraxis ins Auto setzen, schnallen Sie sich an, ohne darüber nachzudenken.

»Schmerzen« sind alle Arten negativer Gefühle sowie alle körperlichen Schmerzen. Wenn Sie nicht gerade betrunken sind oder Ihren Mut beweisen wollen, dann würden Sie nicht freiwillig in einen Stromzaun fassen, über die Autobahn spazieren oder ohne Fallschirm aus einem Flugzeug springen. Sie vermeiden zudem unangenehme Gefühle wie Scham, Angst, Trauer, Ablehnung und so weiter, weil das den Menschen jahrtausendelang zu überleben geholfen hat.

Wie viel schöner sind Gefühle wie Freude, Liebe, Zugehörigkeit, Wertschätzung, Freiheit, Selbstbestimmung und so weiter! Die mag unser Gehirn sehr gerne und sucht konstant danach. Das ist übrigens der Grund, warum Sie gerne gesüßte Speisen naschen (Zucker löst die Ausschüttung von Dopamin aus, dem »Belohnungshormon«) oder stundenlang *Candy Crush* spielen können. Je jünger das Gehirn, desto anfälliger ist es für die Reize.

Wozu Sie das alles wissen müssen, fragen Sie sich? Erst einmal ist es hilfreich für Sie als Autorin oder Autor, wenn Sie grundsätzliche verhaltenspsychologische Prozesse kennen, damit Sie Ihre Romanfiguren authentisch handeln lassen können. Es hilft Ihnen aber auch bei Selbstzweifeln. Dazu kommen wir jetzt.

Unbequeme Gefühle sind der Preis für Erfolg

Lassen Sie es uns ganz einfach halten: Solange Sie sich wohlfühlen, sind Sie in Ihrer Komfortzone. Wenn Sie unangenehme Gefühle spüren, sind Sie außerhalb Ihrer Komfortzone. Je unangenehmer, desto weiter weg.

Es wäre so schön, wenn das Leben einfach wäre. Bleiben Sie immer in Ihrer Komfortzone, dann fühlen Sie sich gut und müssen sich nie mit Zweifeln beschäftigen. Erhalten Sie einfach den Status quo und verändern Sie niemals irgendetwas.

Leider ist es im Leben wie bei spannenden Geschichten: *Die wirklich wichtigen Ziele von Romanfiguren – und Ihnen! – liegen außerhalb der Komfortzone und bedeuten Schmerz* (glücklicherweise in unserem Fall »nur« psychologisch. Außer Sie ziehen sich beim Schreiben eine Sehnenscheidenentzündung zu …).

Sie müssen Ihre Komfortzone verlassen, wenn Sie einen Roman schreiben wollen. Viele Male.

Lernen, Wachsen und Veränderungen finden alle im Bereich der Unannehmlichkeiten statt.

Wenn Sie bei einer Sache erfolgreich sein wollen, dann müssen Sie immer wieder unangenehme Gefühle dafür in Kauf nehmen.

Wer schreibt, zweifelt. Das ist völlig normal, weil das Schreiben mit Ängsten verknüpft ist. Wie stark diese Ängste sind und durch welche Gedanken sie hervorgerufen werden, ist ein Zusammenspiel aus Überlebenskampf (Angst vor Ablehnung) und individueller Konditionierung.

»Halvor« lässt sich zähmen

Ich nenne die fiese kleine Stimme, die mir Zweifel eingibt, »Halvor«. Halvor bedeutet übersetzt »Felsenhüter« und drückt damit genau das aus, was er tut: *Halvors Lebenssinn ist es, den Status quo zu halten,* also die alten Felsen zu hüten.

Jede Veränderung geht mit dem Unbekannten einher und muss daher aus Halvors Sicht vermieden werden. Er ist der personifizierte Überlebenswille und kann Veränderungen auf den Tod nicht ausstehen. Halvor meldet sich, sobald ich an die Grenze meiner Komfortzone komme. Übrigens sieht Halvor für mich aus wie ein kleines olivgrünes Monster, das irgendwie nur aus einem Kopf mit Armen und Beinen besteht, aber das nur am Rande.

Je stärker Sie die Grenzen des Komforts überschreiten, desto lauter wird Halvor.

Das klingt alles nach ziemlich ungünstigen Voraussetzungen. Ist es überhaupt möglich, seine Konditionierung zu verändern? Können Sie Halvor jemals zum Schweigen bringen? Wenn ja, wie?

Und wann geht es endlich um Liebesromane?

Die Konditionierung aus Kindheitstagen ist schon ziemlich stark ausgeprägt, aber diese Annahmen sind nicht angewachsen. Sie können verändert werden.

Wie? *Indem Sie über die gleiche Sache anders denken, und zwar so oft, bis Sie den neuen Gedanken mehr glauben als den alten.*

Ganz einfach also. So wie Quantenphysik.

Wenn Sie glauben, dass die Zweifel irgendwann aufhören, muss ich Sie enttäuschen. Adriana Popescu schreibt über ihre auftretenden Selbstzweifel auf die Frage, wie sie damit umgeht:

> *Ich höre ihnen kurz zu und stelle mir dann vor, sie kommen von einem sehr gehässigen Menschen, der mich nicht besonders mag – mit dem ich aber nichts zu tun habe. Ich konzentriere mich auf die Dinge, die ich kann.*

Und Katharina Herzog gibt den Tipp:

> *Einfach weiterschreiben. Dem inneren Zensor sagen, dass er die Klappe halten soll. Und sich mit anderen Autorinnen und Autoren vernetzen – zum gemeinsamen Schreiben, für Austausch und für Zuspruch. Wenn man kann, sollte man Kurse besuchen. Ein guter Schreibcoach kennt sich nicht nur mit Text, sondern auch mit Mindset aus und weiß, wie man Blockaden löst.*

Erste Hilfe bei Selbstzweifeln und anderen Hindernissen

Glücklicherweise gibt es Methoden, um mit diesen hinderlichen Gefühlen und Gedanken umzugehen. Ich empfehle Ihnen sehr, sich im Laufe Ihrer Schreibkarriere einen Werkzeugkoffer anzulegen, der die Methoden enthält, mit denen Sie gut arbeiten können, denn Zweifel, Ängste und andere unangenehme Gefühle werden immer wieder anklopfen.

Also, was können Sie tun, wenn Sie, wie Annabelle, an Ihrem Roman schreiben wollen, aber plötzlich alles infrage stellen?

Hinterfragen Sie Ihre Zweifel

Gehen Sie in eine »Coaching-Sitzung« mit sich selbst und finden Sie heraus, was wirklich hinter dem lähmenden Gefühl steckt. So können Sie vorgehen:

Schritt 1: Nehmen Sie den Zweifel wahr

Klingt vielleicht selbstverständlich, aber es gibt einen großen Unterschied zwischen dem Satz »Ich komme einfach nicht voran. Irgendwie lasse ich mich immer ablenken« und der Feststellung, *warum* das so gekommen ist.

Schreiben Sie daher im ersten Schritt als Überschrift auf ein leeres Blatt Papier das, was für Sie ein Problem ist, beispielsweise »Mein Liebesroman«.

Dann stellen Sie sich einen Wecker auf zehn Minuten und notieren Sie auf Ihrem Blatt alle Assoziationen, Gedanken, Gefühle und Fakten, die Ihnen dazu einfallen. Ohne Zensur, ohne Wertung, einfach so neutral, wie Sie es in der Wissenschaft tun würden, wenn Sie ein Objekt studieren wollen.

Die Liste könnte ungefähr so aussehen:

Mein Liebesroman

1. Will eh niemand lesen.
2. Fühlt sich zäh an.
3. Die Grundidee gefällt mir gut.
4. Wenn ich »drin« bin, macht es Spaß.
5. Ich weiß nicht, wie ich das spannender schreiben kann.
6. Wenn ich es lese, klingt es langweilig.

Schritt 2: Suchen Sie sich einen Gedanken aus, den Sie analysieren wollen

Bestimmt wird Sie eine der Aussagen in der Tiefe interessieren. Wählen Sie einen dieser Gedanken aus und schreiben Sie ihn noch einmal auf. Dann analysieren Sie den Gedanken mit gezielten Fragen. Tun Sie so, als seien Sie Ihr eigener Coach, der herausfinden will, was hinter diesem Denkmuster steckt.

Gute Fragen für den Start wären:

- ✔ Ist das wirklich wahr?
- ✔ Würde das jeder über dieses Thema sagen? Wenn nicht, dann kann die Aussage nicht ultimativ wahr sein.
- ✔ Wer würde anders darüber denken? Wie würde diese Person darüber denken?
- ✔ Warum denke ich das?
- ✔ Wie fühle ich mich, wenn ich das denke? ➔ Was mache ich, wenn ich mich so fühle? ➔ Zu welchem Ergebnis führt das?

- ✔ Wann habe ich mich für diesen Gedanken entschieden? Wie komme ich auf diesen Gedanken?
- ✔ Wenn ich anders darüber denken könnte, wie würde ich gerne darüber denken?

Wir gehen das anhand eines Beispiels durch. Aus der obigen Auflistung nehme ich mal den Gedanken »**Das will eh niemand lesen**.«

Ist das wirklich wahr?

»Wahrscheinlich nicht. Meine Schwester und meine beste Freundin wollen es auf jeden Fall lesen, haben sie gesagt.«

Vermeiden Sie es, jetzt rechtfertigende Gespräche zu beginnen, sondern halten Sie sich einfach an die Fragen: »Ist das wirklich wahr? Nein.«

Würde jeder über meinen Roman sagen, dass das eh niemand lesen will?

»Nein, es gibt vielleicht irgendwo auf der Welt Menschen, die mir Mut machen würden und daran glauben, dass ich daraus ein gutes Buch machen kann – auch wenn ich gerade nicht daran glaube.«

Wer würde anders darüber denken? Und wie?

Wenn ich einen »Buchcoach« hätte, würde sie vielleicht so etwas sagen wie: »Du schreibst gerade nur den ersten Entwurf, der ist noch nicht zum Lesen gedacht. Du weißt jetzt noch gar nicht, wie der Text am Ende wirklich klingen wird, denn du wirst ihn ja noch überarbeiten. Du entscheidest selbst, wann der Text gut genug ist, um ihn anderen zum Lesen zu geben. Bis dahin ist der Text noch Rohmaterial und erfüllt gar nicht den Anspruch, lesenswert zu sein.«

Wie fühle ich mich, wenn ich »Das will eh keiner lesen« denke?

Ich fühle mich demotiviert.

Was tue ich, wenn ich demotiviert bin?

Ich prokrastiniere: Statt zu schreiben, recherchiere ich lieber und sehe mir Videos mit Schreibtipps an.

Zu welchem Ergebnis führt das?

Ich komme mit meinem Text nicht weiter. Die Unzufriedenheit bleibt.

Wann habe ich entschieden, dass meinen Roman »eh niemand lesen will«?

Das war keine bewusste Entscheidung. Ich glaube, es ist einfach die Angst vor Ablehnung. Ich habe Angst vor schlechten Rückmeldungen und fühle mich gerade unfähig, einen spannenden Liebesroman zu schreiben. Mein Wunsch und meine Fähigkeiten scheinen auseinanderzuklaffen. Ich fühle mich unfähig.

Wie könnte ich anders über meinen Roman denken?

Ich könnte es wie der Buchcoach machen und mir sagen, dass dieser Text noch gar nicht zum Lesen gedacht ist.

Im Anschluss würde ich noch eine kleine Session machen, in der ich diesen neuen Gedanken weiter verfolge. Das könnte ungefähr aussehen:

> *Wenn ich meinen Roman für nicht lesenswert halte, demotiviere ich mich selbst. Es ist zwar schwierig, meinen Text zu lesen und keine schlechten Gedanken darüber zu haben, aber eigentlich kann ich auch nicht erwarten, sofort etwas perfekt zu können, wenn ich das noch nie zuvor gemacht habe. Ich schreibe dieses Buch auch, um zu lernen, wie man spannend schreibt. Das hier ist mein erster Entwurf, den niemand außer mir selbst lesen wird. Ich sorge dafür, dass meine Leserinnen und Leser am Ende eine Version in der Hand halten werden, die spannend, emotional und lesenswert ist. Und da ich noch nicht genau weiß, wie das geht, werde ich das in den nächsten Monaten in Erfahrung bringen. Zuerst lese ich mal dieses »Liebesromane schreiben für Dummies«.*

Der Notfallkoffer

Um eine Selbstcoaching-Session erfolgreich durchführen zu können, brauchen Sie ein wenig Abstand zu Ihren eigenen Gedanken. Sie versuchen ja, gleichzeitig Ihr Coach und Ihr Kunde zu sein, und obwohl Sie als angehende Autorin (oder angehender Autor) über die Fähigkeit verfügen, sich in verschiedene Figuren hineinzuversetzen, ist das doch eine große Herausforderung.

Unangenehme Gefühle, die zu viel Stress auslösen, blockieren unser Denken, wie Sie mittlerweile wissen. Deshalb ist es ratsam, sich einen »Notfallkoffer« anzulegen, der Sie schnell aus einem Tief holen kann, damit Sie wieder rational denken können. Nur, wenn Sie in Ruhe und analytisch Ihre Gedanken erforschen, finden Sie einen Weg, um Glaubenssätze aufzulösen. Der Notfallkoffer wirkt auf Ihre fünf Sinne und unterstützt Ihren Körper darin, sich besser zu fühlen.

- ✔ Wenn sich Ihr Körper besser fühlt, verändert sich der Hormonhaushalt.
- ✔ Ein veränderter Hormonhaushalt gibt wieder den Weg zum Verstand frei.
- ✔ Sie können anschließend rational und ruhig Ihre Gedanken analysieren.

Was in Ihren Notfallkoffer hineinkommt und wie er aussieht, ist allein Ihre Entscheidung. Sie können einen physischen Karton dafür nutzen, wie einen Schuhkarton oder eine hübsche Schachtel, die Sie stets in Reichweite Ihres Manuskripts aufbewahren. Überlegen Sie für jeden Ihrer Sinne, was Sie mögen und was Ihnen helfen würde, den Stress zu reduzieren.

Wenn Sie den Notfallkoffer nicht für sich selbst ausprobieren wollen, überlegen Sie trotzdem mal, was man dort hineintun könnte – wir werden uns ja auch noch damit beschäftigen, wie man bestimmte Gefühle auslöst, und könnten diese Liste dann brauchen.

Hier sind einige Ideen für einen **Notfallkoffer**, der alle fünf Sinne anspricht und schnell für Entspannung sorgt:

1. **Sehsinn (Visuell)**
   - Fotos oder Postkarten mit schönen Motiven (schönen Erinnerungen, Lieblingsmenschen, Sehnsuchtsorten, ...)
   - Kleine Lichtquelle (Kerze, Lichterkette)
   - Mandalas oder Skizzenbuch zum Malen oder Kritzeln
   - Inspirierende Zitate oder Affirmationen auf Postkarten oder im Notizbuch
   - Sand- oder Lavalampe
2. **Hörsinn (Auditiv)**
   - Entspannende Musik oder Naturgeräusche (Meeresrauschen, Regen, Waldklänge)
   - Eine kleine Klangschale oder ein Windspiel für sanfte Töne
   - Geführte Meditation (findet man zuhauf im Internet)
   - Eine Playlist mit Lieblingssongs (sanfte oder aufbauende Lieder)
   - Ein kleines Instrument wie eine Kalimba oder eine Klangkugel, wenn Ihnen das gefällt
   - Vielleicht wollen Sie auch gerade Stille. Investieren Sie dafür in gute geräuschunterdrückende Kopfhörer. Für mich ein wahrer Gamechanger, seit ich Mutter bin. Man hört gar nicht mehr, wie die Kinder die Wohnung auseinandernehmen, und kann endlich in Ruhe die Szene schreiben, in der die Heldin ekstatische Orgasmen erlebt!
3. **Geruchssinn (Olfaktorisch)**
   - Ätherische Öle (zum Beispiel Lavendel für Entspannung, Zitrone für gute Laune, Rosmarin für Fokus). Achten Sie auf Qualität!
   - Duftkerze oder Räucherstäbchen mit angenehmen Düften
   - Getrocknete Kräuter oder Blüten (zum Beispiel Lavendelsäckchen, Rosmarin, Minze)
   - Ein duftendes Körperöl oder eine Parfümprobe mit einem Geruch, den Sie lieben
   - Kaffeebohnen oder eine Zimtstange wirken beruhigend auf Ihren Körper.
   - Faule Äpfel (Friedrich Schiller hatte immer verfaulte Äpfel in der Schublade, weil ihn das inspirierte ...)
4. **Tastsinn (Haptisch)**
   - Weicher Stoff oder ein kleiner Gegenstand (zum Beispiel ein Mini-Kuscheltier, eine Seiden- oder Samtstoffprobe)
   - Anti-Stress-Ball oder Knetmasse (Duft-Knete spricht gleichzeitig den Geruchssinn an)

- Wärmendes Element wie ein kleines Körnerkissen oder eine Handwärmepackung
- Glatter oder strukturierter Stein (zum Beispiel ein Handschmeichler aus Holz oder Edelstein)
- Massageball oder Igelball zur Druckpunktmassage
- Fidget-Spinner oder ähnliches Beruhigungsspielzeug (Tipp: Suchen Sie nach Beruhigungsgegenständen für ADHS-Betroffene)

5. **Geschmackssinn (Gustatorisch)**

- Trinken Sie Ihren Lieblingstee.
- Lutschen Sie dunkle Schokolade oder einen Lieblingsbonbon
- Kauen Sie bedächtig Nüsse oder Obst (nur vielleicht nicht die fauligen Äpfel von gerade eben …).
- Kaugummi
- Minzpastillen
- Lassen Sie einen Teelöffel Honig im Mund zergehen.

Probieren Sie Ihren Notfallkoffer in unterschiedlichen Situationen aus. Mir persönlich hilft es, dass ich einen Notizzettel mit dem Vermerk »Notfallkoffer« an meinem Monitor kleben habe, damit ich in stressigen Situationen daran denke, ihn auch zu benutzen.

Zusammengefasst:

✔ Zweifel entstehen durch Ihre Gedanken.

✔ Gedanken lassen sich verändern.

✔ Unangenehme Gefühle wie Zweifel gehören dazu, weil sie automatisch außerhalb der Komfortzone auftauchen – und einen Roman zu schreiben, liegt außerhalb Ihrer Komfortzone.

✔ Mit einem Notfallkoffer und Reflexionsfragen können Sie Zweifel leiser stellen.

Teil II
Planen Sie Ihren Roman

IN DIESEM TEIL ...

- Im zweiten Teil formulieren wir eine konkrete Idee für Ihren Liebesroman und Sie lernen das Geheimnis immerwährender Inspiration kennen.
- Sie erfahren, welche Subgenres es im Liebesroman gibt.
- Sie erstellen lebendige Romanfiguren und setzen sich mit Diversität auseinander.
- Und Sie legen den groben Handlungsplan Ihres Romans fest

IN DIESEM KAPITEL

Wie Sie aktiv konsumieren

Wie Sie zahllose Ideen für Ihren Roman entwickeln

Was der Unterschied zwischen »Liebesroman« und »Romance« ist

Welche Subgenres es im Liebesroman gibt

Kapitel 6
So finden Sie eine passende Idee für Ihre Geschichte – oder: Das Inspirationsbuch

Neben der Frage »Wie sind Sie zum Schreiben gekommen?« und »Können Sie davon leben?« (oder alternativ »Wie viele Bücher haben Sie denn schon verkauft?«, wenn man nicht direkt mit der Tür ins Haus fallen will), hören Autorinnen und Autoren oft die Frage: »Woher bekommen Sie Ihre Ideen?«

Anne Freytag:

> *Die richtige Idee drängt sich auf und lässt mich nicht mehr los. Es ist also nicht wirklich eine Entscheidung, die ich treffe, ich bin eher befallen davon. Manchmal ist es die Plot-Idee, die mich nicht loslässt, aber meistens ist es die Figur, die mich mehr und mehr interessiert. Um sie entsteht dann die Geschichte.*

Viele Kreative haben eher das Problem, sich nicht für eine der vielen Ideen entscheiden zu können, die in ihrem Kopf herumschwirren oder auf Kassenbons, Servietten oder auf herausgerissene Notizbuchseiten gekritzelt und in einer Schublade vergessen wurden. An zu wenigen Ideen mangelt es selten. Dennoch wollen wir im ersten Schritt überlegen, woher neue Ideen kommen können und wie Sie es schaffen, einen immerwährenden Quell der Inspiration aufzubauen.

Alles in Ihrem Leben kann zu einer Buchidee werden. Sie werden jeden Tag inspiriert. Manchmal ist es schlicht die Natur, die Sie beobachten, ein anderes Mal ist es der Konflikt, den Ihre Schwester gerade mit ihrer besten Freundin austrägt. Sie sollten nur eines sein: aufmerksam.

Adriana Popescu:

> *Das klingt jetzt schrecklich kitschig, aber sie [die Ideen] finden mich. Manchmal ist es eine Liedzeile, eine Werbung an der Bushaltestelle oder ein Gesprächsfetzen von Fremden. Da ist dann plötzlich ein Gedanke. »Was wäre, wenn …?« Wenn die Idee zwei Wochen bei mir bleibt, schreibe ich sie auf.*

Das Prinzip des »Konsumierens und Produzierens«

Stellen Sie sich vor, Sie müssten auf fließendes Wasser verzichten und hätten nur einen Brunnen zur Verfügung. Je niedriger der Wasserspiegel ist, desto anstrengender wird die Prozedur. Und wenn der Brunnen austrocknet, stehen Sie unter Stress und geraten in Panik.

Mit Ihren Ideen verhält es sich ähnlich wie mit einem Brunnen: Sie füllen Ihren Kreativitätsbrunnen, indem Sie **aktiv** Geschichten konsumieren. Je weniger Sie sich mit Büchern, Filmen, Geschichten, der Natur und Menschen umgeben, desto tiefer sinkt Ihr Ideen-Wasserspiegel.

Aktives und passives Konsumieren

»Konsumieren« klingt im ersten Moment nach einem entspannten Abend auf der Couch, eine Tüte Chips in der Hand und fettige Finger auf der Fernbedienung. Das, was die meisten Menschen tun, wenn sie Filme gucken, Bücher lesen, Hörspielen lauschen oder sich eine Vorstellung ansehen, nenne ich »passives Konsumieren«. Man führt sich die Geschichte zu Gemüte, um sich unterhalten zu lassen und berieselt zu werden.

Das ist nett, um vom Alltag abzuschalten, aber hilft Ihnen für Ihren Brunnen nicht weiter.

»**Aktives Konsumieren**« ist das, wonach es klingt: Mit Aktivität Ihrerseits verbunden. Sie lesen ein Buch und analysieren es anschließend oder währenddessen. Alleine dadurch lernen Sie bereits eine Menge und ich kann Ihnen versprechen, dass sich diese Mehrarbeit zigfach auszahlt.

Dieses aktive Konsumieren ist gemeint, wenn Sie Stephen Kings Aussage hören, der in *Das Leben und das Schreiben* schreibt: »Wenn Sie keine Zeit zum Lesen haben, haben Sie nicht die Zeit (oder die Werkzeuge) zum Schreiben. So einfach ist das.«

So konsumieren Sie aktiv

Wann wurden Sie zuletzt von einem Buch so richtig gefesselt? Welche Autorinnen und Autoren bewundern Sie für ihren Schreibstil, ihre Ideen, ihre Figuren? Genau von diesen Büchern, Filmen, Hörbüchern, Opern, Theaterstücken und so weiter können Sie lernen.

Legen Sie sich einen Brunnen an. Bei mir ist das ein digitales Notizbuch in meiner »Notizen«-App, die bereits von Haus aus in meinem Handy installiert ist. Zur besseren Übersichtlichkeit habe ich Ordner angelegt, in denen ich passende Ideen abspeichere.

Weitere Möglichkeiten – analog:

- ✔ Ein Notizbuch (mit Inhaltsverzeichnis zur Ordnung)
- ✔ Ein Ringbuch mit Registern, nachfüllbar
- ✔ Karteikarten
- ✔ Ideenglas (schwierig zu organisieren)

Digitale Varianten:

- ✔ Eine Planungsapp wie »Trello«, »Notion« oder »Asana«
- ✔ Die Notizen-App auf Ihrem Handy
- ✔ Ein Ordner auf Ihrem Computer, mit Unterordnern
- ✔ Pinterest-Pinnwand

Wie das im Einzelnen für Sie aussieht, werden Sie selbst entscheiden. Zur Inspiration gebe ich Ihnen Einblick in meine Ordner. Ich habe sie in Kategorien unterteilt, die ich für meine Romane brauchen kann:

Auflösungen: Interessante Enden, die anders sind, als ich gedacht hätte, oder auch mögliche Auflösungen von Konflikten in Geschichten. Hier finden sich beispielsweise die Auflösungen zu Filmen wie *Shutter Island, The Others* und ähnlichen Filmen, die ich überraschend, inspirierend oder beeindruckend fand.

Charaktere: Spannende Figuren, die mir begegnen, werden hier notiert. Ich habe eine Liste mit Eigenschaften, die ich liebenswert, schrullig oder ungewöhnlich finde. Beispielsweise hat der Hörsprecher Andreas fröhlich in Folge 46 des Podcasts über *Die drei ???* verraten, dass er Badezusätze sammelt, was ich eine spannende Idee für die Charakterisierung einer meiner Figuren finde, wenn ich mal wieder eine skurrile Figur brauche.

Konflikte: Nichts ist so spannend wie Konflikte. Oft ist es so, dass ich eine Geschichte lese, höre oder sehe und daraufhin Ideen für alternative Geschichten bekomme. Beispielsweise habe ich für eine ehrenamtliche Tätigkeit mit Kindern mal ein erweitertes Führungszeugnis angefordert und sofort kam mir die Idee eines Ehepaars, bei dem einer von beiden ein dunkles Geheimnis in der Vergangenheit hat, das rauskommt, als ein erweitertes Führungszeugnis einen entsprechenden Eintrag offenlegt.

Konflikte ist für mich auch deshalb ein spannender Ordner, weil wir bei Liebesromanen ja oft eine Rahmenhandlung brauchen, die unsere Liebesgeschichte unterstützt. Ideen dafür kommen ebenfalls in diesen Ordner, so zum Beispiel Gedankenfetzen wie: »Ein Mädchen läuft von zu Hause weg und landet in einem magischen Schloss. Sie kann erst wieder gehen, wenn sie drei unmögliche Aufgaben erledigt hat.«

Ich habe außerdem einen Ordner namens *Storylines*, wo konkrete Geschichtsideen notiert werden, wenn mir dazu mehr als nur ein Konflikt einfällt.

Mein Lieblingsordner heißt *Twists*. Hier sammle ich alle möglichen überraschenden Wendungen, die mich beeindruckt haben. Darunter sind Filme von Christopher Nolan, aber auch Auflösungen aus Krimis oder aus Serien. Insbesondere Serien wie *Bridgerton* arbeiten mit vielen Konflikten und Twists, um uns Zuschauende zu animieren, sich die Nächte um die Ohren zu schlagen. Was ist schon Schlaf, wenn man dafür in Erfahrung bringen kann, wie die Debütantin Daphne es schafft, der Erpressung von Baron Berbrooke zu entgehen, der sie zu einer Ehe mit ihm zwingen will? Eben.

Setting: Für den Erfolg eines Romans kann es einen Unterschied machen, wo diese Liebesgeschichte spielt. *Titanic* bietet uns ein altbekanntes Liebesdreieck mit dem Trope »Forbidden Love« (ein »Trope« ist eine Art genretypischer Handlungsrahmen), aber das Setting ist höchst ungewöhnlich. Eine Änderung des Settings kann aus einer »normalen« Liebesgeschichte eine besondere machen.

Mit dieser Methode des aktiven Konsumierens sorgen Sie dafür, aus einem stets gefüllten Brunnen an Kreativität zu schöpfen.

Übrigens empfehle ich Ihnen, sich stets die Inspirationsquelle dazuzuschreiben, damit Sie wissen, woher die Idee stammt und wer der Urheber ist.

Selbstverständlich werden Sie nicht die Ideen anderer für Ihre Werke nutzen. Es geht darum, einen Platz zu erschaffen, an dem es vor lauter inspirierenden Ideen wimmelt, damit Sie einfacher auf eigene Ideen kommen.

Aufgabe 1: Legen Sie sich einen Ordner, eine Handynotiz, ein neues Notizbuch oder etwas Ähnliches an, in das Sie Ideen, Charaktere, Twists und so weiter eintragen.

Aufgabe 2: Sehen Sie sich einen Liebesfilm an, der Sie beim passiven Ansehen berührt hat, oder suchen Sie einen entsprechenden Roman aus Ihrem Regal. Analysieren Sie: Wie beginnt die Geschichte? Welche Konflikte fallen Ihnen auf?

Nur, damit Sie mal wissen, wie so etwas in der Praxis aussehen kann:

Zur ersten Seite des Romans *Nächstes Jahr am selben Tag* von Colleen Hoover habe ich mir sieben Stellen markiert und Stichworte dazugeschrieben wie: »Provokanter erster Satz«, »Humorvoller Einstieg«, »Spannungsaufbau«, »Vergleich: Bild« und »offene Frage«. So habe ich herausgefunden, wie die Autorin den Einstieg in ihr erstes Kapitel konzipiert hat und welche Schreibhandwerkstipps dem zugrunde liegen.

Ab heute werden Sie bitte immer achtsam durch Ihr Leben schreiten, auf der steten Suche nach inspirierenden Momenten.

Lernen Sie, bewusst zu sehen, zu hören, zu riechen, zu schmecken und zu fühlen. Notieren Sie lieber zu viele Ideen als zu wenige.

So produzieren Sie

Überlegen Sie sich zunächst, wie Sie die Überlegungen zu Ihrem Roman festhalten wollen. Jede Form bietet ihre unterschiedlichen Vor- und Nachteile. Sie könnten es digital machen, wie Katharina Herzog:

Katharina Herzog:

> *Ich bin Apple-Userin und arbeite mit der iCloud, die auf allen Geräten synchronisiert. Für jede Geschichte lege ich einen Ordner an, wo ich alles speichere. Ich nutze auch »Papyrus Autor«, dort gibt es Recherchedokumente und Platz für Notizen. Außerdem kann ich »Notion« sehr empfehlen – nicht für die Geschichten direkt, aber für alles drum herum: Man kann dort Datenbanken anlegen, Dinge miteinander verlinken und sehr übersichtlich organisieren.*

Oder lieber analog, wie Adriana Popescu es macht:

> *Ich habe ein Notizbuch. Ich bin ein Kind der 80er, wir haben alles aufgeschrieben. Ich habe so viele Notizbücher, da kritzele ich alles rein. Später wird dann ein Word-Dokument angelegt. Alles ordentlich, aber erst mal festhalten, bevor die Idee weiterwandert.*

Wie bereits bei der Ideenfindung beschrieben, gibt es hierbei kein Richtig und Falsch. Starten Sie mit dem, was Sie haben, und entwickeln Sie Ihr eigenes System im Laufe der Projekte.

Etablieren Sie eine Schreibroutine

Während ich diesen Text für Sie tippe, bin ich mit vier anderen Autorinnen und Autoren in einer Videokonferenz, und zwar morgens um halb sechs an einem Freitag. Warum tun wir uns das an? Weil es eine große Herausforderung ist, ausreichend Zeit zum Schreiben in einem ohnehin vollen Alltag zu finden. Morgens schlafen die meisten Störenfriede und wir haben unsere Ruhe.

Sie können jeden Tag Gründe gegen das Schreiben finden. Einmal ist es der volle Terminkalender, ein anderes Mal fühlen Sie sich nicht inspiriert und dann kommen spontane Besuche von Freunden oder Schwiegereltern/Kindern dazu. Sie wollen niemandem vor den Kopf stoßen, das verstehe ich. Ich möchte Sie an dieser Stelle lediglich dazu auffordern, sich bewusst zu machen, wie wichtig Ihnen Ihr Buch ist.

Je wichtiger Ihnen der Roman ist, desto leichter können Sie Zeit dafür einplanen.

Die folgenden Tipps können Ihnen dabei helfen:

Treffen Sie bewusst die Entscheidung, wann Sie schreiben wollen.

Hoffen Sie nicht auf Inspiration, sondern setzen Sie sich feste Zeiten. Das können Uhrzeiten sein (»Jeden Morgen um 9 Uhr«) oder relative Zeiten (»Immer, wenn ich von der Arbeit nach Hause komme«). Machen Sie für sich eine Regel daraus, die Sie auch anderen kommunizieren: »Ich komme gern zu deinem Geburtstag, aber ich habe da diese Regel, dass ich abends um 19 Uhr an meinem Roman arbeite, deshalb kann ich leider nicht zum Essen bleiben.« Glauben Sie mir, Ihre Mitmenschen akzeptieren Ihre Gründe eher, wenn Sie sagen, dass es eine Regel ist. Jedenfalls in Deutschland.

Nehmen Sie sich vor, »weiterzuschreiben«, statt große Ziele zu erreichen

Mitunter fällt es schwer, sich zu einem großen Ziel wie »das ganze Kapitel schreiben« aufzuraffen. Nehmen Sie sich vor, fünf Minuten am Buch zu arbeiten. Oder nur einen Satz zu schreiben. Oder schlicht einen Namen für Ihre Figur zu finden. Und wenn Sie mehr machen wollen, machen Sie mehr.

Machen Sie es sich schön und belohnen Sie sich

Schreiben macht meistens Spaß, aber nicht immer. Stellen Sie sich kleine Herausforderungen und belohnen Sie sich dann. Beliebt sind Mini-Erpressungen wie »Wenn ich 250 Wörter geschrieben habe, esse ich ein Stück Schokolade.« Achten Sie dabei aber bitte darauf, sich nicht in eine Abhängigkeit zu begeben.

Außerdem können Sie sich eine schöne Atmosphäre erzeugen, in der Sie sich rundum wohlfühlen. Denken Sie an Kerzen, eine Decke, ruhige Musik und einen gemütlichen Stuhl.

Machen Sie es sich so leicht wie möglich

Ein Roman ist ohnehin schon ein langwieriges Projekt, also machen Sie es sich so leicht wie möglich. Für mich bedeutet es, jederzeit schreiben zu können. Ich kann beim Spazierengehen einen Text in mein Handy diktieren, das mit meinem Computer verbunden ist. So liegt der Text gleich auf dem Computer vor und kann ins Manuskript eingefügt werden. Außerdem habe ich alles in einer »Cloud« gespeichert, was mir erlaubt, jederzeit von überall darauf zuzugreifen (inklusive meinem »Inspirationsbrunnen«).

Sie können auch das geöffnete Manuskript gut sichtbar platzieren und immer wieder einen Satz schreiben, wenn Sie daran vorbeigehen. Finden Sie heraus, was Ihnen leichtfällt.

Schreiben Sie eine Liebesgeschichte oder »Romance«?

Im allgemeinen Sprachgebrauch wird kaum zwischen Liebesgeschichten und »Romance« unterschieden, aber für Sie als Autorin oder Autor ist es wichtig, sich mit den verschiedenen Unterarten der Kategorie »Liebesroman« zu befassen. Liebesgeschichten sind nämlich, entgegen der landläufigen Meinung, äußerst vielschichtig. Wenn Sie Verlage und/oder Leserinnen und Leser überzeugen möchten, beschäftigen Sie sich mit den Subgenres, um ein Gefühl dafür zu bekommen, wie die Erwartungshaltung an Ihre Geschichte aussieht.

Bei einer **Liebesgeschichte** steht die Liebesbeziehung im Mittelpunkt der Handlung, die Geschichte ist aber oft thematisch breit gefächert und muss nicht zwingend ein Happy End bieten. Tragische Liebesgeschichten finden hier ebenso ihren Platz wie historische Liebesgeschichten, die auf wahren Begebenheiten fußen. Das Ziel einer klassischen Liebesgeschichte ist, die Liebe realistisch darzustellen, mit all ihren Schwierigkeiten und Tragödien. Der Fokus liegt nicht nur auf der romantischen Entwicklung, sondern auch auf den individuellen Lebenswegen der Charaktere.

Die Rahmenhandlung kann knapp die Hälfte des Umfangs einnehmen und es geht oft um tiefgründige Themen wie Verlust, Selbstfindung, Vergebung oder gesellschaftliche Konflikte. Leserinnen und Leser haben die Erwartungshaltung, »echte«, also authentische Geschichten zu lesen, in denen die Realität oft nicht so schön ist, wie man sie gerne hätte.

Typische Vertreter dieses Genres sind beispielsweise *Ein ganzes halbes Jahr* von Jojo Moyes oder *Das Schicksal ist ein mieser Verräter* von John Green.

Unter **Romance** versteht man Geschichten, in denen die romantische Entwicklung (mindestens) zweier Figuren im Mittelpunkt steht und die zwingend ein Happy End haben müssen. Das kann dabei ein vollkommenes Happy End (»Sie lebten glücklich und zufrieden, und wenn sie nicht gestorben sind, dann lieben sie sich noch heute«) sein oder ein bittersüßes. Es gibt die Tendenz, die Liebe als rettendes Element darzustellen, das alles überwinden kann, selbst Traumata. Oft werden diese Romane gelesen, um sich in eine alternative Realität zu träumen, in der am Ende alles gut wird. Leserinnen und Leser kaufen Romance, um eine möglichst nervenaufreibende Achterbahnfahrt der Gefühle zu erleben, aber mit dem Versprechen, am Ende sicher anzukommen.

Wissen Sie schon, in welche der beiden Kategorien Ihr Roman fallen soll? Wenn ja: Notieren Sie es. Wenn nicht: Kein Problem, das ergibt sich dann später.

Subgenres im Liebesroman

Liebesroman ist nicht gleich Liebesroman. Das Setting, die Zeit und viele weitere Aspekte haben Einfluss darauf, wie Sie Ihre Geschichte erzählen und wer sie später kaufen wird. Bevor wir eine Idee für Ihren Roman entwickeln, ist es empfehlenswert, ein Subgenre festzulegen.

Genres und Subgenres sind jedoch nicht in Stein gemeißelt. Der Markt verändert sich immer wieder leicht und findige Marketingleute rufen neue Kategorien aus, in die sich Romane einsortieren lassen.

Verwechseln Sie das Subgenre nicht mit dem »Trope«. Innerhalb der Gattung der Liebesromane gibt es Subgenres, die jeweils eine Reihe von »Tropes« haben können. Tropes sind Subgenre-übergreifende Handlungsrahmen.

Gehen Sie aufmerksam durch die folgende Liste und machen Sie sich mit den verschiedenen Subgenres des Liebesromans vertraut, die am Markt zu finden sind. Behalten Sie aber auch aktuelle Entwicklungen im Auge, indem Sie regelmäßig die Bestsellerlisten studieren.

Liste verschiedener Subgenres im Liebesroman

Die Geschichte, die Sie mit Ihrem Roman erzählen, basiert auf einer einzigartigen Kombination aus Ihren Figuren, dem Setting, der Zeit, den gewählten Tropes, dem Subgenre und natürlich der Rahmenhandlung.

(Fast) Jeder Trope kann in jedem Genre vorkommen. Wie Sie die Handlung ausgestalten, ist vom Genre abhängig: Eine »Age Gap«-Geschichte, bei der eine junge Figur mit einer deutlich älteren Figur eine Liebesbeziehung eingeht, wird im Genre »Smalltown Romance« völlig anders erzählt als in einem Dark-Romance-Buch.

Genres verändern sich im Laufe der Jahre. Zum Zeitpunkt der Entstehung dieses Buches können Sie sich an der folgenden Liste orientieren:

»Chick Lit«

Humorvolle, oft leichtfüßige Geschichten, die sich mit modernen Frauen, ihren Beziehungen, Freundschaften und Alltagsproblemen beschäftigen. Der Fokus liegt nicht ausschließlich auf der Romantik, sondern auch auf persönlicher Entwicklung der Figuren. Allerdings steht der Begriff in Verruf, weil »Chicks« als Bezeichnung eher abwertend empfunden wird und diese Art Bücher als oberflächlich gelten können.

- ✔ **Erwartungshaltung:** Humorvolle, charmante Erzählungen mit einer selbstironischen Protagonistin, in der Regel mit Happy End. Häufig sind die Figuren in Missverständnisse und Missgeschicke involviert.
- ✔ **Beispiele:**
  - *Bridget Jones: Schokolade zum Frühstück* von Helen Fielding
  - *Shopaholic* von Sophie Kinsella

Contemporary Romance

Zeitgenössische Liebesgeschichten, die in der heutigen Zeit spielen (das heißt: nach 1945; häufig in der aktuellen Gegenwart) und reale, moderne Themen wie Karriere, soziale Medien oder Familie einbinden.

- ✔ **Erwartungshaltung:** Realistische und glaubwürdige Beziehungen mit Happy End oder bittersüßem Ende, teilweise auch tragisches Ende.
- ✔ **Beispiele:**
  - *Ein ganzes halbes Jahr* von Jojo Moyes
  - *Nächstes Jahr am selben Tag* von Colleen Hoover
  - *Die Bucht der Träume* von Elena Sonnberg

Dark Romance

Geschichten mit düsteren Themen, in denen moralisch ambivalente Charaktere, toxische Beziehungen oder Machtgefälle eine Rolle spielen. Achtung: teilweise brutal und häufig sexuell explizit sowie teilweise ohne Einwilligung der Figur. Fast alle Bücher enthalten Triggerwarnungen, die man erstnehmen sollte.

- ✔ **Erwartungshaltung:** Intensität, Tabubrüche und eine emotionale Achterbahnfahrt. Oft kein klassisches Happy End.

✔ **Beispiele**:

- *Dark Gleam Castle* von D. C. Odesza
- *Very Bad Kings* von J. S. Wonda
- *Haunting Adeline* von H. D. Carlton

Erotikroman

Der Fokus liegt auf der körperlichen Anziehung der Protagonisten, kombiniert mit einer emotionalen Liebesgeschichte. Explizite Szenen sind zentral. Viele »Dark Romance«-Romane grenzen an oder sind auch zu finden in diesem Subgenre.

✔ **Erwartungshaltung:** Leidenschaft, intensive Romantik mit expliziten Szenen und ein emotionales Ende.

✔ **Beispiele:**

- *Fifty Shades of Grey* von E. L. James
- *Crossfire*-Reihe von Sylvia Day
- *Salz auf unserer Haut* von Benoîte Groult

Historischer Liebesroman

Liebesgeschichten, die vor 1945 spielen, oft mit historischen Details und gesellschaftlichen Zwängen.

✔ **Erwartungshaltung:** Authentisches Setting, starke Figuren und Konflikte, die zur historischen Zeit passen.

✔ **Beispiele:**

- *Outlander* von Diana Gabaldon
- *Der Duft von Lavendel* von Lucinda Riley
- *So weit die Störche ziehen* von Theresia Graw

LGBTQ+-Romance

Liebesgeschichten, die LGBTQ+-Beziehungen in den Mittelpunkt stellen, oft mit Fokus auf Diversität und Akzeptanz.

✔ **Erwartungshaltung:** Authentische und emotionale Geschichten, die romantische Vielfalt zelebrieren.

✔ **Beispiele:**

- *Den Mund voll ungesagter Dinge* von Anne Freytag
- *Royal Blue* von Casey McQuiston
- *They Both Die at the End* von Adam Silvera

Love and Landscape

Liebesromane, in denen die Natur oder ein bestimmtes Setting (zum Beispiel Wüste, Highlands) eine zentrale Rolle spielt und zur Atmosphäre beiträgt. Oft Sehnsuchtsorte.

✔ **Erwartungshaltung:** Malerische Beschreibungen, eine Verbindung zur Natur und eine romantische Handlung, die eng mit dem Setting verknüpft ist.

✔ **Beispiele:**

- *This could be home* von Lilly Lucas
- *Küsse im Schnee: Highland Dreams* von Martina Gercke
- *Das Meer unserer Herzen* von Rosie M. Clark

New Adult

Geschichten über junge Erwachsene (18 bis ca. 25 Jahre), die erste (ernst zu nehmende) Beziehungen und die Herausforderungen des Erwachsenwerdens thematisieren. Explizite Sexszenen kommen häufig vor, weshalb die Bücher sich nicht an Jugendliche richten.

Fun Fact: Dieses Genre wurde erst 2010 erfunden, um einen bestimmten Typus von Geschichten zu kategorisieren.

✔ **Erwartungshaltung:** Junge Erwachsene in einem College- oder Universitätssetting, oft mit expliziten Szenen und Gefühlsachterbahn.

✔ **Beispiele:**

- *Save Me* von Mona Kasten
- *New Beginnings* von Lilly Lucas
- *What if we drown* von Sarah Sprinz

»Nackenbeißer«

Ein eher klassisches Subgenre des historischen Liebesromans, bei dem sinnliche Romantik und erotische Spannung im Vordergrund stehen. Häufig spielen diese Geschichten in luxuriösen Settings wie Herrenhäusern. Fast alle sind historisch angelegt, wobei der Fokus nicht auf historischer Genauigkeit, sondern auf den Gefühlen der Figuren liegt. Die Bücher werden zum Abschalten gelesen. Teilweise Überschneidungen mit »Regency«.

Der Name hat sich aus den Covern ergeben, auf denen oft Pärchen abgebildet werden, bei denen der Mann die Frau auf den Nacken küsst.

✔ **Erwartungshaltung:** Leidenschaft, historische Atmosphäre und ein Hauch von Kitsch. Happy End wird vorausgesetzt.

✔ **Beispiele:**

- *In den Armen des Schotten* von Heather Graham
- *Das Geheimnis des verwegenen Herzogs* von Ellie St. Clair
- *Der Kuss des Normannen* von Cat Taylor

Paranormal Romance und Romantasy

Liebesgeschichten mit übernatürlichen Elementen, wie Vampiren, Werwölfen, Hexen oder anderen Wesen aus Fantasiewelten. Geschichten, die in »unserer« Welt spielen, tendieren eher in Richtung »Paranormal Romance«, Liebesgeschichten in Fantasiewelten eher in Richtung »Romantasy«, wobei eine scharfe Abgrenzung unmöglich ist.

✔ **Erwartungshaltung:** Fantastische Welten, spannende Konflikte und intensive Liebesbeziehungen.

✔ **Beispiele:**

- *The Games Gods Play – Schattenverführt* von Abigail Owen
- *Blood and Ash – Liebe kennt keine Grenzen* von Jennifer L. Armentrout
- *Das Reich der Sieben Höfe* von Sarah J. Maas

Regency Romance

Liebesgeschichten, die in der Regency-Ära (ca. 1811–1820) in England spielen, oft mit Fokus auf gesellschaftlichen Zwängen und Etikette. Eine eigene Nische innerhalb des historischen Liebesromans, die nicht zuletzt durch die Verfilmung von *Bridgerton* neue Fans gewonnen hat. Es gibt Überschneidungen mit dem »Nackenbeißer« und dem Historischen Liebesroman.

✔ **Erwartungshaltung:** Elegante Sprache, romantische Intrigen und ein historisch stimmiges Setting.

✔ **Beispiele:**

- *Bridgerton*-Reihe von Julia Quinn
- *Lady über Nacht* von Elizabeth Bailey
- *Regency Roses* von Dana Graham

Romantic Comedy

Humorvolle Liebesgeschichten, die charmante Missgeschicke und witzige Dialoge beinhalten. Oft besteht eine inhaltliche Verwandtschaft zum Subgenre »Chic Lit«. Der Gebrauch von Humor, oft in sarkastischer Form, ist hier unabdingbar.

- ✔ **Erwartungshaltung:** Humorvolle Unterhaltung mit einem sicheren Happy End.
- ✔ **Beispiele:**
  - *Ein unmoralisches Sonderangebot* von Kerstin Gier
  - *Fake Dates and Fireworks* von Kyra Groh
  - *Die theoretische Unwahrscheinlichkeit von Liebe* von Ali Hazelwood

Romantic Suspense / Romantic Thrill

Liebesromane mit einem starken Spannungselement wie einem Kriminalfall oder einer ernsthaften Bedrohung.

- ✔ **Erwartungshaltung:** Spannende, überraschungsgeladene Handlung mit Nervenkitzel, die Romantik und Gefahr vereint.
- ✔ **Beispiele:**
  - *Lockruf der Gefahr* von Nora Roberts
  - *Im kalten Nebel* von Loreth Anne White
  - *Todesschrei* von Karen Rose

Sci-Fi-Romance

Liebesgeschichten in futuristischen Welten oder mit technologischen Themen, oft mit Elementen wie Raumschiffen oder Aliens (teils auch einfach apokalyptisches Setting ohne Aliens).

- ✔ **Erwartungshaltung:** Spannende Science-Fiction-Welten, in der die Liebesgeschichte im Vordergrund steht.
- ✔ **Beispiele:**
  - *The Host* von Stephenie Meyer
  - *Königshof der Aliens* von Aimee Winters
  - *Vermächtnis*: Eine Alien-Akademie-Romanze von Tana Stone

Smalltown Romance

Liebesgeschichten, die in einer schnuckeligen Kleinstadt spielen, in der sich die Welt ein wenig langsamer dreht. »Dorfgeschichten« könnte man auch sagen. Häufig kommt eine Figur aus der großen Stadt und es krachen grundverschiedene Lebensauffassungen aufeinander.

»Smalltown« ist gleichzeitig auch ein Trope, der sich in anderen Subgenres (zum Beispiel Romantische Komödie) wiederfinden kann.

- ✔ **Erwartungshaltung:** Kleinstadt- oder Dorfgemeinschaft, Tradition, Romantik, stark wertebasiert.

✔ **Beispiele:**

- *Meet me in Autumn* von Laurie Gilmore
- *It happened one Summer* von Tessa Bailey
- *Things we never got over* von Lucy Score

Spiritual Romance

Liebesgeschichten, die spirituelle oder religiöse Themen behandeln und oft Werte wie Vergebung, Glaube oder innere Heilung betonen. Hierzulande ein eher weniger beachtetes Subgenre.

✔ **Erwartungshaltung:** Eine tiefgründige Erzählung, bei der Romantik mit spiritueller Entwicklung verbunden ist.

✔ **Beispiele:**

- *Wunschträume* von Kari Lessir
- *Wir können alles sein* von Johanna Kramer

Sports Romance

Liebesgeschichten, in denen der Sport eine zentrale Rolle spielt. Meistens ist mindestens eine Hauptfigur im Profisport tätig.

✔ **Erwartungshaltung:** Mitreißende Liebesgeschichte und ein spannendes Sport-Setting (auch E-Sport).

✔ **Beispiele:**

- *Pech im Spiel, Glück in der Liebe* von Poppy J. Anderson
- *Ice and Dreams* von Aurelia Velten
- *Consider Me* von Becka Mack

Time Travel Romance (Zeitreiseroman)

Liebesgeschichten, die durch Zeitreisen ermöglicht werden und verschiedene Epochen verknüpfen.

✔ **Erwartungshaltung:** Spannende historische und romantische Entwicklungen, die Zeit und Raum überwinden.

✔ **Beispiele:**

- *Outlander* von Diana Gabaldon
- *Die Frau des Zeitreisenden* von Audrey Niffenegger
- *Wirst du da sein?* von Guillaume Musso

Young Adult (oft abgekürzt als YA) – romantischer Jugendroman

Liebesgeschichten mit jugendlichen Protagonisten, oft kombiniert mit Themen wie erste Liebe, Identitätsfindung und Erwachsenwerden. Die Hauptfiguren sind in der Regel jünger als 20 Jahre, oft in der Altersklasse von 16 bis 18 Jahren.

- ✔ **Erwartungshaltung:** Authentische, emotionale Geschichten mit leicht zugänglicher Sprache und oft bittersüßem Ende.
- ✔ **Beispiele:**
  - *To All the Boys I've Loved Before* von Jenny Han
  - *Das Schicksal ist ein mieser Verräter* von John Green
  - *Eleanor & Park* von Rainbow Rowell

Wägen Sie ab, zu welchen Subgenres es Sie aktuell hinzieht, um dort Ihren Roman anzusiedeln. Notieren Sie sich die Subgenre-Bezeichnungen.

Graben Sie eine konkrete Idee für Ihren Roman aus

Wenn Sie einen Roman planen, fühlen Sie sich an vielen Tagen wie bei einer archäologischen Ausgrabung: Sie haben ein riesiges Areal vor sich, in dem Sie einen wichtigen Fund vermuten. Alles, was Sie tun müssen, ist, Schicht für Schicht das Areal abzustecken, umzugraben und nicht aufzugeben, ehe Sie fertig sind. Manchmal können Sie dabei eher grob vorgehen, manchmal brauchen Sie einen feinen Pinsel, um keine Schäden anzurichten.

Lassen Sie uns eine Idee für Ihren Liebesroman finden. Wenn Sie bereits konkret wissen, worüber Sie schreiben wollen, können Sie die nächsten Seiten überspringen, andernfalls gehen wir nun in ein Ideenbrainstorming.

Neue Ideen finden mit der Ideenmatrix

Sie werden im Laufe der Jahre herausfinden, ob es eine Technik gibt, mit der Sie besser arbeiten können als mit allen anderen. Mir hat bei einigen Kurzgeschichten die Ideenmatrix am meisten geholfen. Dabei kombinieren Sie vermeintlich unzusammenhängende Elemente so lange miteinander, bis Sie auf eine Geschichte stoßen, die Sie begeistert.

Legen Sie zunächst ein paar Karteikarten bereit oder basteln Sie sich Papierschnipsel der ungefähren Größe acht mal elf Zentimeter. 20 Stück sollten ausreichen.

Beschriften Sie die Karten mit Ihren Ideen für mögliche Figuren, Settings, Gegenstände, Themen, Symbole, Storylines, Twists, Konflikte, eventuellen Tropes und so weiter. Um nicht

17 Figurenideen, aber nur zwei Konflikte und ein Symbol zu haben, versuchen Sie, eine ungefähre Balance zu halten. Nach Richard Nordens »Kreativ-Matrix« wäre das:

Charaktere	4 bis 5 Karten
Gruppen, Organisationen oder Verbindungen zwischen den Charakteren	3 bis 4
Gegenstände	1 bis 2
Themen	1 bis 2

Statt der Gegenstände nehme ich auch für eine Brainstormingphase speziell für Liebesromane gerne zwei bis drei Tropes, auf die ich Lust habe. »Tropes« sind wiederkehrende Muster, die sich durch viele Liebesromane ziehen, beispielsweise »Forbidden Love« (die Figuren dürfen sich nicht lieben) oder »Forced Proximity« (die Figuren werden gezwungen, ihre Zeit miteinander zu verbringen, obwohl sie es nicht wollen).

Eine solche Liste finden Sie weiter unten, wo ich für Sie verschiedene Ideen notiert habe.

Schritt 1: Karten auslegen

Legen Sie die 20 Karten in einer Fünf-mal-vier-Matrix aus: fünf Karten pro Reihe, vier Reihen insgesamt. Natürlich sollten die Karten für optimale Ergebnisse gemischt sein.

Schritt 2: Assoziationen bilden

Nun gehen Sie Reihe für Reihe durch und kombinieren verschiedene Karten miteinander wie folgt:

Eine Karte wird im Uhrzeigersinn mit der Karte rechts daneben, unten rechts, darunter, unten links und – optional – links daneben kombiniert.

Wenn eine Karte am Rand liegt, nehmen Sie einfach eine andere Karte aus der gleichen Reihe.

Sie können auch weniger strategisch vorgehen und wie bei einem »Paare finden«-Merkspiel zwei beliebige Karten in die Hand nehmen. Achten Sie auf Abwechslung.

Nehmen Sie die beiden Karten in die Hand und überlegen Sie, wie sich diese Begriffe für einen Roman kombinieren lassen würden. Manchmal wird es Ihnen leichtfallen, eine Lösung zu finden. Es kann aber auch herausfordernd sein. Wenn Ihnen nach fünf Minuten (Wecker stellen!) nichts eingefallen ist, gehen Sie zum nächsten Assoziationspaar über.

Auf dem Papier wirkt das zunächst so verständlich wie die String-Theorie. Damit Sie sich besser vorstellen können, was ich meine, hier ein Beispiel:

Ich möchte für einen Liebesroman im Subgenre »Romantasy« (Fantasyroman als Liebesroman) auf neue Ideen kommen. Ich habe die Kategorien daraufhin angepasst.

Meine 20 Karten liegen gemischt wie folgt aus:

Nummer	Kategorie	Was steht drauf?
1	Charaktere	Geschäftsmann/Geschäftsfrau
2	Magische Fähigkeit	Gefühle beeinflussen
3	Symbol oder Gegenstand	Zauberbuch
4	Charaktere	Künstler/Künstlerin
5	Organisation	Adelsfamilie
6	Trope	Enemies to lovers
7	Charaktere	Feuerwehrmann/Feuerwehrfrau
8	Organisation	Unsichtbarer Bund
9	Charaktere	Geist
10	Symbol oder Gegenstand	Ohrring
11	Twist	Die Hauptfigur ist tot
12	Setting	Großstadt
13	Trope	Friends to lovers
14	Charaktere	Trauzeugin
15	Magische Fähigkeit	Zaubern
16	Magische Fähigkeit	Gedanken lesen
17	Twist	Love Interest ist schuld am Problem der Heldin
18	Charaktere	Fee
19	Setting	Verwunschener Wald
20	Trope	Forced Proximity

Kartenpaar 1: »Geschäftsmann/-frau« + »Gefühle beeinflussen«

- Manager/in ist nur erfolgreich, weil er/sie durch magische Fähigkeiten die Gefühle der Mitmenschen beeinflusst. Nur bei einer/einem klappt es nicht.
- Eine Geschäftsfrau findet heraus, dass ihre Familie Gefühle beeinflussen kann, aber sie selbst kann es nicht.

Kartenpaar 2: »Geschäftsmann/-frau« + »Adelsfamilie«

- Eine toughe Geschäftsfrau verliebt sich in den Prinzen einer magischen Adelsfamilie.
- Eine adelige Erbin bricht aus dem Familienkonstrukt aus, um die wahre Liebe zu finden und sich ein Unternehmen aufzubauen.

Kartenpaar 3: »Geschäftsmann/-frau« + »Enemies to lovers«

- Chefin verliebt sich in denjenigen, der die feindliche Übernahme ihres Unternehmens initiiert hat.

Kartenpaar 4: »Geschäftsmann/-frau« + »Feuerwehrmann/Feuerwehrfrau«

- Bei einem Brand verliebt sich der Chef in die Feuerwehrfrau.
- Ein magisches Feuer kann nicht gelöscht werden. Der Geschäftsmann und die Feuerwehrfrau müssen zusammenarbeiten.

Sie merken schon: Einerseits entstehen viele neue Gedanken bei dieser Übung, andererseits dürfen Sie auch gern Bekanntes wiederholen (wie die »Notting Hill«-Idee aus Kartenpaar 3). Es geht in diesem Schritt nur um das Sammeln vieler verschiedener Ideen, die noch nicht bewertet werden.

Die gefundene Assoziation schreiben Sie dann auf eine der beiden Karten oder auf ein separates Blatt. Wenn Sie alle Reihen kombiniert haben, ist Ihr Ideenpool um ein Vielfaches gewachsen. Gibt es bereits ein paar Punkte, die Sie emotional ansprechen?

Zusatztipp: Als Kategorie eignen sich auch Adjektive (alt, verlassen, einsam, verflucht, ...), insbesondere in Kombination mit Orten.

Schritt 3: Goldstücke finden

Nicht alle gefundenen Begriffe werden Teil Ihres Romans sein können. Schauen Sie sich nach Ihrer Übung die Ergebnisse an und markieren Sie oder schreiben Sie die heraus, die Sie kribbelig machen.

Streichen Sie die Begriffe, die Sie ablehnen und keinesfalls verwenden wollen, weil Sie das Thema nicht mögen, weil das Klischee zu abgedroschen ist oder es Sie schlichtweg nicht anspricht.

Da ein Roman ein Projekt ist, an dem Sie mehrere Monate arbeiten, suchen Sie nach Ihrer persönlichen Goldstück-Idee. Sie haben sie gefunden, wenn Sie innerlich aufgeregt werden und sich sofort dransetzen wollen, um dieser Idee zu folgen – selbst wenn gleich der *Tatort* läuft.

Brainstorming-Hilfe

Um Ihnen den Start zu erleichtern, sind hier pro Kategorie einige Ideen für Ihre Karten. Nehmen Sie sie als Ausgangspunkt für Ihre eigenen Überlegungen.

Ideen zu Charakteren:

- ✔ Straßenkünstler/in
- ✔ Dieb/in oder Profi-Fälscher/in
- ✔ Person kann nicht riechen, schmecken, hören, sehen oder fühlen.
- ✔ Ungewöhnlicher Beruf
- ✔ Wahrsager/in
- ✔ Obdachlose/r
- ✔ Pilot/in, der/die nach einem Trauma Höhenangst bekommt
- ✔ Nachtwächter/in

- ✔ Hacker/in
- ✔ König/in
- ✔ Hochzeitsplaner/in
- ✔ Bestatter/in
- ✔ Geisterjäger/in
- ✔ (Gescheiterte/r) Musiker/in
- ✔ Notärztin/Notarzt
- ✔ Kriminalkommissar/in
- ✔ Lehrkraft (an einer besonderen Schule?)
- ✔ Journalist/in
- ✔ Fahrlehrer/in
- ✔ Hacker/in oder Softwareentwickler/in
- ✔ Angler/in
- ✔ Bäcker/in (allergisch auf Gluten)
- ✔ Vegetarische/r Metzger/in
- ✔ Fußballspieler/in
- ✔ Mutter/Vater von vier Kindern
- ✔ Onkel/Tante mit Doppelleben
- ✔ Teenager/in
- ✔ Kind eines berühmten Elternteils
- ✔ Witwe/r
- ✔ Influencer/in mit Fake-Leben
- ✔ Aussteiger/in
- ✔ Gefängnisinsasse
- ✔ Rollstuhlfahrer/in

Speziell für Fantasy:

- ✔ Gestaltwandler/in
- ✔ Drachenreiter/in
- ✔ Fae
- ✔ Vampir
- ✔ Werwolf
- ✔ Hexe oder Zauberer
- ✔ Dämonenjäger/in
- ✔ Druide
- ✔ Engel
- ✔ Teufel

Ideen zu Orten / Setting:

- ✔ Verlassener Vergnügungspark
- ✔ Observatorium
- ✔ Feuerwehrwache
- ✔ Berghütte
- ✔ Altes Kino
- ✔ Botanischer Garten
- ✔ Zoo
- ✔ Luxushotel
- ✔ Hausboot
- ✔ Leuchtturm
- ✔ Vulkaninsel
- ✔ Fremder Planet
- ✔ Ausstellung
- ✔ Museum
- ✔ Bibliothek
- ✔ Universität

- Wald
- Strand
- Berge
- Wüste
- Slum oder Getto

Ideen zu der Verbindung zwischen den Figuren (»Organisationen«):

- Sie sind in einem Wettbewerb.
- Sie sind Erben des gleichen Vermögens.
- Sie geben vor, verlobt oder verheiratet zu sein.
- Sie sind befreundet.
- Sie demonstrieren gegen konträre Dinge.
- Sie teilen sich ein Zimmer.
- Sie gehören zur gleichen Familie.
- Sie gehören zur gleichen Rasse (Fantasy).
- Sie gehören zu rivalisierenden Familien.
- Sie reisen in der Zeit.
- Eine Person hat die andere gerettet.
- Sie waren mal verheiratet.
- Sie sind Eltern gemeinsamer Kinder.
- Sie sind Nachbarn.
- Sie arbeiten im gleichen Unternehmen.
- Sie sind in einem Vorgesetzten-Angestellten-Verhältnis.

Ideen zu Symbolen oder Gegenständen, die Bedeutung bekommen können:

- Schmuck (Kette, Ohrring, Ring, Anhänger, …)
- Kompass
- Ein bestimmtes Buch
- Verschlossener Koffer
- Konzertticket
- Puzzle, bei dem ein Teil fehlt, oder fehlendes Puzzleteil
- Altes Telefon
- Schachbrett
- Exotischer Talisman
- Kitschige Postkarte
- Handschuhe
- Alter Regenschirm
- Zerrissene (Land-)Karte
- Kamera
- Windspiel
- Schlüssel

Ideen zu bekannten und beliebten Tropes oder Storylines (in Klammern steht die gängige Bezeichnung):

- Amnesie/Gedächtnisverlust
- Arrangierte Hochzeit
- Aus Fremden werden Verliebte (»Strangers to Lovers«)

- ✔ Aus Freundschaft wird Liebe (»Friends to lovers«)
- ✔ Aus Hass wird Liebe (»Enemies to Lovers« oder auch »Haters to Lovers«)
- ✔ Aus besten Freunden wird ein Liebespaar (»Best friends«)
- ✔ Schwester/Bruder des besten Freundes/der besten Freundin (»Best Friend's Brother/Sister«)
- ✔ Eltern-Ebene (Vater einer Freundin/Mutter einer Freundin etc.)
- ✔ Wetten, dass …?
- ✔ Millionär/in oder Milliardär/in
- ✔ Chef/in und Angestellte/r (»Office Romance«, »Workplace Romance« oder »Boss Romance«)
- ✔ Trennung, um ihn/sie vor größerem Übel zu retten (»Breakup to save her/him«)
- ✔ Eine Figur ist prominent (»Celebrity Romance« oder »Rockstar Romance«)
- ✔ Dunkles Geheimnis
- ✔ Märchenadaption
- ✔ Scheinbeziehung (»Fake Relationship«)
- ✔ Fehl am Platz (»Fish out of water«)
- ✔ Kurschatten
- ✔ Affäre
- ✔ Liebesdreieck
- ✔ Unfall oder Verletzung
- ✔ Kidnapping
- ✔ Kleinstadtromanze (»Smalltown Romance«, wie das Subgenre)
- ✔ Grumpy vs. Sunshine (eine Figur ist eher wortkarg, die andere das Gegenteil)
- ✔ Verbotene Liebe (»Forbidden Love«)
- ✔ Strafverfolgung (Polizist/in vs. Verbrecher/in, Anwalt/Anwältin und Klient/in etc.)
- ✔ Reinigungshilfe, Au-Pair/Kindermädchen etc.
- ✔ Großer Altersunterschied (»May/December« oder »Age Gap«)
- ✔ Auf Reisen (»Travel«)
- ✔ Gegensätze ziehen sich an (»Opposites Attract«)

- ✔ Slowburn Romance: sich langsam entwickelnde Liebesgeschichte
- ✔ Fastburn Romane: Gegenteil von Slowburn; sich schnell entwickelnde Intimität
- ✔ »He falls first«: Männliche Figur verliebt sich schnell, während die weibliche Figur noch länger gegen ihre Gefühle kämpft
- ✔ Es gibt auch »He falls first, she falls harder«: Sie verliebt sich in ihn zwar später, aber dafür intensiver
- ✔ Dementsprechend gibt es auch den Trope »She falls first«, falls »sie« sich zuerst verliebt
- ✔ »Broken Hero«: Eine Figur hat ein Trauma und ist daher »innerlich gebrochen«, versucht aber trotz aller mentaler Schatten, das Richtige zu tun
- ✔ College Romance (häufig Grundmotiv in New-Adult-Büchern)
- ✔ Dark Academia (akademische Stätte als Setting, viele dunkle Geheimnisse und »nichts ist, wie es scheint«-Elemente, von der Stimmung oft mysteriös und düster)
- ✔ Erzwungene Nähe (»Forced Proximity«, die Figuren müssen gegen ihren Willen Zeit miteinander verbringen)
- ✔ Wahlfamilie (»Found Family«, eine Gruppe von Menschen ist wie eine Familie zueinander, obwohl sie nicht biologisch verwandt sind)
- ✔ Feiertagsromanze, besonders Weihnachten (»Holiday Romance«)
- ✔ Liebe auf den ersten Blick (»Love at first sight«, »Insta Love«)
- ✔ Mafia-Romance (fast schon ein eigenes Subgenre im Liebesroman; Setting ist die Welt des organisierten Verbrechens, dem mindestens eine Figur angehört. Fokus in diesen Geschichten ist oft Moral, Macht, Kontrolle und Gefahr)
- ✔ Harem/Reversed Harem (eine männliche Hauptfigur hat mehrere weibliche Geliebte / eine weibliche Hauptfigur hat mehrere männliche Geliebte)
- ✔ Zweite Chance (»Second Chance«, die Liebenden waren früher bereits einmal liiert, aber es hat nicht geklappt. Jetzt treffen sie wieder aufeinander und verlieben sich)
- ✔ Pregnancy (Hauptfigur wird schwanger)
- ✔ Alleinerziehend (»Single Parent«, »Single Mom«, »Single Dad«)
- ✔ One Bed (Figuren müssen sich zum Beispiel in einem Hotel ein Bett teilen)
- ✔ Morally Grey Hero: Ein moralisch (manchmal mehr als) fragwürdiger Held. Verwandt mit dem »Bad Boy«-Trope:
- ✔ Bad Boy / Bad Girl: Charaktere, die (wenigstens anfangs) gesellschaftlich/moralisch verwerflich agieren

Der Begriff »Spice« gibt an, dass (und wie viel) Erotik enthalten ist. Online wird das oft durch das zusätzliche Emoji »Chilischote« symbolisiert. Je mehr Schoten, desto expliziter der Inhalt.

Wie Sie sehen, geben manche dieser Tropes eine klare Handlung an, während es bei anderen nur Elemente der Charaktere sind. Nehmen Sie Ideen aus der Liste und kombinieren Sie sie zu Ihrer eigenen Geschichte. Die meisten Liebesgeschichten beinhalten mehrere Tropes.

Aufgabe: Haben Sie Ihre Favoriten gewählt? Sie müssen sich noch nicht gänzlich entscheiden, sollten aber eine gute Idee davon haben, in welchem Subgenre Sie schreiben und worum es ganz grob gehen könnte.

Zusammengefasst:

- ✔ Führen Sie ein Inspirationsbuch für Ihren kreativen Brunnen
- ✔ Schreiben Sie jeden Tag, um sich eine Routine aufzubauen
- ✔ Die Subgenres im Liebesroman geben Hinweise auf die erwartete Handlung
- ✔ Spielen Sie mit verschiedenen Optionen und Ideen herum, bis Sie zufrieden sind

IN DIESEM KAPITEL

Zuerst Figuren oder zuerst die Handlung?

Wie Sie eine Idee weiterentwickeln

So machen Sie Ihre Idee originell

Kapitel 7
Erweitern Sie Ihre Idee

Die Welt ist voller Geschichten, wie Sie spätestens dann feststellen werden, wenn Sie ein Inspirationsbuch führen – in einem Gespräch, das Sie zufällig mithören, in einem alten Foto, das Sie auf dem Dachboden finden, oder in der Art, wie zwei Fremde sich auf einer Parkbank anblicken, entdecken wir Autorinnen und Autoren überall unerzählte Romane. Doch wie verwandeln Sie diese flüchtigen Momentaufnahmen in eine tragfähige Idee für einen Liebesroman? Und woher wissen Sie, ob Ihre Idee das Potenzial hat, einen ganzen Roman zu tragen?

Es gibt drei mögliche Startpunkte, wenn man einen Liebesroman schreibt:

1. Sie haben absolut gar keine Idee und starten ohne alles.
2. Sie haben eine grobe Idee zur Handlung (»Eine Geschichte, in der ein mächtiger Herrscher eine junge Prinzessin umbringen will, die ihn mit Cliffhanger-Geschichten davon abhält«) oder dem Thema (»Es müsste einen Liebesroman geben, der sich um Inklusion dreht«).
3. Sie haben eine grobe Idee zu den Figuren (»Eine Managerin zieht in ein heruntergekommenes schottisches Cottage und verliebt sich in den muffeligen Nachbarn«).

Falls Sie tatsächlich bisher keine Idee haben, worüber Sie schreiben wollen, gehen Sie zurück zum vorigen Kapitel und legen Sie Ihr Inspirationsbuch an. Nutzen Sie die vorgestellte Ideenmatrix, um aus mehreren Ideenfetzen etwas zusammenzutragen, das sich wie eine grobe Handlung anhört.

Beim Schreiben beschäftigen Sie sich mit unterschiedlichen Zahnrädchen, die alle ineinandergreifen. Eine Handlung verändert sich, wenn Sie an den Figuren schrauben – und umgekehrt. Was sollten Sie also zuerst entwickeln?

Die Huhn-Ei-Problematik: Zuerst Figuren oder zuerst die Handlung?

Wenn man einen Liebesroman schreibt, stellt sich die Frage, worauf man sich zuerst konzentrieren sollte: lebendige Figuren zu erstellen, die die Leserinnen und Leser emotional ansprechen und bei denen man mitfiebert? Oder sollte man sich lieber auf eine mitreißende, konfliktreiche Geschichte fokussieren und die Figuren darauf abstimmen?

Die Antwort lautet: *Ja.*

Es wird Projekte geben, in denen Sie konkrete Ideen für die Handlung haben und die Figuren sich dieser anpassen. Dann wird es Liebesgeschichten geben, bei denen es genau andersherum ist. Oft gehen Figuren- und Handlungsentwicklung auch Hand in Hand, ergänzen sich, beeinflussen sich. Bleiben Sie in der Entwicklungsphase offen für Änderungen.

Wie macht es Adriana Popescu?

> *Bei mir sind es immer die Figuren. Ein Foto auf Pinterest, ein Song, dann sind sie oft schon da. Bleiben eine Weile, bis ich sie wirklich zu fassen kriege. Oft spreche ich auch mit meinen Freund*innen darüber. Wenn ich das Leuchten in ihren Augen sehe, dann weiß ich: Die Story wird gut.*
>
> *Der Plot kommt oft erst danach, ergibt sich aus den Figuren, ihrer Motivation, ihrem Want, dem Need.*

Schauen wir uns an, wie sich eine Geschichte verändert, wenn man sie über die Figuren entwickelt.

Sagen wir, Sie wollen einen Liebesroman im Subgenre »Contemporary Romance« schreiben und wissen bereits, dass es um eine junge Frau gehen soll, die in einem Wald verunglückt und von einem mysteriösen Fremden gerettet und in sein Haus gebracht wird (Trope: »Forced Proximity«). Anfangs sollen sie sich noch unsympathisch finden, dann lernen sie sich besser kennen und verlieben sich doch ineinander, aber aus irgendwelchen Gründen kommt es zu einer Trennung. Die beiden müssen erkennen, wie sehr sie mit dem anderen zusammen sein wollen, ihre Ängste überwinden, möglicherweise Missverständnisse aus dem Weg räumen und dann in einem emotionalen Finale wieder zusammenfinden.

Sie sehen, dass diese Grundidee noch so viele Lücken hat wie ein Fischernetz. Was passiert wohl, wenn wir uns zuerst um die Figuren kümmern? Probieren wir es aus:

Was passiert, wenn Sie zuerst die Figuren entwickeln?

Zunächst können Sie in der Brainstorming-Phase mit Klischees arbeiten. Die junge Frau könnte eine interessierte Fotografin sein, die in einer größeren Stadt wohnt und sich im Wald verlaufen hat. Sie ist unabhängig, laut, begeisterungsfähig, witzig und quirlig.

Der Fremde könnte als Gegenstück dazu ein zurückgezogen lebender Mann sein, der seit dem Tod seiner Eltern eine Abneigung gegen Menschen und Überraschungen entwickelt hat. Er ist wortkarg, pragmatisch, introvertiert und ruhig. Mir fällt dazu sofort der Trope »Grumpy vs. Sunshine« ein.

Wie beeinflusst das die Geschichte?

Die quirlige Frau gerät durch ihre Unachtsamkeit öfter mal in die Bredouille. Sie geht dem Mann mit ihrer Lautstärke, ihrem Gerede, ihren tausend Fragen und ihrer offenen Mentalität schnell auf den Keks und er kann es kaum erwarten, sie loszuwerden. Auch die Frau möchte gehen, weil ihr Retter zwar attraktiv aussieht, aber offensichtlich keinen Besuch wünscht und sich in ihren Augen unfreundlich und unhöflich verhält. Beide müssten lernen, aus ihren gewohnten Denkweisen auszubrechen, den Blick für den anderen zu erweitern und sich aufeinander zu bewegen.

Nun testen wir, was es mit der Geschichte macht, wenn die Figuren die Charaktereigenschaften tauschen: Die Frau wird grummelig, introvertiert und menschenunfreundlich, der Mann hingegen ein Sonnenschein.

Wie verändert sich die Geschichte mit anderen Figuren?

Ist es realistisch, dass ein humorvoller, lebensfroher und offener Mann allein in einer Hütte im Wald lebt? Dafür bräuchte er einen sehr guten Grund. Sie können versuchen, eine Ausgangssituation zu kreieren, in der das funktioniert.

Ich persönlich finde es schwierig, authentisch und nachvollziehbar zu argumentieren, warum der Mann alleine in einer Hütte leben soll, wenn es charakterlich eigentlich nicht zu ihm passt. Statt das auf Biegen und Brechen irgendwie zu konstruieren, schlage ich deshalb vor, eine passende Situation für die Figuren zu schaffen: Eine zynische, grummelige Frau wohnt in Abgeschiedenheit am Waldrand. Sie ist alleine unterwegs. Als sie plötzlich von einem Fremden überrascht wird, stürzt sie eine kleine Böschung hinab und verletzt sich. Der hilfsbereite Mann ist schockiert und trägt die Frau in ihre kleine Waldhütte, wo er sie so lange versorgt, bis ihr Fuß wieder so belastbar ist, dass sie sich um sich selbst kümmern kann. Sie hasst diese Situation, weil ein Fremder in ihr Heiligtum eingedrungen ist, und er hat auch keine Lust auf eine solche Hexe, aber kann sie aus moralischen Gründen nicht sich selbst überlassen.

Ist es die gleiche Geschichte? Nein. Ähnlich vielleicht, aber die Charaktere sind unterschiedlich und damit die Dynamiken. Die Szenen werden sich unterscheiden.

Es gibt keine Regel, womit Sie die Romanplanung beginnen, denn Sie werden immer wieder zwischen Figuren und Handlung springen, um die bestmögliche Variante Ihrer Geschichte auszugraben.

Wie Sie eine Idee weiterentwickeln

Bevor Sie sich für eine Idee entscheiden, mit der Sie Monate, in manchen Fällen sogar Jahre verbringen, fächern Sie Ihre Idee in verschiedene Richtungen auf, um herauszufinden, welches Potenzial sie enthält.

Bei Ideen ist es wie beim Verlieben: Achten Sie darauf, ob sie ein Kribbeln in Ihnen auslösen! Sie sind auf dem richtigen Weg, wenn Sie an nichts anderes mehr denken können und sich alles in Ihnen danach sehnt, in jeder freien Minute schreiben zu können.

Insbesondere beim Drehbuchschreiben gibt es dabei die Unterscheidung der »High Concept«-Ideen und der »Low Concept«-Ideen:

Eine »High Concept«-Idee …

- ✔ … hat einen starken Aufmacher (»Hook«)
- ✔ … hat eine eher ungewöhnliche Idee zur Story
- ✔ … ist stark handlungsgetrieben
- ✔ … lässt sich in einem bis zwei Sätzen erklären
- ✔ … fokussiert sich auf Überraschung und Spannung

Eine »Low Concept«-Idee …

- ✔ … fokussiert sich auf psychologische Entwicklung
- ✔ … nutzt in der Regel Alltägliches als Grundidee
- ✔ … ist stark charaktergetrieben
- ✔ … braucht längere Erklärungen
- ✔ … fokussiert sich auf Atmosphäre

Nur weil eines davon »low« heißt, bedeutet das jedoch keine Wertung. Beide Konzepte haben Weltliteratur und Kassenschlager hervorgebracht, es sind lediglich verschiedene Herangehensweisen.

Fragen Sie sich, was auf den ersten Blick das Interesse Ihrer Idee auf sich zieht: Die ungewöhnliche Idee (»Eine Frau mit 24-Stunden-Gedächtnis verliebt sich jeden Tag wieder in den gleichen Mann, vergisst ihn aber über Nacht« wie beim Film *50 erste Dates*) oder ungewöhnliche Figuren (»Eine rebellische, unangepasste Adelstochter wird unerwartet Kaiserin und muss ein Leben führen, das ihr widerstrebt« wie bei *Sissi*)?

»Was wäre, wenn …?«

Das ist wohl die kraftvollste Frage, die Kreative sich stellen, wenn sie an die Arbeit gehen. Aus »Was wäre, wenn …?« sind großartige Meisterwerke entstanden und Geschichten, die Millionen Leserinnen und Leser in den Bann gezogen haben.

- ✔ Was wäre, wenn es zwei verfeindete Familien gibt, aber die Kinder verlieben sich unsterblich ineinander? (*Romeo und Julia*)
- ✔ Was wäre, wenn sich eine Meerjungfrau in einen Menschen verliebt und alles dafür hergeben würde, um mit ihm zusammen zu sein? (*Die kleine Meerjungfrau*)

- Was wäre, wenn eine Figur eines Liebespaars dement wird und die eigene Liebesgeschichte vergisst? (*Wie ein einziger Tag*)

Vielleicht haben Sie auch selbst schon so einige Male dieses Spiel gespielt. Blättern Sie mal durch Ihr Inspirationsbuch und schauen Sie nach, was Sie anspricht, immerhin haben Sie durch Ihr »aktives Konsumieren« und die Ideenmatrix hoffentlich schon ein paar grundsätzliche Impulse gesammelt. *Worüber würden Sie gerne schreiben, wenn Sie dazu eine gute Idee hätten und wenn Sie sich eine spannende Geschichte zutrauen würden?*

Was fehlt Ihnen in anderen Büchern? Stellen Sie sich vor, Sie gehen durch die Buchhandlung und finden nichts, worauf Sie Lust haben. Welches Buch müsste es geben, damit Sie begeistert zugreifen?

Picken Sie sich einfach irgendetwas heraus, zum Beispiel:

- Eine **Figur** (zum Beispiel »eine junge Frau, die alte Liebesbriefe sammelt«)
- Eine **Handlungsidee** (zum Beispiel »jemand erhält einen Brief aus der Vergangenheit«)
- Ein **Ort** (zum Beispiel »eine kleine Buchhandlung an der Küste«)
- Ein **Gegenstand** (zum Beispiel »eine alte Taschenuhr mit Gravur«)
- Ein **Thema oder Trope** (zum Beispiel »zweite Chancen«, »geheime Identitäten«, »Forbidden Love«, »Fake Love«, …)

Da alle Elemente ineinandergreifen, ist es egal, womit Sie beginnen.

Haben Sie sich einen Punkt aus Ihrem Notizbuch ausgesucht? Prima, dann fangen Sie an, Fragen zu stellen, die normale Menschen sich nie stellen. Als Beispiel nehme ich mal an, Sie hätten den ersten Punkt gewählt: **»Eine junge Frau sammelt alte Liebesbriefe.«** Sie können »Was wäre, wenn …« auch ersetzen durch »Wie könnte es aussehen, wenn …?«

- Was wäre, wenn etwas völlig Unerwartetes passiert?

  Beispiel: Was wäre, wenn sie herausfindet, dass alle Liebesbriefe von der gleichen Person stammen, aber aus unterschiedlichen Zeitepochen?

- Was wäre, wenn ein überraschendes Hindernis auftaucht?

  Beispiel: Was wäre, wenn sich die Frau in den Briefeschreiber verliebt, der jedoch bereits verstorben ist? Oder was wäre, wenn sie ein für sie selbst wichtiges Geheimnis entdeckt, aber dann alle Briefe verschwinden, ehe das Geheimnis gelüftet ist? Apropos:

- Was wäre, wenn es ein Geheimnis zu lüften gäbe?

  Beispiel: Die gesammelten Liebesbriefe könnten sich als aktuell herausstellen und die Frau muss herausfinden, wer der Briefeschreiber ist, der sie genau ins Herz trifft.

- ✔ Was wäre, wenn die Hauptfigur eine folgenschwere Entscheidung treffen muss?

  Beispiel: Die Frau heiratet in wenigen Tagen und findet dann einen Stapel alter Liebesbriefe. Was wäre, wenn sie sich in den Schreiber verliebt und vor der Entscheidung steht, sich zwischen ihm und ihrem Verlobten zu entscheiden? (Hinweis: Nein, es wäre nicht originell, wenn sich ihr Verlobter als der Schreiber entpuppt! Vergessen Sie den Gedanken wieder und lesen Sie weiter.)

Haben Sie schon eine Idee, mit der Sie starten wollen? Nein? Dann kombinieren Sie mal verschiedene Ideen miteinander wie in der Brainstorming-Phase und probieren Sie aus, ob eine Kombination Ihre Finger kribbelig macht.

Beispiel: Vielleicht mögen Sie die Idee mit den Briefen aus verschiedenen Zeitepochen und die Idee mit der kurzfristigen Hochzeit. Eine mögliche Idee daraus wäre: Was wäre, wenn eine Frau kurz vor der Hochzeit kalte Füße bekommt und sich durch das Lesen alter Liebesbriefe in den Schreiber aus der Vergangenheit verliebt? (Nein, es ist noch immer keine gute Idee, dass der Verlobte dieser Schreiber ist, der aus der Vergangenheit in die Gegenwart gereist ist, um die begonnene Liebesgeschichte zu beenden. Ich habe bereits erwähnt, Sie sollen den Gedanken vergessen. Dieses Ende ist viel zu vorhersehbar!)

Was wäre, wenn ... Sie Ihre Idee nicht spannend genug finden?

Manchmal kommt es vor, dass Sie eine gute Grundidee haben, aber nicht so recht wissen, wie Sie das spannend verpacken sollen. Keine Sorge, wir werden uns noch intensiv mit den Thema Spannung beschäftigen. Um Ihnen kurzfristig weiterzuhelfen, gebe ich Ihnen ein paar weitere Fragen für Ihr Brainstorming an die Hand:

- ✔ **Können Sie den Zeitdruck erhöhen?**

  Beispiel: Die Hochzeit ist schon in drei Tagen. Bis dahin muss sich die Figur für jemanden entschieden haben.

- ✔ **Können Sie emotionale oder moralische Dilemmata einbauen oder verstärken?**

  Beispiel: Die Frau verliebt sich in den Schreiber der Vergangenheit und findet einen Weg, mit ihm zusammen zu sein, muss dafür aber ein Leben in Armut führen. Oder sie muss ein Gesetz brechen, um mit ihm zusammen zu sein, ist aber leider Polizistin/Anwältin/Richterin, ...

- ✔ **Können Sie Gefahren oder Bedrohungen einbauen?**

  Beispiel: Wenn die Frau einen Brief liest, passiert etwas Schlimmes. Oder: Jemand will aktiv verhindern, dass sie den Schreiber ausfindig macht, und legt ihr Steine in den Weg.

Blättern Sie durch Ihr Notizbuch und schreiben Sie verschiedene Ideen heraus, mit denen Sie sich die nächsten Wochen und Monate beschäftigen könnten. Stellen Sie »Was wäre, wenn«-Fragen und erforschen Sie verschiedene Lösungsansätze.

So machen Sie Ihre Idee originell und neuartig

Angenommen, Sie haben gerade eine super Idee zu einem Roman gehabt, in dem eine Frau kurz vor der Hochzeit alte Liebesbriefe findet und sich in den Schreiber verliebt. Sie ist hin- und hergerissen, ob sie sich dieser neuen Liebe öffnen soll oder ob sie bei ihrem Verlobten bleiben soll. Am Ende – Überraschung – stellt sich heraus, dass ihr Verlobter der Briefeschreiber ist. Sie hat sich einfach noch einmal in den gleichen Mann verliebt. Falls Ihnen das bekannt vorkommt, erinnern Sie sich wohl auch daran, dass ich Ihnen geraten habe, die Idee in den Papierkorb zu werfen.

Warum habe ich das vorgeschlagen?

Zunächst einmal sollten Sie nicht auf diesen Ratgeber hören. Wenn Sie sich in eine Buchidee verlieben, dann schreiben Sie sie! Niemand sollte Sie davon abhalten, zu tun, was Sie lieben.

Wenn Sie mit dem Buch bei einer Agentur oder einem Verlag vorstellig werden wollen, kann es jedoch lohnender sein, diese Idee noch zu verfeinern. Der Twist (die Überraschung) am Ende ist für Leserinnen und Leser des Genres vorhersehbar – und damit ist es keine Überraschung mehr. Aber wie können Sie eine Idee origineller und irgendwie neuartig machen, und gleichzeitig die Erwartungshaltungen des Genres berücksichtigen?

Das Gleiche, aber anders

Im Marketing gibt es den Begriff »The same, but different«, also »das Gleiche, aber anders«. Das ist es, was am meisten gesucht wird. Liebesromane wärmen die immer gleichen Geschichten auf, aber jedes Mal kommt eine eigenständige, neue und manchmal auch originelle Geschichte dabei heraus.

Perspektivwechsel und Formatwechsel

Können Sie die Idee, die Sie haben, anders erzählen? Vielleicht aus einer ungewöhnlichen Perspektive? Wenn Sie eine Aschenputtel-Geschichte erzählen wollen, warum dann nicht auch mal aus der Perspektive der bösen Stiefmutter? Im Roman *Die Bücherdiebin* bekommt beispielsweise der Tod höchstpersönlich seine eigene Perspektive.

Oder schreiben Sie einen Brief- oder Tagebuchroman, statt eines durchgehenden Prosatextes.

Sehr viele Romane werden aus der Sicht von zwei Figuren geschrieben, die sich ineinander verlieben. Das alleine reicht nicht aus, um originell zu sein.

Genremix

Mischen Sie verschiedene Buch-Genres. Wie würde Ihre Geschichte in einem anderen Kontext wirken?

- ✔ *Liebesroman + Krimi:* Die Frau verliebt sich immer mehr in den Schreiber, doch im letzten Brief erfährt sie, dass er ein Mörder ist und sie sein nächstes Opfer wird, wenn er herausfindet, was sie weiß.
- ✔ *Liebesroman + Fantasy:* Die Frau verliebt sich in den Schreiber und reist in der Zeit, um ihn zu treffen. Vielleicht hilft sie ihm sogar dabei, seine große Liebe zu erobern, und lernt dabei etwas für sich selbst. Meinetwegen können Sie es auch so machen, dass sich ein Detail des Schreibers bei dem Verlobten wiederfindet oder es eine andere Parallele zwischen den beiden Liebespaaren gibt.
- ✔ *Liebesroman + Dystopie:* Wie wäre es, wenn die Liebesbriefe Relikte aus einer Zeit sind, wo man noch frei wählen konnte, wen man heiratet? In der Welt der Protagonistin hingegen werden Beziehungen per künstlicher Intelligenz arrangiert, um Paare zu erzeugen, die optimal zueinanderpassen.

Die Gegenteilmethode

Was wäre, wenn genau das Gegenteil Ihrer Geschichte passiert? Oder wenn Sie die Figuren austauschen? Oder wenn es ein unerwartetes Ende gibt?

Beachten Sie hierbei aber, dass zu ungewöhnliche Geschichten die Erwartungshaltung sprengen. Natürlich können Sie einen Liebesroman schreiben, in dem die Liebe immer mehr ins Verderben führt und am Ende beide Figuren sterben – aber damit werden Sie im Subgenre »Smalltown Romance«, »Romantic Comedy« oder den »Nackenbeißern« keine Punkte bei der Leserschaft sammeln, denn sie wollen ein hoffnungsvolles Ende. Wenn Sie ein tragisches Ende in Erwägung ziehen, sollten Sie die Möglichkeit des Ablebens der Figuren vorab deutlich machen, beispielsweise indem das Thema »Tod« von den Figuren besprochen wird.

Freie Assoziation mit der Ideenmatrix

Wenn Ihnen Brainstormings Spaß bereiten, können Sie auch einfach verschiedene Begriffe, Themen, Figuren, Orte und Ideen mehrere Male miteinander kombinieren und sehen, ob dabei eine originelle Idee entsteht.

Versuchen Sie es auch mit verschiedenen Büchern, Filmen und Geschichten, die Sie kombinieren (»Sherlock Holmes« trifft auf »Tatsächlich … Liebe«).

Aus den Punkten »**Liebesbriefe kurz vor der Hochzeit**«, »**New York**« und »**Forced Proximity**« (»erzwungene Gemeinsamkeit«) könnten beispielsweise solche Ideen für Romane entstehen:

1. Kurz vor der Hochzeit findet eine junge Frau Liebesbriefe, die sie nach New York führen, wo sie wegen einer Naturkatastrophe bleiben muss. Sie macht den Briefeschreiber ausfindig, der sie bei sich aufnimmt. Die Uhr tickt – und plötzlich entstehen Gefühle zwischen dem Schreiber und der jungen Frau.
2. In einer New Yorker Buchhandlung entdeckt die alte Inhaberin einen 50 Jahre alten Liebesbrief, der zwischen die Seiten eines alten Buches gesteckt wurde. Im Brief steht,

dass eine Hochzeit kurz bevorstünde, die um jeden Preis verhindert werden müsse. Nach dem Lesen stellt die Frau fest, dass sie plötzlich 50 Jahre in die Vergangenheit gereist ist und die Hochzeit aufhalten muss.

3. Eine Braut probiert verschiedene Kleider in einem New Yorker Brautmodengeschäft an und entdeckt in einem Kleid mit Tasche einen kryptischen Brief. Während sie mit dem Ladenbesitzer nach der Herkunft des Briefes fahndet, stellt sie fest, dass er ganz schön attraktiv ist …

4. Sie ist Wedding Plannerin, er Hochzeitsredner und beide werden für dieselbe Hochzeit engagiert. Da das Brautpaar versehentlich nur ein Hotelzimmer gebucht hat, müssen sie sich das Zimmer teilen. Während sie versuchen, sich nicht gegenseitig umzubringen, tauchen mysteriöse Liebesbriefe des Bräutigams auf, die ganz und gar nicht für die Braut bestimmt sind.

Zerbrechen Sie sich nicht allzu sehr den Kopf über die Idee in Ihrem Roman. Alleine durch die Kombination Ihrer verschiedenen Ideen, durch die Ausgestaltung Ihrer Figuren und durch Ihre einzigartige Erzählweise werden Sie einen Roman erschaffen, den es bisher noch nicht gegeben hat.

Lassen Sie sich von Ihrem Geschmack und Ihrer Intuition leiten. Verlieben Sie sich in eine der vielen Ideen und legen Sie los. Beispielsweise, indem Sie sich mit dem Setting beschäftigen.

Zusammengefasst:

- ✔ Starten Sie entweder mit einer Handlungsidee, einer Figur oder einer Kombination aus beidem.
- ✔ Figuren und Handlung (Plot) ergänzen und verändern sich gegenseitig.
- ✔ Durch »Was wäre, wenn …?«-Fragen kommen Sie auf neue Ideen.
- ✔ Variieren Sie Ihre Ideen durch mehr/andere Hindernisse, Zeitdruck, ungewöhnliche Perspektiven, Genremix und so weiter.

IN DIESEM KAPITEL

Warum das Setting mehr als nur ein Ort ist

Wie eine »Kulisse« Ihrem Roman zu Spannung und Stimmung verhilft

Warum Sie das Setting wie eine Romanfigur behandeln sollten

Kapitel 8
Das Setting: Lebendig wie eine Figur

Das Setting eines Liebesromans beeinflusst die Dynamik der Geschichte, die Entwicklung der Figuren und die emotionale Tiefe. Aber »Setting« bedeutet nicht einfach nur »Handlungsort«. Das Setting kann ein Land sein, eine Stadt, ein Haus oder sogar ein Zug, eine Insel oder ein in Raum und Zeit verloren geglaubtes Luftschloss. Wichtig ist: ***Das Setting sollte Ihre Geschichte bereichern und beeinflussen.***

Das Setting: Mehr als nur ein Ort

Ein starkes Setting sollte so prägend sein, dass eine Veränderung die Geschichte stark beeinflussen würde.

- ✔ *Bridgerton* ohne das London der Regency-Zeit hätte viel weniger Skandale, keine so dekadenten Bälle und nicht diesen dramatischen Heiratsmarkt. Ein »Bridgerton« auf Mallorca wäre so gut wie unmöglich (wohl aber eine Variante der Grundidee).
- ✔ Was wird aus *Titanic* ohne das Schiff? Eine tragische Romanze zwischen einer reichen Erbin und einem mittellosen Künstler. Auch noch immer eine spannende Geschichte, aber möglicherweise nicht so erfolgreich wie die Kombination aus dieser Liebesgeschichte mit dem historischen Drama.
- ✔ *Before Sunrise* nicht in Wien, sondern in einer deutschen Großstadt zur Rush Hour? Viel Glück mit der romantischen Stimmung zwischen hupenden Autos und genervten Pendlern.

Ein Setting ist kein statischer Hintergrund, sondern eine lebendige Welt, die Einfluss auf die Figuren nimmt.

Katharina Herzog sagt dazu:

> *Ich muss für das Setting brennen. Wenn plötzlich Russland Trend wäre, würde ich trotzdem nicht darüber schreiben, weil es mich nicht zieht. Natürlich muss ich als Verlagsautorin den Markt im Blick haben. Ich wollte zum Beispiel mal eine Geschichte auf Santorin spielen lassen – kam überhaupt nicht gut an. Leser*innen lieben Cornwall, Provence, Toskana, die Amalfi-Küste, Großbritannien in allen Facetten. Auch deutsche Inseln funktionieren gut. Wenn ich aber ein ungewöhnliches Setting unbedingt haben wollte, würde ich dafür kämpfen.*

Fragen Sie sich: »Könnte meine Geschichte auch woanders spielen, ohne dass sich etwas verändert?« Falls ja, haben Sie vielleicht noch nicht das perfekte Setting gefunden.

Das Setting soll nicht nur Ihre Geschichte in den passenden Rahmen setzen, sondern hat noch weitere Funktionen:

Das Setting als Schmelztiegel

Ein gutes Setting zwingt Figuren, miteinander zu interagieren, die sich sonst wahrscheinlich ignorieren würden, als würde man sie in einen Schmelztiegel werfen, aus dem sie nicht entkommen können. Deshalb sind abgeschiedene Orte in Liebesromanen so beliebt:

- ✔ **Eingeschneite Berghütten:** Zwei Erzfeinde, die sich plötzlich zusammenreißen müssen, um zu überleben – und sich dabei unerwartet näherkommen.
- ✔ **Luxus-Kreuzfahrten:** Perfekt, um zwei völlig unterschiedliche Menschen auf engem Raum mit Champagner und Tanzabenden aufeinandertreffen zu lassen.
- ✔ **Reality-TV-Show auf einer Insel:** Gut geeignet für Drama, Zickereien und ungeplante Küsse vor laufenden Kameras.

Solche »Schmelztiegel-Settings« funktionieren, weil sie Figuren aneinanderketten, die sich in Freiheit möglicherweise nie begegnet wären. Das Setting muss nicht zwingend zum Schmelztiegel werden, aber es schadet auch nicht, wenn Sie es trotzdem versuchen.

Das Setting für Stimmung und Spannung

Ein gut gewähltes Setting sorgt nicht nur für Stimmung, sondern erhöht auch die Spannung. Für die Stimmung macht es einen Unterschied, ob sich ein Paar in einem Sterne-Restaurant bei Kerzenschein gegenübersitzt, mit einem Pianisten in der Nähe und hinter ihnen die Millionenstadt erleuchtet ist – oder ob sie in einer kleinen Küche mitten zwischen Umzugskartons auf dem Boden sitzen und Pizza mampfen.

Ein geheimer, erster Kuss hinter den Kulissen eines Theaters, während die Hauptdarstellerin jeden Moment auf die Bühne muss, sorgt automatisch für Spannung.

Mit dem Setting setzen Sie den Rahmen für mögliche Missverständnisse, Konflikte, Spannung und Stimmung. Colleen Hoover hat beispielsweise in *Nur noch ein einziges Mal* ihre beiden Figuren in einen begehbaren Kleiderschrank gesteckt, als sie ihren ersten verletzlichen, intimen Moment miteinander teilen. Sie hätte sie auch einfach im Zimmer daneben lassen können, aber durch die Enge des kleinen Schranks konnte zwischen den Figuren viel schneller Intimität entstehen.

Wie macht es Adriana Popescu mit ihren Settings? Sie sagt:

> *Ich denke sehr viel über das Setting nach. Das Setting ist bei mir häufig wie ein Charakter im Buch. Es gibt keine halben Sachen, nur »all in«. Ob es nun ein Altenheim ist oder ein Roadtrip, dann stehen die Stationen, werden ordentlich recherchiert. Das Setting muss zum Leben erweckt werden, wie jede Buchfigur auch.*

Behandeln Sie das Setting wie eine Romanfigur

Es ist kein Muss, aber eine schöne Fingerübung, sein Setting wie eine Romanfigur zu denken:

- ✔ Geben Sie den wirklich wichtigen Orten einen eigenen *Namen*,
- ✔ beschreiben Sie das *Aussehen*,
- ✔ verleihen Sie ihnen *Eigenschaften* und *Eigenarten*,
- ✔ *Stärken* und *Schwächen*,
- ✔ eine individuelle *Hintergrundgeschichte*, aus der sich Konsequenzen für die Gegenwart und Zukunft ergeben, und
- ✔ lassen Sie es sich *entwickeln*.

Das muss nicht für alle Orte Ihrer Geschichte gemacht werden, aber vielleicht gibt es einen zentralen, wichtigen Ort, wo sich die Mühe lohnt.

Angenommen, Sie schreiben eine »Second Chance«-Romanze, in der sich die Liebenden durch Zu- und Umstände in eine Berghütte verirren, aus der sie eine Weile lang nicht mehr herauskommen, weil eine Lawine jegliche Wege versperrt. »Wer« ist diese Berghütte?

Kategorie	Beschreibung
Name der Hütte	Berghotel »Alte Liebe«
Aussehen	Am Anfang vernachlässigt. Hat die besten Tage hinter sich. Reparaturbedürftig. Sieht aus, als hätte sich lange niemand darum gekümmert. War früher bestimmt mal ein schönes Hotel.
Eigenschaften	Unzuverlässig (Strom, Wasser, …), irgendwie auch gemütlich, wenn man sich darum kümmert.
Stärken	Stabil genug, trotz Vernachlässigung, gibt Schutz vor Kälte und man entdeckt immer etwas Neues
Schwächen	Alles verstaubt, es gibt Risse und Lücken und langsam fällt alles auseinander

Hintergrundgeschichte	Früher ein Romantikhotel für Verliebte, bis die Besitzer gestorben sind, seither vernachlässigt und vergessen
Entwicklung	Am Anfang wenig romantisch und eher unbequem. Am Ende erblüht die Hütte in neuem Glanz. Viele Ecken sind repariert, es wirkt warm und wohlig.
Metapher	Die Hütte steht für eine Liebe, die erkaltet ist und die eingeht, wenn man sich nicht darum kümmert. Parallel zur Liebesgeschichte wird auch das Berghotel immer lebendiger und stabiler.

In dieser Geschichte kann es eine Nebenaufgabe der Figuren sein, dem Berghotel zu neuem Leben zu verhelfen, wodurch sie sich näherkommen – aber Sie könnten genau so gut ein Berghotel erfinden, das bereits ein wunderschönes, luxuriöses Romantikhotel ist, um die zerstrittenen Figuren gegen ihren Willen in eine romantische Stimmung zu versetzen.

Das richtige Setting finden: Fragen zur Orientierung

Falls Sie sich nicht sicher sind, wo Ihre Liebesgeschichte spielen soll, helfen folgende Fragen:

- ✔ Welche Grundstimmung soll das Buch haben? (romantisch, humorvoll, dramatisch oder düster)
- ✔ Wissen Sie schon, welche Probleme es geben soll? (Vielleicht wollen Sie, dass sich eine Frau mit Tierhaarallergie in einen Tierarzt oder Tierpfleger verliebt? Dann wäre ein Setting wie eine Tierarztpraxis oder ein Zoo empfehlenswert.)
- ✔ Soll das Setting die Figuren zwingen, miteinander zu interagieren beziehungsweise sie zu trennen?
- ✔ Soll das Setting selbst eine Metapher sein oder Symbolik haben?

Aufgabe: Legen Sie fest, ob Sie einen Ort wie eine Figur aufbauen wollen. Wenn ja, notieren Sie sich Ihre Ideen.

Wie Sie eine »Kulisse« für Ihre Rahmenhandlung verwenden

Den Trick, den Sie jetzt lernen, habe ich erst zu meiner Zeit als Krimiautorin kennengelernt, aber ich wünschte, ich hätte es schon eher gewusst: Platzieren Sie in Ihrem Roman vorsätzlich eine spannende »Kulisse«, vor der die Geschichte stattfindet. Diese Kulisse – auch »Backdrop« genannt – ist nicht das Setting, sondern **ein Ereignis, eine Situation**

oder ein Auftrag, der/die wie ein Bühnenbild im Theater die Handlung in einen Rahmen setzt. In der Regel führt erst diese Kulisse zum Aufeinandertreffen der Figuren:

- ✔ Eine Figur feiert ihren Geburtstag und wird von der anderen dabei beobachtet (*Arielle*).
- ✔ Bei einem Backwettbewerb trifft eine Figur auf den/die Ex. Er/Sie ist in der Jury oder macht selbst mit und wird zur stärksten Konkurrenz.
- ✔ Auf einem traditionsreichen Weingut findet ein Sommerfest statt, wo zwei zerstrittene Familien aufeinandertreffen.
- ✔ Eine Hochzeitsplanerin muss sich spontan um einen neuen Fotografen kümmern und die Hochzeit retten.
- ✔ In einer Reality-Show muss man Aufgaben erledigen und Punkte erspielen. Die Figuren wollen unbedingt gewinnen, sind aber Gegner.
- ✔ Der König beauftragt die Figur, eine Schlacht zu gewinnen.

Kennen Sie noch den Film *Pearl Harbor*? Hieran kann man es gut erläutern:

- ✔ Es geht hierbei im *Liebesgeschichten*-Plot um die Liebe zwischen drei Figuren zueinander.
- ✔ Das *Setting* ist (hauptsächlich) Hawaii im Jahre 1941.
- ✔ Die *Kulisse* ist der Zweite Weltkrieg; speziell der Angriff auf Pearl Harbor.
- ✔ Die *Rahmenhandlung* ist, dass die Amerikaner gegen die Japaner kämpfen.

Eine Kulisse ist eines von mehreren Werkzeugen, um Ihren Roman von anderen abzuheben. So wird aus Ihrer »Smalltown Romance in Cornwall« plötzlich »diese Geschichte über zwei Freundinnen, die während eines Pfadfinder-Camps in Cornwall Gefühle füreinander entwickeln«.

Die Wahl einer passenden Kulisse kann die äußeren Konflikte erhöhen: Häufig gibt es irgendeine Art von Zeitdruck (was automatisch Spannung erzeugt), es gibt einen Grund für das Zusammensein von Figuren, die sich sonst aus dem Weg gehen, Sie können die Probleme immer weiter verschärfen und Überraschungen einfügen und – optional – eine Kulisse kann auch als Symbol Ihrer Botschaft oder Ihres Themas dienen.

Wie Sie eine Rahmenhandlung als Kulisse aufbauen, erkläre ich im Kapitel »Wie lautet die Rahmenhandlung?«.

Zusammengefasst:

- ✔ Das Setting kann die Geschichte beeinflussen.
- ✔ Sie können wichtige Orte der Geschichte wie Figuren behandeln.
- ✔ Ein Ort kann als Metapher oder Symbol für die Liebesgeschichte dienen.

IN DIESEM KAPITEL

Der Unterschied zwischen Thema, Prämisse, Botschaft und Plot

Wie Sie das Thema in Ihre Geschichte einfließen lassen

Man sollte meinen, das Thema Ihrer Geschichte sei klar: Es geht um Liebe. Oder doch nicht?

Kapitel 9
Ihr Romanthema: Worum geht es wirklich?

Das »Thema« in einem Roman geht in vielen Fällen über die bloße Frage nach »Wird die Liebe auch dieses Mal siegen?« hinaus. Es geht um Beziehungsdynamiken, um Abhängigkeit, um die Verwirklichung von Träumen, um Trauer, Tod, Trennung, Vertrauen, Loyalität und so weiter. Zwar ist ein Thema keine Grundvoraussetzung für das Schreiben eines Romans, aber es verleiht ihm Tiefe und Vielschichtigkeit, wenn Sie versuchen, Ihr Romanthema einzuflechten. Da kann sich das Thema in verschiedenen Facetten in den Figuren wiederfinden oder es kann als Kulisse gespiegelt werden. Mit dem Thema beschäftigen sich Ihre Leserinnen und Leser auch noch nach der Lektüre und denken über Ihren Ansatz dazu nach. Nicht selten beeinflusst das Thema den Titel Ihres Romans, beispielsweise bei *Stolz und Vorurteil*, denn genau das sind die Themen, um die es in der Geschichte geht.

In seinem Buch *Story* erklärt Robert McKee es wie folgt:

Ein wahres Thema ist nicht ein Wort, sondern ein Satz – ein einziger, klarer, verständlicher Satz, der die Kernbedeutung einer Story zum Ausdruck bringt. Ich ziehe die Bezeichnung »beherrschende Idee« (Controlling Idea) vor, denn wie das Thema benennt sie die Wurzel oder zentrale Idee einer Story, doch sie impliziert auch eine Funktion: Die beherrschende Idee lenkt die strategischen Entscheidungen des Autors.

Ihre Figuren, das Setting, die Dialoge, die Stimmung – all das wird durch Ihr Thema gefärbt und beeinflusst.

Der Unterschied zwischen Thema, Prämisse, Botschaft und dem Plot

In Schreibratgebern wird immer wieder von den drei Begriffen »Thema«, »Botschaft« und »Prämisse« geschrieben und vielfach werden diese sogar synonym verwendet. In meinen Augen ergibt sich für Liebesromane folgende Unterscheidung:

- ✔ *Thema:* Eine **Kernidee** dessen, worum es in der Geschichte geht; beschrieben in einem Satz (»Wie eine abhängige Frau den Tod ihres Mannes überwindet« oder »Suche nach eigener Identität«)
- ✔ *Prämisse:* Aufgestellte **These**, die durch den Roman bestätigt wird (»Verlust ist schmerzhaft, aber heilbar«, »Du findest dich selbst, wenn du aufhörst, anderen hinterherzurennen«). Laut Robert McKee die »Was wäre, wenn«-Frage.
- ✔ *Botschaft:* Direkte **Handlungsaufforderung** an die Leserin/den Leser, basierend auf Thema und Prämisse (»Finde den Mut, deinen Verlust zu heilen«, »Hör auf, dich nach der Meinung anderer auszurichten«)
- ✔ *Plot/Handlung:* **Das, was die Figuren tun,** wonach sie streben und wie sie sich entwickeln

Wie können Sie ein Thema subtil in Ihre Geschichte einbauen?

Sie haben viele verschiedene Möglichkeiten und kreative Entscheidungsoptionen, um Ihr Thema mehr oder weniger subtil auszubreiten:

Das Thema durch Charaktere und Dialoge

Ich werde im Kapitel über Figuren noch darauf zurückkommen, dass Ihre Charaktere keine einsamen Inseln sind, sondern miteinander verwobene Einheiten, die sich gegenseitig dynamisch beeinflussen. Sie können Ihr Romanthema durch Charaktere zum Leben erwecken, indem Sie Facetten des Themas in den Figuren überzeichnen.

Sagen wir, Ihre »bestimmende Idee« lautet »Wahre Liebe bedeutet, jemandem zu geben, was er braucht – nicht, was ich mir wünsche«. Ihre Figuren können verschiedene Aspekte dieser Aussage verkörpern:

- ✔ Figur A denkt, das Beste für B zu kennen und tut alles, um B zu seinem Glück zu zwingen.
- ✔ Figur B denkt, dass er eine Frau braucht, die ihn umsorgt. In Wahrheit muss er aber erkennen, dass er sich jemanden wünscht, der ihn für das liebt, was er ist.

- ✔ Figur C findet, man solle sich für die Liebe aufopfern, ohne Rücksicht auf eigene Bedürfnisse. Sie gibt B, was A sich für ihn wünscht.
- ✔ Figur D passt nicht zu As Vorstellungen, ist aber letztlich das, was B braucht.

Durch ein »Figurennetz« können Sie wie mit einer Mindmap erkunden, wie Ihre Figuren zum Thema stehen. Im Kapitel »Zusammenspiel verschiedener Figuren« gehe ich ins Detail.

Thema durch Setting

Sie können Ihr Thema in den verschiedensten Settings aufblühen lassen. Manche sind naheliegend – wenn es um Gerechtigkeit geht, bietet sich ein Gerichtssaal an. Wenn es um das Erwachsenwerden geht, bietet sich eine Schule oder Universität an, oder ein Elternhaus (oder alles drei).

Ihr Thema kann aber auch subtiler vermittelt werden. Die Frage »Was ist gerecht?« könnte Ihre Figuren nicht nur in einen Gerichtssaal, sondern auch in ein Gefängnis führen, wo es jemanden gibt, der unschuldig verurteilt wurde.

Die Frage »Wie überwindet man den Verlust der ersten großen Liebe?« kann in Orte führen, die gemeinhin mit Verlust und Abschied verbunden werden, wie ein Friedhof, ein Bahnhof/Flughafen oder ein Hafen, von dem aus Schiffe in die weite Welt starten.

Symbole und Motive

Symbole werden verwendet, um eine abstrakte Idee – wie das Thema – verständlicher zu machen und Zusammenhänge aufzuzeigen. Häufig nutzt man dafür Gegenstände. In *Der große Gatsby* beispielsweise sieht Gatsby eine Lampe am Ende des Stegs seiner Angebeteten Daisy, die die Distanz zwischen ihnen aufzeigt und für seine unerfüllte Sehnsucht stehen kann.

Als Elisabeth und Mr. Darcy sich in *Stolz und Vorurteil* endlich ihre wahren Gefühle gestehen, schüttet es wie aus Eimern. Das turbulente Wetter steht stellvertretend für die turbulenten Gefühle, die die beiden hinter sich haben.

In *Titanic* steht die wertvolle Halskette mit dem »Herz des Ozeans« für Roses Liebe. Sie trägt nichts als diesen Schmuck, als sie sich von Jack malen lässt und sich die beiden verlieben. Sie behält das Herz, als Jack stirbt, aber wirft es schlussendlich in den tiefen Ozean zu ihrem verstorbenen Liebhaber.

Und in *Die Schöne und das Biest* ist eine welkende Rose das Symbol für die Zeit, die dem Biest bleibt, um Liebe zu finden, und nicht etwa eine riesige Sanduhr.

Apropos Sanduhr: Bösewicht Jafar sperrt Jasmin und *Aladdin* aus dem gleichnamigen Disneyfilm in eine riesige Sanduhr, als es ins Finale geht, in der Jasmin fast im Sand erstickt. Deutlicher kann man Zeitdruck wohl kaum symbolisieren.

Sie brauchen sich jetzt nicht für ein Symbol zu entscheiden und können auch gänzlich darauf verzichten, aber der bewusste Einsatz von Symbolen schenkt Ihrer Geschichte eine zusätzliche Dimension, die den Roman interessant(er) macht.

Wenn Ihnen schon jetzt eine Idee für ein Symbol kommt, schreiben Sie es auf und behalten Sie diesen Gegenstand im Blick, wenn es an die Konstruktion der Handlung geht.

Gehen Sie sensibel mit schwierigen Themen um

Ich finde, Sie sollten in erster Linie über das schreiben, was Sie interessiert und begeistert oder was Sie schreibend herausfinden wollen. In den meisten Fällen ergibt sich das Thema automatisch aus Ihrer Idee, selbst wenn Sie bis zum jetzigen Zeitpunkt genau so viel darüber nachgedacht haben wie über Ihre Steuererklärung.

Liebesromane werden häufig mit rosaroten Gefühlen verknüpft. Man denkt, es würde ausschließlich um die Frage gehen, ob zwei Figuren trotz der Umstände zusammenfinden. Viele Liebesromane behandeln jedoch sehr ernste und oft schwere Themen wie Traumata, Vernachlässigung, Tod, Betrug, Lügen und so weiter. Sollte das bei Ihnen der Fall sein, gehen Sie entsprechend umsichtig mit Ihren Leserinnen und Lesern um, die Ihnen das Vertrauen schenken, wenn sie Ihr Buch kaufen.

Das gilt auch für Sie selbst: Möglicherweise wollen Sie in diesen Themenbereichen recherchieren. Ich selbst habe mal für eine Romanidee zum Thema »Vernachlässigung im Kindesalter« recherchiert und für ein anderes Buch zum Thema: »Wie entsteht eine multiple Persönlichkeit?« Die Ergebnisse dieser Recherchen sitzen mir heute noch im Nacken, denn Wissen lässt sich nicht rückgängig machen. Um Recherche geht es detaillierter im Kapitel »Wie viel Recherche ist notwendig?«.

Sie sprechen möglicherweise mit Menschen, die sehr herausfordernde Schicksalsschläge erlebt haben. Machen Sie sich bewusst, dass auf der anderen Seite des Buches echte Menschen sitzen, die sich zum Teil stark mit Ihren Charakteren identifizieren werden, und gehen Sie mit dieser Verantwortung umsichtig um. Bücher mit unglücklich gewählter Umsetzung stehen in der Buchwelt immer wieder in der Kritik, weil sie beispielsweise Themen wie Folter oder Trauma romantisieren.

Themen sind universell verständlich

Wir Menschen lieben Geschichten aus vielen Gründen, unter anderem deshalb, weil wir durch die Figuren komplexe Probleme lösen und Konflikte überwinden, wie wir sie auch in unserem echten Leben haben können.

Nun kommt es in den meisten Familien selten vor, dass eine Mutter ihren Lebenssinn darin sieht, ihre Töchter zu vermählen, oder dass wir uns in unsterbliche Blutsauger verlieben – aber das ist nicht zwingend das *Thema*, sondern der *Plot* (die Handlung).

Die Themen großartiger Geschichten finden wir auch in unserem eigenen Leben:

- ✔ Wie kann ich meine Angst vor einem Vertrauensbruch überwinden?
- ✔ Wie kann ich mit Verlust umgehen?
- ✔ Wie will ich leben?

- ✔ Wonach richte ich mein Leben aus?
- ✔ Was ist wirklich wichtig im Leben?
- ✔ Was bedeutet es, »Mensch« zu sein?

Es sind fundamentale Fragen wie diese, die lesenswerte Romane auf ihre ganz eigene Art und Weise behandeln oder sogar beantworten. Jede Geschichte würde dabei das gleiche Thema völlig anders angehen, weshalb es gar kein Problem ist, wenn Sie ein Thema nehmen, das es bereits viele Male gegeben hat.

Haupt- und Nebenthemen in friedlicher Koexistenz

Themen kommen oft in Gruppen daher. Sie können ein Hauptthema haben, zum Beispiel »Was ist Menschlichkeit?« und begleitende Nebenthemen wie »Tierliebe«, »Selbstwert« und »Glaube«.

Wenn Ihnen übrigens unklar ist, was das Thema Ihrer Geschichte sein könnte, verzweifeln Sie nicht: Manchmal entwickelt es sich erst beim Schreiben. Vertrauen Sie dem Prozess.

Zusammengefasst:

- ✔ Das Thema ist das, worum es zwischen den Zeilen Ihrer Geschichte geht.
- ✔ Ihr Thema findet sich nicht nur in den Figuren wieder, sondern auch in Symbolen und dem Setting.
- ✔ Themen sind universell verständlich.
- ✔ Gehen Sie mit herausfordernden Themen sensibel um.

IN DIESEM KAPITEL

Aus welchen Elementen eine gute Romanfigur besteht

Schritte, wie Sie Ihre Hauptfiguren erstellen

Muss eine Hauptfigur hübsch sein?

Diversität in Romanen

Endlich erstellen wir Ihre Hauptfiguren!

Kapitel 10
So hauchen Sie Ihren Figuren Leben ein

Ein warnendes Wort zur Erstellung Ihrer Figuren: Behalten Sie von Anfang an das Subgenre im Hinterkopf, für das Sie schreiben wollen. Eine Romantasy-Geschichte (Liebesroman gepaart mit Fantasy-Elementen) stellt andere Anforderungen an Ihre Figuren als eine historische Liebesgeschichte oder ein New-Adult-Roman. Das Subgenre gibt durch die Erwartungshaltungen bereits ein paar Regeln vor. Sie tun gut daran, diese kennenzulernen.

Aufgabe: Legen Sie spätestens jetzt ein Subgenre für Ihren Roman fest.

Als Kind habe ich es geliebt, Steckbriefe auszufüllen und die Steckbriefe meiner Kindheitshelden zu lesen. Ich bin zusammen mit meiner Freundin Bini in eine *Sailor Moon*-Phase geraten, als wir auf die weiterführende Schule gekommen sind. Interessanterweise haben wir uns nicht hauptsächlich mit den Geschichten beschäftigt, sondern mit den Figuren. Zu jedem Charakter der Sendung gab es Steckbriefe, in denen relevante und irrelevante Informationen standen. Für die Grundgeschichte ist es völlig unerheblich, welche Blutgruppe die Hauptfigur hat oder dass sie für ihr Leben gerne Eis isst. Es hilft jedoch kleinen Fans wie mir damals, eine Beziehung zu der Figur aufzubauen.

Sie brauchen für Ihre Figuren keine Charakterbögen oder Steckbriefe zu erstellen, obwohl es durchaus Spaß macht. Ihre Figuren werden lebendig, weil sie vielschichtig, verletzlich, menschlich und authentisch agieren.

Wenn Sie sich auf die folgenden fünf Kernelemente konzentrieren und hin und wieder ein paar Übungen machen, die Sie in diesem Buch finden, hauchen Sie Ihren Figuren fast automatisch Leben ein. Diese Kernelemente lauten:

1. Eckdaten und Eigenschaften (»Wer ist das?«)
2. Biografie (»Was hat ihn/sie geprägt?«)
3. Ziel und Motivation (»Was will er/sie und warum?«)
4. Fallhöhe (»Und wenn es nicht klappt?«)
5. Entwicklungspotenzial (»Wie verändert er/sie sich?«)

Beginnen wir mit dem Offensichtlichen: dem Aussehen Ihrer Figur.

»Wie sehe ich aus?« – Aussehen und Eckpunkte der Figuren

Menschen sind visuelle Wesen, deshalb nehmen wir häufig zuerst das Äußere einer Person wahr: Wie sieht er oder sie aus? Was ist typisch? In welche meiner vielen mentalen Schubladen passt diese Person hinein?

Wir starten ganz einfach: Wie sieht Ihre Figur aus?

Legen Sie für jede Figur das Aussehen fest. Dabei ist es egal, ob Sie sie malen, kleben, Ihren alten Schwarm vor Augen haben oder einfach nur das Bild aus Ihrem Kopf beschreiben. Halten Sie wichtige Merkmale fest, sodass Sie später beim Schreiben nachsehen können, ob Ihre Hauptfigur der anderen Hauptfigur in »tiefblaue Augen« oder »Augen wie grüner Saphir« blickt.

Legen Sie zwei bis drei auffällige Merkmale fest, anhand derer man Ihre Figur wiederkennen kann, wenn sie die virtuelle Bühne betritt.

Gehen Sie spielerisch vor wie bei einem ausführlichen Freundschaftsbuch von Kindern:

- ✔ Wie heißt die Figur mit vollem Namen?
- ✔ Welche Haarfarbe hat sie?
- ✔ Welche Hautfarbe hat sie?
- ✔ Welche Augenfarbe hat sie?
- ✔ Trägt sie eine Brille? Was für eine?
- ✔ Wie groß und schwer ist sie ungefähr?
- ✔ Welche Statur hat sie?

- Wie stark oder schwach ist sie von der körperlichen Kraft her?
- Wie kleidet sie sich?

Mir macht es immer besonders viel Spaß, mir gedanklich vorzustellen, wie ich einem Regisseur oder einer Regisseurin die Figur beschreiben würde, wenn er oder sie meinen Roman verfilmen wollte. Nach was für einer Person müsste man sich umsehen? Was wäre typisch für diese Figur, sodass man beim Lesen sofort weiß, um wen es sich handelt?

Spezialfall Liebesromane: Ist die Welt voller Sirenen und Adonissen?

Bestimmt kennen Sie das Klischee in Liebesromanen und Liebesfilmen: Ein Mauerblümchen mit struppigen Haaren und Brille verliebt sich in den coolsten Typen der Schule. Nach einer Reihe von Missgeschicken und Entwicklungsschritten legt das Mauerblümchen die Brille ab, kämmt ihre Haare, zieht sich an wie die coolen Mädchen und wird mit dem Jungen glücklich.

Was vor einigen Jahren noch unreflektiert immer wieder erzählt wurde, wird zunehmend kritischer bei Bücherwürmern aufgenommen. Die Stimmen werden lauter, dass eine Figur mit ein paar Kilos mehr auf den Rippen sich nicht für die Liebe zu einer anderen Figur in Diäten stürzen sollte. Überhaupt wird Diversität immer mehr gefordert, jedoch von deutschen Verlagen nur zögerlich umgesetzt.

Romanfiguren sind »larger than life«

Warum so viele Hauptfiguren in Liebesromanen dennoch überdurchschnittlich hübsch sind, hat auch mit der Überhöhung der Realität zu tun: Sie haben nur 200 bis 600 Seiten Zeit, eine Figur vorzustellen, sie sich verlieben zu lassen, die Liebe zu gefährden, sie leiden zu lassen, zu einer Erkenntnis zu bringen, neue Pläne schmieden zu lassen und dann in ein möglichst emotionales Finale zu führen. Leserinnen und Leser träumen sich in diese Geschichten hinein, um – gerade in Liebesromanen – der schnöden, anstrengenden Realität zu entfliehen.

Oder anders ausgedrückt: Das normale Leben mit normalen Menschen haben wir zur Genüge. Beim Lesen wollen wir uns in eine Welt träumen, die es so nicht gibt, und die besteht eben oft aus gut aussehenden Menschen, die uns im normalen Leben ignorieren.

Gut aussehend ist attraktiv

Natürlich gibt es auch einen ganz banalen Grund für so viele attraktive Figuren in Liebesromanen: Wen wir Menschen als gut aussehend wahrnehmen, den finden wir in der Regel auch sexuell attraktiv. Ich erwähnte ja schon, dass wir visuelle Wesen sind, deshalb prüfen wir unbewusst unser Gegenüber zuerst mit dem Auge auf Fortpflanzungstauglichkeit. Wenn er den Test besteht, schauen wir uns seine inneren Werte an – wenn überhaupt.

Gegenseitige Attraktivität ist somit ein Grundbaustein für eine Liebesgeschichte. Selbstverständlich gibt es die Möglichkeit, dass sich die Figuren zunächst ablehnen, aber selbst bei dieser Variante besteht eine grundsätzliche Anziehungskraft zwischen den Figuren, die sich oft genug zunächst auf das Äußerliche beschränkt.

Wenn Sie unsicher sind, als wie attraktiv Ihre Figuren von ihrer Umwelt wahrgenommen werden sollen, erforschen Sie die Erwartungen an Ihr Subgenre. In den meisten Liebesromanen erwarten die Leserinnen und Leser einen gewissen Grad an Attraktivität von mindestens einer Hauptfigur.

Wenn Sie unsicher sind, wie attraktiv Ihre Figur sein darf, beantworten Sie sich folgende Fragen:

1. Was macht diese Figur attraktiv?
2. Gibt es ein Gegengewicht dazu? Beispielsweise könnte eine Figur durchdringende Augen und ein charmantes Lächeln haben, aber zu große Ohren, um in ein klassisches Schönheitsideal zu passen.
3. Wie nimmt die Figur sich selbst wahr? Viele Menschen sind sich ja ihrer betörenden Wirkung nicht bewusst.
4. Passt der Attraktivitätsgrad zum Hintergrund der Figur? Eine gestresste Alleinerziehende stets top gestylt und umwerfend hübsch darzustellen, wäre mitunter nicht glaubwürdig.

Wie divers sollten die Figuren sein?

Lange Zeit konzentrierte sich die Medienlandschaft auf die Menschen, die man gemeinhin als »normal« eingestuft hat. Für Liebesgeschichten aus den Federn der westlichen Welt hieß das in erster Linie: Die Hauptfiguren sind weiß, schlank, sportlich und ohne körperliche oder mentale Einschränkung. Wenn sie diesem Bild nicht entsprachen, gab es nur zwei Möglichkeiten: Entweder mussten sie diesen Aspekt im Laufe der Geschichte ändern oder sie waren eine Nebenfigur.

Denken Sie an fünf erfolgreiche Liebesgeschichten der letzten dreißig Jahre und Sie sehen, was ich meine:

In *Pretty Woman* (1990) wird nicht nur Sexarbeit etwas romantisiert dargestellt. Kritische Stimmen meinen, es verfestige sich auch das Bild, eine Frau müsse vom »Ritter auf dem weißen Pferd« gerettet werden und könne das nicht aus eigener Kraft schaffen.

Als ich siebzehn war, habe ich *Twilight – Biss zum Morgengrauen* verschlungen. Die Darstellung von Edward, dem Vampir, fand ich extrem anziehend. Mir war zu dieser Zeit nicht bewusst, dass es eine toxische Beziehung war, in der sich Bella und Edward befanden. Edward kontrolliert und überwacht seine Freundin, die das als Liebesbeweis interpretiert – aber er hat kein echtes Vertrauen zu ihr. Zudem werden der indigene Jacob und seine Freunde oft als exotisch beschrieben und verwandeln sich in Werwölfe, was mitunter als rassistisch interpretiert wurde (»Indigene Menschen sind wie Tiere«).

Grease (1978) war nicht nur wegen der Musik sehr beliebt. Auch die Geschichte der unscheinbaren Sandy, die sich für ihre große Liebe in eine sexy Rebellin verwandelt, hat viele Herzen erobert. Zu erwähnen ist hierbei, dass auch Danny sich ihr annähert und sein Macho-Image ablegt. Der ganze Cast besteht jedoch aus weißen, heterosexuellen High-School-Kids ohne Diversität. Heute würde man das anders machen.

Einer meiner Lieblingsfilme, *Tatsächlich … Liebe*, strotzt ebenfalls vor Klischees, die heute nicht mehr in dieser Weise reproduziert werden sollten: Es geht um Machtgefälle, emotionale Abhängigkeit, Bodyshaming (die Figur Natalie wird immer wieder auf ihr »Gewicht« reduziert, dabei liegt sie nur knapp über dem Normbereich) und der Cast ist fast ausschließlich mit weißen Schauspielerinnen und Schauspielern besetzt worden. Homosexualität kommt vor, wird aber als exzentrisch und etwas Heimliches dargestellt.

Selbstverständlich gab es Ausnahmen wie *Boyfriend Material* von Alexis Hall, *Forrest Gump* oder *Ein ganzes halbes Jahr* – und natürlich kann man auch hier verschiedene Kritik üben.

Mit der Diversität ist es wie mit einem Schwiegermutterbesuch: Man kann es gar nicht so machen, dass alle damit zufrieden sind.

Deshalb rate ich Ihnen, sich mit der Thematik auseinanderzusetzen und dann bewusst zu entscheiden, inwiefern Sie Diversität in Ihre Geschichte aufnehmen. Es ist besser, wenn Sie authentisch über das schreiben, was Sie kennen, als wenn Sie versuchen, Diversität einzubauen, und dadurch Stereotypen weiter verschärfen. Hilfreich können sogenannte »Sensitivity Reader« sein, die Sie im Internet finden.

Wenn Sie sich dazu entscheiden, weiße, heterosexuelle, heteronormative Figuren zu erstellen, können Sie auch Diversität über die restlichen Figuren einbauen. Sorgen Sie in jedem Fall für lebendige Figuren, indem Sie sich an die weiteren sieben Schritte halten.

Wie nimmt sich die Figur selbst wahr?

Es ist eine Sache, attraktiv auf andere zu wirken, aber eine ganz andere, selbst in den Spiegel zu sehen. Sie kennen das. Welche Gedanken kommen Ihrer Figur, wenn sie sich im Spiegel betrachtet? Was denken andere über sie und was denkt sie über ihr eigenes Äußeres?

Schreiben Sie eine Szene, in der sich Ihre Figur im Spiegel betrachtet. Wenn Sie das jetzt, in der Vorbereitung, tun, brauchen Sie das nachher nicht mehr im Roman, denn solche Szenen sind im Lektorat äußerst unbeliebt (da unrealistisch). Also los, toben Sie sich aus und lassen Sie Ihre Figur über ihr Äußeres nachdenken!

»Was habe ich erlebt?« – Die Biografie der Figur

Als zertifizierte Lebensberaterin bin ich vermutlich voreingenommen, aber meiner Meinung nach wird die Biografie bei der Erstellung von Romanfiguren häufig zu sehr vernachlässigt. Was ein Mensch erlebt hat, prägt ihn. Haben Sie sich schon einmal gefragt, warum die allermeisten Serienmörder in Krimis eine schreckliche Kindheit hatten? Die Antwort liegt auf der Hand: Was man in den ersten Lebensjahren als normal empfindet, verfestigt sich. Traumata prägen sich besonders stark im Unterbewusstsein ein, wenn sie in den ersten Lebensjahren passieren.

Welche Erfahrungen hat Ihre Figur in ihrem Leben bereits gesammelt und wie hat das ihren Charakter geprägt?

Ist Ihre Figur in ärmlichen Verhältnissen mit fünf Geschwistern aufgewachsen und war schon in jungen Jahren dafür verantwortlich, Geld zu verdienen, damit die Familie etwas zu essen hatte? Dann wird sie als Erwachsene einen anderen Umgang mit Verantwortung, Verschwendung, Geld, Unabhängigkeit und vielleicht auch Liebe haben als jemand, der in Wohlstand aufgewachsen ist und sich nie Sorgen darüber machen musste, ob es am Ende des Monats noch für ein Mittagessen reicht. Dafür hat diese Figur möglicherweise wenig gemeinsame Zeit mit beiden Elternteilen gehabt und stattdessen eine starke Beziehung zu den Großeltern oder Kindermädchen aufgebaut.

Die Biografie mithilfe der »Lebenslinie«

Im Persönlichkeitscoaching nutze ich manchmal die Methode der »Lebenslinie«, um mit meiner Kundschaft herauszufinden, welche Ereignisse für ihren Charakter prägend waren. Das können Sie auch mit Ihren Figuren machen.

Nehmen Sie sich zwei bis drei DIN-A4-Bögen Papier und legen Sie sie quer nebeneinander. Zeichnen Sie eine lange waagerechte Linie vom ersten bis zum letzten Blatt. Diese Linie repräsentiert das bisherige Leben Ihrer Figur.

Unterteilen Sie die Linie in Sinnabschnitte, beispielsweise »Geburt und Kindheit«, »Jugend«, »Nach dem Abschluss«, »Erster Job« und so weiter – eben so, wie es im Leben Ihrer Figur geschehen ist.

Gehen Sie dann gedanklich Stück für Stück durch die Abschnitte und legen Sie Schlüsselmomente oder Meilensteine fest. Hier ein paar Beispiele:

- ✔ Geburt: Wann wurde die Figur geboren?
- ✔ Geburt von Geschwisterkindern
- ✔ Umzüge
- ✔ Einschulung und Schulwechsel
- ✔ Abschlüsse
- ✔ Trennung von Eltern
- ✔ Neue Beziehungen (eigene und die der Eltern)
- ✔ Verluste in der Familie

- ✔ Berufliche Erfolge oder Rückschläge
- ✔ Persönliche Herausforderungen oder Erfolge

Danach suchen Sie in Ihrem alten Federmäppchen nach einem roten, einem grünen und einem gelben Stift (oder greifen Sie nach drei beliebigen Farben auf dem Schreibtisch Ihres Arbeitskollegen) und bewerten die Meilensteine nach positiven Erfahrungen, negativen und neutralen.

Zeichnen Sie anschließend eine Kurve: Eine positive Erfahrung markieren Sie oberhalb der Lebenslinie, eine negative unterhalb. Indem Sie die Ereignisse so verbinden, erschaffen Sie eine individuelle Lebenslinie für Ihre Figur und erfahren zugleich, was sie an Meilensteinen bereits erlebt hat.

Machen Sie die Übung aus Sicht der Figur, nicht aus Ihrer eigenen. Vielleicht finden Sie es schrecklich, wenn sich Eltern trennen, aber für Ihre Figur war die Trennung der Eltern kaum erwähnenswert. Die Figur würde die Trennung dann als neutral werten, nicht als negativ wie Sie.

Wenn Sie noch einen Schritt weitergehen wollen, können Sie auf die Suche nach Mustern gehen: Erkennen Sie Zusammenhänge zwischen den Ereignissen und ihren Wirkungen? Manch eine Figur hat beispielsweise immer wieder mit dem Thema »Verlust« zu tun, was sich in der Lebenslinie widerspiegeln kann.

Schreiben Sie anschließend eine Seite darüber, wie die Meilensteine Ihre Figur in ihrer Entwicklung, ihren Ansichten und ihrem Charakter geprägt haben.

Schreiben hat ja auch etwas Therapeutisches. Vielleicht haben Sie Lust, Ihre eigene Lebenslinie mal aufzuzeichnen und herauszufinden, was Sie in Ihrem Leben geprägt hat? Reflektieren Sie auch gerne darüber, ob und wie diese Erlebnisse Ihren Schreibstil beeinflusst haben.

Verknüpfen Sie die Punkte

Verbinden Sie nun Ihr Wissen über das Äußere der Figur mit dem, was sie erlebt hat. Wie passt das zusammen? Nicht immer hat das Aussehen der Figur einen Einfluss auf ihren Charakter, aber es gibt viele Geschichten, in denen es so ist. Wie ist das bei Ihrer Geschichte?

Stellen Sie sich ein Zwillingspaar vor: zwei Schwestern, eine wunderschön und eine … nun ja, nicht. Selbst wenn das der einzige Unterschied wäre, würden die beiden möglicherweise sehr verschiedene Erfahrungen beim Aufwachsen machen. Es tut mir leid, das so zu schreiben, aber hübsche Menschen werden nun einmal anders behandelt als solche, die nicht klassisch in dieses Raster fallen.

Entscheiden Sie, ob und inwiefern das Äußere Ihrer Figur in ihrem bisherigen Leben eine Rolle gespielt hat. Gehen Sie bei sensiblen Themen wie Rassismus, Mobbing, Trauma und so weiter feinfühlig vor und holen Sie sich im Zweifelsfall Rat von einer Fachkraft.

Zusammengefasst:

- ✔ Die Erlebnisse Ihrer Figur prägen ihr Selbstbild, ihre Einstellungen, Erwartungen und andere Facetten ihrer Persönlichkeit.
- ✔ Nur ein Bruchteil davon wird man im Roman lesen können, doch die Leserinnen und Leser spüren, dass die Reaktionen und Einstellungen der Figuren nicht aus der Luft gegriffen sind.
- ✔ Mit der Lebenslinienmethode können Sie wichtige Meilensteine visuell darstellen.

»Wer bin ich?« – Eigenschaften und Charakterzüge

Ich: Was macht denn deinen Ermittler aus?

Autorin: Mein Kommissar ist zwei Meter groß, hat einen weißen Rauschebart und trägt immer Krawatte, Einstecktuch und einen Siegelring.

Das sind ein paar Eckpunkte aus dem ersten Schritt. Man wird diese Figur gleich erkennen, wenn sie im Manuskript auftaucht. Lebendig wird dieser Kommissar aber dadurch noch nicht.

Lebendige Figuren sind markant durch ihre Eigenschaften, Charakterzüge, Eigenarten, inneren Konflikte, Fehler und Schwächen. Sie werden durch das Erlebte beeinflusst, sind zu einer Bandbreite an Gefühlen fähig und handeln eigenständig und aktiv.

Wenn Sie dem Kommissar ein paar Eigenarten verpassen, wird er hingegen sofort lebendiger:

- ✔ *Er würzt sein Essen immer nach, auch in Restaurants oder bei Glutamatbomben.*
- ✔ *Er summt die Melodie von »Jeopardy«, wenn er über einen Fall nachdenkt.*
- ✔ *Er bräuchte eine Lesebrille, weigert sich aber, weil er sich dann vorkommt wie sein Vater.*
- ✔ *Er ist ungeduldig, aufbrausend und brutal ehrlich, was ihm oft genug zum Verhängnis wird.*

Eigenschaften machen uns zu dem, was wir sind. Finden Sie mehrere Eigenschaften für Ihre Figuren, um ihnen Charakter zu geben. Inspirationen dafür können Sie der anhängenden Liste entnehmen.

Betrachten Sie unauffällig Ihr Umfeld. Wie sind die Menschen, denen Sie begegnen? Welche kuriosen Eigenschaften, Macken und Charakterzüge haben sie? Führen Sie eine anonymisierte Liste in Ihrem Inspirationsbuch.

Wofür steht die Figur ein? Der Antrieb Ihrer Figur

Menschen (und deshalb auch Figuren) mit starken Überzeugungen und Wertevorstellungen sind hochmotiviert, zu handeln. Jede Figur, die in Ihrem Roman aktiv wird, tut das aus einer gewissen Motivation heraus.

Welche ist das?

Motivation speist sich aus Sinnstiftung. Sie und ich schreiben Bücher, weil es für uns irgendeinen Sinn erfüllt. Vielleicht wollen Sie unterhalten, eine Botschaft vermitteln oder einfach Ruhe im Kopf haben und deshalb all die Geschichten notieren, die Sie um den Schlaf bringen.

Und Ihre Figur? Was treibt sie zum Handeln an?

Aufgabe: Schreiben Sie auf, warum Ihre Figur motiviert ist, die Geschichte zu erleben, die Sie für sie vorgesehen haben. Ist es eine innere Motivation (zum Beispiel der Wunsch nach Gerechtigkeit) oder eine äußere Motivation (zum Beispiel weil sie stirbt, wenn sie das Abenteuer ablehnt)?

Machen Sie sich außerdem bewusst, was Ihrer Figur wichtig ist. Für welche Werte kämpft sie? Wann wird sie fuchsteufelswild?

Brainstorming-Ideen für Eigenschaften Ihrer Figuren

Die folgende Liste ist ein Sammelsurium jahrelanger Beobachtung. Bedienen Sie sich und spicken Sie Ihre Figuren mit wiedererkennbaren Eigenschaften.

Aber Achtung: Übertreiben Sie es nicht, sonst wirkt es nicht mehr glaubhaft! Zwei Eigenschaften pro Figur können bereits ausreichen.

Ideen für Charakterzüge:

- ✔ Introvertiert: ruhig und zurückhaltend, bleibt für sich
- ✔ Extravertiert: liebt es, Kontakte zu knüpfen und neue Leute kennenzulernen
- ✔ Kontrollfreak, der alles auf seine Weise haben muss
- ✔ Sauberkeitsfanatisch (fällt oft mit Kontrollfreak zusammen)
- ✔ Chaotisch: weiß nie, wo etwas ist
- ✔ Starrsinnig: gibt nie einen Fehler zu
- ✔ Ehrlich: würde nicht einmal lügen, um eigenes Leben zu retten
- ✔ Urteilend gegenüber seinen Mitmenschen
- ✔ Immer geduldig, auch wenn sie frustriert ist
- ✔ Komischer (oder morbider) Sinn für Humor

- ✔ Schwer zum Lachen zu bringen
- ✔ Liebt Essen und ist von Genuss besessen
- ✔ Trinkt gerne und viel und feiert ständig
- ✔ Beklagt sich ständig über alles und jeden
- ✔ Loyal: Würde alles für Freunde und Familie tun
- ✔ Abenteuerlustig und bereit, alles zu versuchen
- ✔ Vorsichtig
- ✔ Energiegeladen: braucht kaum Ruhe
- ✔ Schläft viel und ist tagsüber immer noch müde
- ✔ Schlechter Orientierungssinn
- ✔ Strebsam/wissbegierig
- ✔ Bescheiden
- ✔ Weint schnell
- ✔ Distanziert; zeigt selten Emotionen
- ✔ Unberechenbar, selbst für Nahestehende
- ✔ Doppelzüngig
- ✔ Charismatisch
- ✔ Sehr korrekt und immer höflich zu anderen
- ✔ Gesellig
- ✔ Zwanghaft

Weitere Eigenarten-Ideen und Spleens:

- ✔ Klamotten sind alle in einer Farbe (monochrom)
- ✔ Will kein stilles Wasser trinken, nur Sprudelwasser
- ✔ Weigert sich, Kopfhörer zu benutzen, und hört die Musik laut in der Öffentlichkeit
- ✔ Kleidet sich immer zu hübsch für den Anlass (»overdressed«)
- ✔ Kleidet sich immer nachlässig, selbst auf Hochzeiten
- ✔ Geht barfuß umher, auch in Geschäften und an anderen öffentlichen Orten
- ✔ Hasst es, drinnen zu sein

- ✔ Hasst es, draußen zu sein
- ✔ Schaut in jeder Spiegelung nach dem eigenen Aussehen
- ✔ Trägt immer einen bestimmten Gegenstand mit sich
- ✔ Bereitet Mahlzeiten drei Wochen im Voraus vor
- ✔ Trinkt den ganzen Tag lang nur Espresso
- ✔ Singt italienische Opern unter der Dusche
- ✔ Hört den ganzen Tag zu Hause das gleiche Lied in Dauerschleife
- ✔ Ist abergläubisch
- ✔ Ist gläubig (suchen Sie sich eine Religion aus)
- ✔ Macht eigene abstrakte Kunst und hängt sie an die Wand
- ✔ Ist im Dezember super aufgeregt wegen Weihnachten und dann im Januar richtig deprimiert
- ✔ Weigert sich, eine Brille zu tragen, obwohl sie eine braucht
- ✔ Trägt seit drei Jahren dasselbe Freundschaftsarmband
- ✔ Ist über die Maße entzückt, wenn er ein Baby oder einen Hund / eine Katze sieht
- ✔ Tanzt am liebsten allein
- ✔ Liest nur Bücher, die vor 1900 geschrieben wurden
- ✔ Sieht sich nur Filme an, die wirklich schlechte Kritiken bekommen
- ✔ Isst nur Rohkost
- ✔ Schenkt Freunden ausgezeichnete (oder schreckliche) selbst gemachte Geschenke
- ✔ Schiebt immer den Stuhl ran, egal wo (auch die Stühle anderer)
- ✔ Hasst krumme Zahlen (füllt seinen Benzintank immer zum vollen Euro auf, verschickt E-Mails zur vollen Stunde und so weiter)
- ✔ Hat einen imaginären Freund, mit dem sie auch im Erwachsenenalter noch redet
- ✔ Nennt jeden Menschen »Bruno«
- ✔ Hinterlässt kleine Notizen in Bibliotheksbüchern für zukünftige Leserinnen und Leser
- ✔ Trägt ihr Haar wie Sailor Moon
- ✔ Kein Tag vergeht, an dem er nicht mit seiner Mutter spricht
- ✔ Schnalzt beim Gehen mit der Zunge, als würde sie ein Pferd antreiben

- Zitiert zu jeder Gelegenheit aus Kunst und Kultur
- Überzeugt, dass er bei einem verrückten Unfall sterben wird
- Ist Selbstversorgerin oder Selbstversorger
- Zahlt grundsätzlich nicht für Zug- oder Busfahrkarten und hofft das Beste
- Kann Shakespeare-Sonette rezitieren
- Lebt nach der Zero-Waste-Methode
- Isst vegan
- Hat ein Visionboard für Lebensziele
- Liebt den Strand, aber hasst Schwimmen
- Schnippt Leuten an die Stirn, wenn sie verärgert sind
- Lacht über alles, sogar über schlechte Witze
- Hat über 30.000 Instagram-Follower, obwohl sie nur ihr Essen fotografiert

Schwäche zeigen, Stärke zeigen

Niemand ist perfekt, besonders nicht unsere Hauptfiguren. Geschichten werden dadurch interessant, dass Figuren an ihre individuellen Grenzen geraten, ihre Schwächen überwinden, sich Ängsten stellen und Mängel haben. Auch in Liebesgeschichten läuft es darauf hinaus, dass eine bestimmte Angst überwinden werden muss, nämlich das, was die Figur von der Liebe abhält.

Eine Schwäche bringt unsere Heldinnen und Helden auch zum Scheitern. Für Ihren Liebesroman werden Sie sich mehr mit der emotionalen Wunde beschäftigen als mit den charakterlichen Schwächen der Figur, aber dennoch ist es wichtig, sie zu kennen.

Brainstorming-Ideen für charakterliche Schwächen

- Eigensinnig/stur
- Ungeduldig
- Zynisch
- Impulsiv
- Arrogant
- Perfektionistisch
- Ängstlich
- Eifersüchtig
- Naiv
- Überheblich
- Vergesslich
- Selbstzweifelnd
- Aufbrausend
- Pessimistisch

- ✔ Oberflächlich
- ✔ Sorgenvoll
- ✔ (Zu) Unabhängig
- ✔ Schnell gestresst
- ✔ Starkes Konkurrenzdenken
- ✔ (Zu) Idealistisch
- ✔ (Zu) Sensibel
- ✔ Intolerant
- ✔ Rücksichtslos
- ✔ Statusfixiert
- ✔ Unflexibel

Sie finden im Internet viele Charaktertests, die Sie online in den Schuhen Ihrer Figur ausfüllen können. Damit erhalten Sie eine inspirierende Ausgangslage zur Entwicklung Ihrer Figur. Starten Sie beispielsweise mit dem 16-Persönlichkeiten-Test (»Meyers-Briggs-Test«).

»Welche Lügen erzähle ich mir?« – Die emotionale Wunde

Liebesromane mit Happy End haben in der Regel die gleiche Botschaft, nämlich: Liebe kann alles überwinden (in Abwandlung zu Ihrer Prämisse).

Die emotionale Wunde in Liebesromanen ist das Herzstück Ihrer Figurenentwicklung. Es handelt sich um eine Lüge, die die Figur anfangs glaubt. Oft wird sie auf prägende, schmerzhafte Erfahrungen aus der Vergangenheit zurückgeführt, die die Figur emotional so beeinflusst haben, dass sie selbst beim Gedanken an romantische Nähe fast in die Notaufnahme rennen möchte. Stellen Sie sich die emotionale Wunde als Narbe auf der Seele Ihrer Figur vor, die sie daran hindert, Liebe der Angst vorzuziehen.

Liebe überwindet alles. Aber was ist »alles«? Das können Sie in Ihrem Roman festlegen: **Was überwindet Ihre Hauptfigur, um sich der Liebe zu öffnen?** Sind es Selbstzweifel? Ein vergangener Verlust? Die Angst vor Intimität? Misstrauen?

Um Ihnen die Wahl zu erleichtern, gebe ich Ihnen im Folgenden gern genommene Anfangslügen, die im Laufe der Geschichte enttarnt und durch Liebe ersetzt werden können. Suchen Sie sich eine aus, die zu Ihrer Figur passt – oder entwickeln Sie auf Grundlage Ihrer bisherigen Überlegungen Ihre eigene.

Brainstorming: Anfangslügen

- ✔ *Ich bin nicht gut genug*

  Ihre Figur hat das Gefühl, niemals den Erwartungen anderer gerecht werden zu können, und glaubt, dass sie Liebe nicht verdient, weil sie sich als fehlerhaft oder ungenügend sieht.

- ✔ *Ich darf niemandem vertrauen*

  Aufgrund eines großen Verrats oder emotionalen Verlusts glaubt Ihre Figur, dass Nähe zu Schmerz führt, und hält deshalb andere auf Distanz, um sich zu schützen. Der Liebe nachzugeben, würde bedeuten, verletzt zu werden.

- ✔ *Liebe macht verletzlich*

  Die Figur hat beobachtet, wie geliebte Menschen verletzt wurden, und hat Angst, dass Liebe sie ebenfalls schwach und verletzlich machen könnte.

- ✔ *Ich muss perfekt sein, um geliebt zu werden*

  Die Figur glaubt, dass sie nur dann geliebt wird, wenn sie keine Fehler zeigt, und versteckt deshalb ihre wahren Gefühle oder Schwächen.

- ✔ *Ich bin zu viel / zu wenig*

  Die Figur wurde früher oft kritisiert und glaubt nun, dass sie entweder zu intensiv oder nicht genug ist, um geliebt zu werden.

- ✔ *Ich werde immer nur zweite Wahl sein*

  Die Figur wurde früher übergangen oder mit anderen verglichen und ist überzeugt, dass sie nie die erste Wahl für jemanden sein wird.

- ✔ *Gefühle machen schwach*

  Die Figur wurde erzogen, stark und emotionslos zu sein, und glaubt, dass das Zeigen von Emotionen ein Zeichen von Schwäche ist.

- ✔ *Liebe schränkt meine Freiheit ein*

  Die Figur hat das Gefühl, dass Liebe bedeutet, Kontrolle abzugeben, und hat daher Angst, sich in einer Beziehung gefangen zu fühlen.

- ✔ *Niemand kann mich wirklich verstehen*

  Die Figur fühlt sich tief missverstanden und hält es für unmöglich, dass jemand ihre innersten Gedanken und Gefühle versteht.

- ✔ *Ich bin nicht liebenswert*

  Aufgrund schlechter Erfahrungen ist die Figur überzeugt, dass sie keine Liebe verdient, weil an ihr etwas irgendwie falsch ist.

- ✔ *Jeder, den ich liebe, wird verletzt*

  Nach einem Vorfall, bei dem jemand durch sie oder wegen ihrer Liebe verletzt wurde, glaubt die Figur, dass es besser ist, niemanden zu lieben.

- ✔ *Liebe ist immer ein Kampf*

  Die Figur hat in ihrer Vergangenheit nur konfliktreiche Beziehungen erlebt und glaubt, dass Liebe nur durch Drama und Schwierigkeiten existieren kann.

- ✔ *Meine Bedürfnisse zählen nicht*

  Die Figur hat gelernt, dass ihre eigenen Bedürfnisse unwichtig sind, und glaubt, dass sie immer auf andere Rücksicht nehmen muss, um Liebe zu verdienen.

- ✔ *Ich muss immer stark sein*

  Die Figur wurde dazu erzogen, niemals Schwäche zu zeigen, und fürchtet, dass das Offenlegen von Schwächen zu Ablehnung führt.

- ✔ *Ich werde irgendwann enttäuscht*

  Nach mehreren Enttäuschungen glaubt die Figur, dass sie unweigerlich wieder verletzt wird, wenn sie jemanden nah an sich heranlässt.

- ✔ *Ich kann niemandem vertrauen, außer mir selbst*

  Aufgrund eines Verrats oder fehlendem Vertrauen in der Kindheit glaubt die Figur, dass sie niemandem vertrauen kann, außer sich selbst.

- ✔ *Liebe lenkt mich vom Wesentlichen ab*

  Die Figur glaubt, dass eine Beziehung ihre Karriere oder Lebensziele beeinträchtigen wird, und sieht Liebe als hinderlich.

- ✔ *Nähe bedeutet Verlust der Kontrolle*

  Die Figur hat Angst davor, die Kontrolle abzugeben und glaubt, Nähe würde sie dazu zwingen.

- ✔ *Liebe macht mich abhängig*

  Nach einer sehr abhängigen oder toxischen Beziehung glaubt die Figur, dass Liebe immer zur Abhängigkeit und Selbstaufgabe führt.

- ✔ *Ich werde nicht gesehen*

  Die Figur hat das Gefühl, dass ihre Bedürfnisse und Wünsche nie beachtet wurden, und glaubt daher, dass sie nie wirklich wertgeschätzt wird.

- ✔ *Liebe bringt immer nur Schmerz*

  Nachdem die Figur eine schmerzhafte Trennung oder einen Verlust erlebt hat, ist sie überzeugt, dass Liebe immer mit Schmerz endet.

- ✔ *Es ist sicherer, allein zu sein*

  Die Figur fühlt sich in ihrem Single-Dasein sicher und glaubt, dass allein zu sein das einzige Mittel ist, um Verletzungen zu vermeiden.

- ✔ *Ich muss alles kontrollieren, um geliebt zu werden*

  Die Figur hat das Gefühl, dass sie die Beziehung und den Partner kontrollieren muss, um Liebe zu verdienen, da sie nie echte Stabilität erlebt hat.

- ✔ *Ich bin nur wertvoll, wenn ich gebraucht werde*

  Die Figur glaubt, dass sie nur dann liebenswert ist, wenn sie für den Partner von Nutzen ist, und stellt ihre eigenen Bedürfnisse immer hintenan.

- ✔ *Andere wissen besser, was wirklich gut für mich ist*

  Wenn die Figur ihr Leben lang erfahren hat, dass über ihren Kopf hinweg entschieden wurde, kann dieser Glaubenssatz entstehen.

Anfangslügen auf Basis menschlicher Grundbedürfnisse

Wenn Sie sich bereits in der Vergangenheit mit der Entwicklung von Figuren beschäftigt haben, sind Sie womöglich auf den Tipp gestoßen, sich die »Maslow'sche Bedürfnispyramide« genauer anzusehen. Dieses Modell stellt menschliche Bedürfnisse hierarchisch angeordnet dar und beginnt mit den physiologischen Bedürfnissen wie Schlaf, Nahrung und Trinken.

Je nachdem, welche Bedürfnisse dieser Pyramide bei Ihren Figuren nicht erfüllt sind – beziehungsweise früher nicht erfüllt wurden und sich eingebrannt haben –, kann auch daraus eine emotionale Wunde mit Anfangslüge werden:

- ✔ **Physiologische Ebene:**

  Die Figur hat Armut erlebt oder musste hungern, hat vielleicht auf der Straße gelebt oder ist aktuell stark von Armut bedroht.

  Mögliche Anfangslüge: *Ich kann dich nicht lieben, weil ich weder für dich noch für mich sorgen kann.*

- ✔ **Sicherheitsbedürfnisse:**

  Ihre Figur wurde in einer unsicheren Umgebung groß, zum Beispiel durch Gewalt oder instabile Lebensumstände. Vielleicht ist sie auch aktuell in einer prekären Lage.

  Mögliche Anfangslüge: *Ich kann nicht lieben, weil ich mich schützen muss / ich dich nicht beschützen kann beziehungsweise ein Leben mit mir gefährlich ist.*

- ✔ **Soziale Bedürfnisse:**

  Die Figur wurde ausgegrenzt, gemobbt oder von nahestehenden Menschen verlassen.

  Mögliche Anfangslüge: *Ich kann nicht lieben, weil ich sowieso verlassen werde, also bleibe ich lieber mit mir allein.*

- ✔ **Wertschätzungsbedürfnisse:**

  Ihre Figur wurde nie anerkannt oder ständig kritisiert. Sie hat wenig Selbstvertrauen und hält sich für nicht liebenswert.

  Mögliche Anfangslüge: *Ich bin es nicht wert, geliebt zu werden.*

✔ **Selbstverwirklichung:**

Die großen Träume Ihrer Figur wurden unterdrückt oder lächerlich gemacht. Dadurch denkt die Figur, dass sie sich zwischen Liebe und Selbstverwirklichung entscheiden muss.

Mögliche Anfangslüge: *Ich kann nicht lieben und gleichzeitig meinen Träumen folgen.*

Aufgabe: Legen Sie für Ihre Hauptfiguren die emotionalen Wunden fest. Überspringen Sie diesen Punkt auf keinen Fall, da wichtige künftige Entscheidungen davon abhängen.

»Was will ich eigentlich?« – Äußere und innere Ziele

Wenn Sie die vorigen vier Punkte umgesetzt haben, dann konnten Sie Ihrer Figur bereits viel Leben einhauchen. Es fehlt nun noch ein wichtiger Punkt, ohne den Ihre Figur trotz aller Bemühungen farblos bleiben würde: *Konflikte.*

Konflikte sind das Salz in der Suppe Ihrer Geschichte, und wie bei allen Gewürzen lautet die Devise: Geben Sie immer nur ein bisschen hinzu. »Viel hilft viel« gilt vielleicht beim Schreiben selbst, nicht aber bei der Anzahl möglicher Konflikte in Ihrer Geschichte. Andererseits mangelt es vielen Debüttexten genau an diesem Punkt. Sehen wir uns also im Detail an, warum Konflikte wichtig sind und wie Sie herausfinden, wie viele Sie brauchen.

Der innere Konflikt basiert auf der Anfangslüge

Ihre Figur hat ein Problem: Sie glaubt, aus irgendeinem Grund nicht lieben zu können oder zu dürfen (welcher Grund das ist, haben Sie in der Anfangslüge festgelegt). Gleichzeitig sehnt sich die Figur aber nach Liebe und findet in Ihrer Geschichte auch einen passenden Gegenpart. Schon haben Sie einen Konflikt: Er/Sie will lieben, aber kann nicht.

Wir alle kennen dieses Dilemma aus unserem eigenen Leben, weshalb die Anfangslüge in aller Regel ein hohes Identifikationspotenzial hat. Die Figuren kämpfen sich an unserer Stelle durch ihre inneren Dämonen und wir fühlen mit ihnen. Je größer die Entwicklung ist, die eine Figur durchschreiten muss, desto mehr fiebert man beim Lesen mit.

Der äußere Konflikt basiert auf der Rahmengeschichte

Der äußere Konflikt besteht aus den Steinen, die der Figur auf dem Weg zu einem Ziel in den Weg gelegt werden. Die Rahmenhandlung sorgt für Action, denn ohne sie würden Ihre Leserinnen und Leser nur ellenlange Monologe mit innerem Konflikt zu lesen bekommen, was zwar auch möglich ist, aber in vielen Genres nicht den Erwartungen entspricht.

Der äußere Konflikt ist eng mit dem äußeren Ziel der Figuren verbunden. Jede Figur strebt im Außen nach einem Ziel und im Inneren ebenso. Interessant wird es dann, wenn diese beiden Ziele sich widersprechen:

- ✔ Die Figur will sich voll und ganz auf ihre Karriere konzentrieren, um ein bestimmtes Projekt erfolgreich abzuschließen (äußeres Ziel), verliebt sich aber ausgerechnet in eine Person, die den Erfolg des Projekts gefährdet (inneres Ziel: Herzensfülle). Die Anfangslüge könnte lauten: *Ich bin nur liebenswert, wenn ich erfolgreich bin.*
- ✔ Die Figur will sich am Antagonisten für vergangenes Unrecht rächen (äußeres Ziel). Dazu nutzt sie das Vertrauen einer dem Antagonisten nahestehenden Person aus, verliebt sich aber in diese (inneres Ziel: Herzensfülle). Sie muss sich zwischen Rache und Liebe entscheiden und überlegen, wie ehrlich sie dem Love Interest gegenüber ist. Die Anfangslüge könnte lauten: *Ich kann erst lieben, wenn ich mich gerächt habe.*

Mehr zur Rahmenhandlung können Sie im Kapitel »Wenn die Nebenhandlung zur Haupthandlung wird« nachlesen.

Aufgabe: Schreiben Sie sich auf, was das innere und äußere Ziel Ihrer Hauptfiguren ist. Pluspunkte gibt es, wenn sich diese beiden Ziele widersprechen. Tipp: Das innere Ziel ist in Liebesromanen mit Happy End häufig eine Variante von »Herzensfülle« / »wahre Liebe finden«.

»Und wenn er es nicht schafft?« – Die Fallhöhe

Was passiert eigentlich, wenn Ihre Hauptfiguren sich nicht dazu durchringen können, ihre Ängste zu überwinden? Oder wenn sie den »Ruf zum Abenteuer« ignorieren, der sie aus ihrer Komfortzone locken soll?

Diese »Was passiert, wenn es nicht klappt?«-Frage ist essenziell, um Ihre Geschichte spannend zu erzählen. *Wenn nichts auf dem Spiel steht, dann lohnt es sich auch nicht, davon zu berichten.*

Zu Beginn eines Buches ist die Fallhöhe der Figuren oft noch steigerungsfähig. Vielleicht haben Sie eine Figur, die sich eine Gehaltserhöhung wünscht. Wenn sie sie nicht bekommt, ist sie zwar enttäuscht, aber es ist nicht das Ende der Welt.

Was passiert aber, wenn mit der Gehaltserhöhung etwas Wichtiges verbunden ist? Sagen wir, Ihre Figur hat soeben eine Eigenbedarfskündigung für ihre Wohnung bekommen und muss schnellstmöglich eine neue Bleibe finden, aber alles ist so teuer. Mit einer Gehaltserhöhung könnte sie sich die Wohnung leisten, die ihr von einem Bekannten angeboten wird.

Die Fallhöhe hat sich damit geändert: Wenn sie die Gehaltserhöhung nicht bekommt, fällt sie nicht nur auf ihren Status quo zurück, sondern hat keine Bleibe mehr (oder weiß zumindest nicht, wo sie demnächst unterkommen soll).

Oder soll es noch eine Stufe dramatischer werden? Dann könnte unsere Heldin in finanzielle Schieflage geraten sein und sie hat das Geld bereits jemandem versprochen, weil sie fest davon ausgegangen ist, die Gehaltserhöhung zu kriegen. Jetzt hat sie nicht nur kein Geld, sondern auch gefährliche Gläubiger an den Hacken.

Genau aus diesem Grund gibt es so viele Bücher, Filme und Kindersendungen, in denen Figuren eine Schlucht überqueren müssen, wahlweise über eine Brücke, über ein Seil oder ohne Hilfsmittel. Unter ihnen wartet der Tod, entweder in Form eines reißenden Flusses (gerne mit Krokodilen), in Form von Lava oder einfach wegen der Tiefe. Um die Fallhöhe noch zu steigern, handelt es sich natürlich nicht um eine TÜV-geprüfte Brücke, sondern um ein in die Jahre gekommenes, klappriges Teil, auf dem bereits einzelne Bretter fehlen. Oder das Seil ist rutschig, durchgerottet oder nur an einem wackeligen Pfosten festgemacht.

Achten Sie im nächsten Film, den Sie sich ansehen, mal auf die Fallhöhe der Figuren. Wie schaffen die Filmeleute es, diese Fallhöhe zu steigern? Machen Sie sich Notizen in Ihrem Inspirationsbuch, auch wenn Sie die Konflikte nicht auf Ihr aktuelles Projekt übertragen wollen.

Rein logisch stellt sich in solchen Szenen natürlich die Frage, warum eine Figur ihr Leben riskiert, um über eine marode Brücke zu gehen. James N. Frey nennt das den »Würde er wirklich«-Test: Machen Sie sich und Ihren Leserinnen und Lesern stets klar, warum Ihre Figuren tun, was sie tun. *Warum geht Ihr Held über die kaputte Brücke?* Nun, vermutlich will er entweder vor etwas fliehen – beispielsweise, wenn das feindliche Heer genau hinter ihm ist (oder seine Schwiegermutter …) – oder er will unbedingt zu dem Ziel kommen, das auf der anderen Seite wartet, um seine Mission abzuschließen.

Hier drei Beispiele aus Filmen:

- ✔ Im ersten Teil von *Der Herr der Ringe* flüchtet die Gruppe vor einem Balrog (Feuerdämon) über eine Brücke ohne Geländer. Unter ihnen ist nichts als tiefe Dunkelheit. Mentor Gandalf bleibt auf der Brücke stehen und verhindert damit, dass der Balrog der Gruppe nachkommt. Die beiden kämpfen, ein Teil der Brücke stürzt ein und der Balrog fällt hinab. Doch gerade, als man durchatmen will, wird Gandalf von der Feuerpeitsche des fallenden Balrogs getroffen und mit in die Tiefe gerissen.
- ✔ Bei *Indiana Jones und der Tempel des Todes* flüchtet die Gruppe über eine marode Hängebrücke, die über einen Fluss führt, der von hungrigen Krokodilen bevölkert wird. Indy ist später alleine auf der Brücke und wird von beiden Seiten von Feinden eingekesselt. Seine Rettung ist, dass er die Brücke absichtlich zerstört, damit die Feinde ins Wasser fallen.
- ✔ Auch in *Shrek – Der tollkühne Held* gibt es die Brückenszene. Shrek und Esel wollen Prinzessin Fiona retten. Unter der Brücke ist ein Fluss aus Lava und Esel hat Höhenangst. Da es ein Kinderfilm ist, bleibt die Brücke intakt und die beiden müssen lediglich die Brücke überqueren.

In Ihrem Liebesroman passt eine solche Brückenszene möglicherweise nicht zur Geschichte, aber behalten Sie das Bild im Hinterkopf und überlegen Sie, wie Sie die Fallhöhe Ihrer Figuren kontinuierlich steigern können, und zwar bezogen auf das äußere und das innere Ziel. Hierbei kommt es Ihnen zugute, wenn Sie im vorigen Schritt Ziele erfunden haben, die sich einander widersprechen, denn so ist die Erreichung des einen sogleich der Verlust des anderen Ziels – und damit eine spannende Fallhöhe.

Aufgabe: Notieren Sie sich die Fallhöhen Ihrer Figuren für das äußere und das innere Ziel. Was ist schlimm daran, wenn sie es nicht erreichen? Versuchen Sie dann, diese Fallhöhe, wenn nötig, zu steigern.

Als Nächstes finden Sie Gründe dafür, warum Ihre Figur es sich dennoch trauen wird.

»Du hast dich verändert.« Oder: Wie entwickeln sich die Figuren?

In Ihrer Liebesgeschichte geht es hauptsächlich darum, Wege zu finden, wie Ihre Figuren ihre Ängste überwinden und sich der Liebe öffnen, trotz aller Risiken. Daher ist eine gewisse Entwicklung ab dem ersten Kapitel absehbar und wird auch bei den Leserinnen und Lesern erwartet. Ohne inneres Wachstum kann die Liebe der beiden Figuren letztlich nicht funktionieren.

Die Veränderung ist insofern vorgegeben, als dass Ihre Figur ihre Anfangslüge als solche enttarnen muss, um sich im entscheidenden Moment für die Liebe und gegen die Angst zu entscheiden – aber welche kleinen Veränderungen werden dazu führen?

In anderen literarischen Genres würde ich Ihnen nun ein Kapitel lang davon berichten, wie wichtig die innere Entwicklung der Figuren ist, wie äußere und innere Entwicklungen zusammenspielen und dass Romane in erster Linie gelesen werden, um zu lernen, wie man Hindernisse in seinem eigenen Leben überwinden kann. Jeder Roman zeigt facettenreich auf, mit welchen Konflikten die menschliche Spezies umzugehen hat und welche Lösungsmöglichkeiten es dafür gibt.

Für Ihren Liebesroman möchte ich den Fokus auf etwas anderes richten: die Schlüsselszene.

Sie kennen bereits die emotionale Wunde Ihrer Figuren, die es zu heilen gilt. In Ihrem Roman erörtern Sie die Frage, wie es dieses Paar schafft, über Schatten zu springen und sich der Liebe mit all ihren Risiken zu öffnen.

Die innere Wunde Ihrer Figur ...

- ✔ ... schafft einen wichtigen inneren Konflikt,
- ✔ ... verstärkt die Fallhöhe und
- ✔ ... ist Grundlage für die Charakterentwicklung Ihrer Figur.

Schauen Sie noch einmal nach, was Sie sich als emotionale Wunde für jede Hauptfigur notiert haben. Wie äußert sich diese Wunde im Alltag? Inwiefern schränkt sich die Figur ein?

Aufgabe: Wie ist das Seelenleben Ihrer Figur zu Beginn des Romans und wie am Ende? Formulieren Sie es aus.

Meiner Erfahrung nach ist es äußerst hilfreich, wenn Sie sich frühzeitig Gedanken darüber machen, wie das Finale Ihrer Geschichte aussehen könnte. Die Endversion Ihrer Figuren und Ihre Anfangsversionen sollten sich stark unterscheiden. Im Finale geht mindestens eine Figur einen riesigen Schritt auf die andere zu. Wie könnte das passieren?

Beispiele:

- ✔ Eine Figur glaubt die Anfangslüge »Liebe macht mich schwach«. Am Ende soll sie erkennen: »Liebe macht mich in Wirklichkeit stark«. Sie könnte diese Erkenntnis in einer Szene bekommen, in der sie früher immer Stärke gezeigt hat, jetzt aber erkennt, dass diese Stärke eine »falsche« Motivation hatte, zum Beispiel Buhlen um Anerkennung. Sie entscheidet sich dafür, vor den Augen anderer Schwäche zu zeigen, weil sie erkennt, wie sehr die Liebe zu der anderen Figur sie innerlich stärkt.

- ✔ Zwei Figuren sind verliebt, dürfen aber aus gesellschaftlichen Gründen keine Beziehung führen. Eine dieser Figuren ist aus einer Adelsfamilie und glaubt die Anfangslüge »Meine (Rolle in der) Familie ist wichtiger als die Liebe«. Die Figur entscheidet sich zunächst dafür, die vorbestimmte Rolle auszuführen, erkennt dann aber während der Zeremonie (zum Beispiel ein Initiationsritual für diese Rolle), dass sie damit nur den Traum der Familie, nicht aber den eigenen Traum verwirklicht. Sie bricht die Zeremonie ab und entscheidet sich für ein Leben außerhalb der Adelsfamilie, weil sie für sich erkennt: Die Liebe ist wichtiger als meine Familie.

Sie sehen also, es muss keine ausformulierte Szene sein, sondern es geht nur um die Tendenz, die sich Ihre Figuren entwickeln könnten.

Aufgabe: Skizzieren Sie mögliche Momente oder Szenen, in denen sich mindestens eine der Figuren für die Liebe und gegen die Angst entscheidet. Fallen Ihnen Details zum Setting ein? (Wenn nicht, kein Problem, ich komme darauf zurück.)

Möglicherweise fällt es Ihnen leichter, diese Entwicklung zu skizzieren, wenn Sie zunächst beide Hauptfiguren bis zu diesem Punkt entwickeln.

Wichtig: Sie können (und werden) beim Schreiben des Buches von diesem Plan wenigstens stellenweise abweichen. Ziel der Übung ist, dass Sie sich mit Ihren Figuren auseinandersetzen und langsam ein Gefühl für sie und ihre Geschichte entwickeln – und nicht vorab schon etwas in Stein zu meißeln.

Für alle, die mehr wollen: Auf einen Kaffee mit Ihren Helden

Wenn ich Romane schreibe, beende ich an dieser Stelle die Vorarbeit zur Figurenentwicklung und widme mich der Kapitelplanung. Aus der Zusammenarbeit mit anderen Autorinnen und Autoren weiß ich aber, wie hilfreich es gerade am Anfang sein kann, ein sogenanntes »Figureninterview« zu führen, um die Figuren noch besser kennenzulernen.

Beschäftigen Sie sich vor dem Schreiben so lange mit Ihren Figuren, bis Sie das Gefühl haben, sie zu kennen. Sie werden feststellen, wie viel Neues Sie noch während des Schreibens erfahren.

Folgende Übungen haben sich bewährt, um einen noch engeren Zugang zu den Figuren zu erhalten:

Treffen Sie sich auf einen imaginativen Kaffee mit Ihren Figuren

Gehen Sie spazieren oder sondern Sie sich für eine kleine Schreibsession von Ihrem Alltag ab und unterhalten Sie sich mit Ihrer Figur (allerdings nicht zu laut, sonst gibt es seltsame Blicke von Ihrer Umwelt). Sprechen Sie mit ihr, als würde es diese Figur tatsächlich geben. Je nach Kontext kann es dabei hilfreich sein, wenn Sie eine bestimmte Rolle übernehmen:

- ✔ Sie wollen einen Zeitungsartikel schreiben und führen ein Interview.
- ✔ Sie sind mit der Figur befreundet und bringen sich auf den neuesten Stand.
- ✔ Sie schreiben die Memoiren der Figur und wollen mehr zu den Hintergründen wissen.
- ✔ Sie leiten eine Therapiesitzung mit Ihrer Figur und sprechen beispielsweise über die Meilensteine der Lebenslinie.

Das könnte beispielsweise so aussehen:

Hallo, Lydia.

Hey Annika, lange nicht gesehen.

Ja, ich habe einen neuen Ratgeber geschrieben.

Oh, toll, worum geht es da?

Wie man Liebesromane schreibt. Nicht gerade dein Thema, ich weiß.

Definitiv nicht! Wer sein Herz verschenkt, ist selbst schuld. Der beste Rat, den ich jemandem geben würde, ist, sich gar nicht erst zu verlieben.

Warum eigentlich?

Weil Liebe sowieso immer nur zu Schmerz führt.

Aber doch nicht immer. Ich für meinen Teil bin froh, eine Beziehung zu haben.

Ach ja? Und die ganzen Streitereien?

Gehören dazu. Dafür steht mehr auf der »Haben«-Seite.

Das ist bei mir anders. Immer, wenn ich mich verliebt habe, war es ein einziges Drama. Ich habe beschlossen, mich lieber auf Freundinnen zu konzentrieren als auf Liebe. Man kann auch ohne Mann glücklich sein.

Natürlich. Aber glaubst du nicht, dass es auch für dich »den Richtigen« geben könnte?

Als ich noch Anfang zwanzig war, habe ich das geglaubt. Aber jetzt, mit Mitte dreißig, bin ich realistischer. Jede Beziehung ist am Anfang rosarot und vielversprechend, aber wenn es darauf ankommt, sich wirklich auf den anderen verlassen zu müssen, bist du verlassen. Das mache ich nicht mehr mit.

Schreiben Sie Tagebuch

Wenn Ihre Figur nicht der Typ für Gespräche ist, verfassen Sie einen Tagebucheintrag, den Ihre Figur geschrieben haben könnte. Je nachdem, wer Ihre Figur ist, könnte das auch ein fiktives Videotagebuch sein, ein Blogartikel, eine lange Textnachricht oder etwas Ähnliches.

Liebes Tagebuch,

heute ist mir wieder einmal klar geworden, warum ich mich nie im Leben verlieben werde. Ich schreibe das jetzt ein für alle Mal auf, damit auch mein zukünftiges Ich im Fall der Fälle wieder zur Vernunft kommt, falls es sich tatsächlich der Versuchung hingeben sollte, sein Herz zu verschenken.

Tu es nicht! Immer, wenn man sich verliebt, wird man enttäuscht. Es gibt keine Ausnahme. Folgendes ist mir heute passiert: …

Auch ein »Schattentagebuch« kann erhellend sein. Lassen Sie Ihre Figur dazu ihre geheimsten Wünsche, Ängste, Träume und Befürchtungen aufschreiben. Ein Schattentagebuch ist der Ort, an dem die Figur brutal ehrlich ist – ehrlicher, als sie es in einem Interview je wäre.

Der schlimmste (All-)Tag

Kennen Sie den Schreibrat »Beschreiben Sie den Alltag Ihrer Figur«? Vergessen Sie ihn! Der Alltag einer Figur ist meistens sehr langweilig und hat viele Neulinge dazu verleitet, Romane mit Szenen zu beginnen, die den Spannungsgrad trocknender Wandfarbe haben.

Dennoch ist es für Sie als Autorin oder Autor interessant, über den Alltag Ihrer Figur *Bescheid zu wissen*. Um das Ganze zu einer spannenderen Schreibübung zu machen, beantworten Sie doch mal folgende Frage anhand einer exemplarischen Szene: Wie würde die schlimmste Variante des Alltags Ihrer Figur aussehen?

Diese Fingerübung wird höchstwahrscheinlich nicht in Ihren Roman einziehen, aber sie hilft Ihnen, sich über die alltäglichen Facetten Ihrer Figuren bewusst zu werden. Machen Sie sich klar,

- wann, wo und wie Ihre Figur morgens erwacht,
- was sie jeden Morgen tut,
- wie ihr Vormittag aussieht,
- was sie isst,
- mit wem sie ihre Tage verbringt,
- welche Herausforderungen sie im Alltag zu meistern hat,
- wie ihr Tagesablauf gestaltet ist,
- was sie abends tut und
- wann und wie sie zu Bett geht.

Das könnte anfangs etwas langweilig wirken:

Der Wecker klingelte an diesem Morgen um sieben Uhr und riss Lydia aus einem wundervollen Traum. Missmutig stellte sie das Ding aus, drehte sich noch einmal um und wäre fast wieder eingeschlummert, doch eine innere Stimme hielt sie davon ab. Es war Montag. Der erste Montag im neuen Jahr. Der erste Montag nach einer endlos wirkenden Ferienphase. Lydia streckte sich und horchte dann in die Stille. Aus dem Nebenraum drang das Klirren von Messern auf Porzellan. Auf die Große war Verlass.

Probieren Sie aus, was passiert, wenn Sie das »Erst passierte A, dann passierte B, dann C«-Schema durch »Erst passierte A, aber dann passierte B, weshalb C passierte« ersetzen:

Der Wecker klingelte an diesem Morgen um sieben Uhr und riss Lydia aus einem wundervollen Traum. Am liebsten hätte sie weitergeschlafen, aber dann wäre sie garantiert zu spät zur Arbeit erschienen, also streckte sie sich und gähnte herzhaft. Sie lauschte. Eigentlich hätte sie, wie jeden Morgen, das Klirren von Messern auf Tellern hören müssen, doch alles war still. Schlagartig war sie wach. Hatte ihre Große etwa verschlafen? Hastig schlüpfte Lydia in die Hausschuhe und hechtete zum Kinderzimmer. Alles war dunkel.

Noch interessanter kann es sein, wenn der Morgen so gar nicht nach Plan läuft:

Der Wecker spielte zum fünften Mal die Melodie von Jeopardy und zum fünften Mal schickte Lydia die Töne ins Nirwana. Sie hatte so einen schönen Traum gehabt, aber jetzt, da sie sich daran erinnern wollte, war er wie ausgelöscht. Ein Streifen Sonnenlicht fiel durch die zugezogenen Vorhänge ihres Schlafzimmers, was seltsam war, da ihr Zimmer keine Vorhänge hatte. Moment. Verschlafen schlug sie die Augen auf. Das hier war nicht ihr Zimmer.

»Na, genug gesnoozt?«, fragte eine raue Stimme direkt neben ihr.

Lydia zuckte zusammen und drehte sich ruckartig um.

Ein etwas zerknautscht aussehender Mann mit dunklem Haar, Bartstoppeln und offensichtlich ohne Oberteil lächelte sie freundlich an. Holy Shit! Lydia fragte sich sofort, ob er eine Hose trug. Erst dann fiel ihr auf, dass sie selbst einen Slip und ein T-Shirt trug – das definitiv nicht ihr eigenes war.

Wie erwähnt, diese Schnipsel werden Sie in der Regel nicht für Ihren Roman verwenden, aber sie können Ihnen helfen, Ihre Figur noch besser kennenzulernen. Erst, wenn Sie ein Gefühl für die *Essenz*, für die wahre Persönlichkeit der Figur, mitsamt aller Gedankengänge, Ecken, Kanten, Schwächen, Stärken, Eigenarten und Meinungen haben, können Sie authentisch in ihren Schuhen laufen.

Aufgabe: Vertiefen Sie Ihre Beziehung zu Ihren Hauptfiguren durch eine der obigen Übungen.

Zusammengefasst:

- ✔ Eine vielschichtige Liebesromanfigur braucht eine nicht verheilte, innere Wunde.
- ✔ Schwächen, innere Konflikte, Stärken und Charaktereigenschaften lassen die Figur lebendiger wirken.
- ✔ Jede Ihrer Figuren glaubt zu Beginn an eine Lüge.

IN DIESEM KAPITEL

Wer in einem Liebesroman der »Antagonist« ist

Welche Figuren Sie in Ihrem Roman brauchen

Wie Sie diese Figuren optimal aufeinander abstimmen

Kapitel 11
Zusammenspiel verschiedener Figuren

Wer ist eigentlich der Antagonist?

In den meisten Romanen gibt es klare Rollenverteilungen: Die Protagonistenfigur (Held oder Heldin) ist auf der »guten Seite«. Sie hat eine Art Auftrag oder ein Ziel, das sie im Laufe des Romans erreichen will, aber es gibt eine mächtige Figur, die sie daran hindert. Die Spannung der Geschichte ergibt sich aus der Frage: »Wird die Heldenfigur es schaffen, ihr Ziel zu erreichen?«

- ✔ Harry Potter hat Voldemort.
- ✔ Frodo Beutlin hat Sauron.
- ✔ Hänsel und Gretel haben die böse Hexe.
- ✔ Simba hat seinen Onkel Scar.
- ✔ Batman hat den Joker.
- ✔ Luke Skywalker hat Darth Vader.

Und so weiter.

In Liebesromanen hingegen ist es oft nicht so einfach, einen Antagonisten auszumachen. Gänzlich ohne kommen Sie jedoch auch nicht aus, denn eine Geschichte, die ausschließlich von inneren Konflikten geprägt ist, leidet in den meisten Fällen unter der Diagnose »fehlende Spannung«. Aber wer kann gegen die Liebe zweier Figuren sein?

Die böse Stiefmutter, der Exmann und andere fiese Figuren

Zunächst einmal gibt es die Möglichkeit, tatsächlich eine Figur (oder mehrere Figuren) zu haben, die der Liebe der Figuren im Wege stehen. In dem Märchen *Aschenputtel* ist das eine böse Stiefmutter, in *Wie ein einziger Tag* ist es das Elternhaus der Protagonistin, in *Liebe und denke nicht an morgen* ist es das klassische Liebesdreieck aus zwei Figuren, die um die Gunst der dritten Figur buhlen.

Je nachdem, wie Sie die Umstände Ihrer Hauptfiguren angelegt haben, bieten sich hier ein Expartner, eine ehrgeizige Führungskraft, überfürsorgliche Eltern, Rivalen oder andere Figuren an.

Achtung, Klischeefalle! Ein Paar kommt sich, nach anfänglicher Antipathie, näher. Die Funken fliegen, sie küssen sich endlich und alles scheint harmonisch zu sein – bis plötzlich der/die Ex auftaucht. Diese Geschichte gibt es bereits tausendfach und ist kaum noch spannend.

Kombinieren Sie verschiedene Ansätze und probieren Sie aus, was passiert, wenn sich andere Figuren gegen die Beziehung stellen. Oder verleihen Sie dem/der Ex einen unerwarteten Charakterzug – zum Beispiel Großzügigkeit. Vielleicht stellt sich heraus, dass diese Figur kein Interesse mehr an der Hauptfigur hat und sich sogar für die neue Liebe freut? Wer oder was könnte der Liebe dann entgegenstehen?

Neben Figuren und inneren Konflikten gibt es aber auch äußere Umstände, die die Liebe erschweren:

- ✔ Örtliche Trennung der Figuren
- ✔ Zeitdruck: Eine der beiden Figuren muss sich innerhalb einer vorgegebenen Zeit in die andere verlieben.
- ✔ Verpflichtungen (Karriere, Familie, ...): Die Figur müsste für die Liebe etwas Wichtiges aufgeben oder Menschen im Stich lassen, die sie liebt.
- ✔ Religion, Status, Gesetze oder »das System«: Die Liebe ist aus einem wichtigen Grund verboten, beispielsweise in einer Mehrklassen-Gesellschaft oder aufgrund verschiedener Religionen, Traditionen etc.
- ✔ Geheimnisse: Eine der beiden Figuren hat ein Geheimnis, das die Liebe zerstören könnte, wenn es herauskommt.
- ✔ Die Natur: Phänomene wie Naturkatastrophen können sich zwischen die Figuren drängen.
- ✔ Technologie: Ähnlich wie das System kann auch Technologie gegen die Liebe sprechen, beispielsweise in Form von Robotern oder einer dystopischen Gesellschaft.
- ✔ Krankheit und Tod: Auch nicht beeinflussbare Krankheiten oder Unfälle können antagonistisch agieren – zwar ohne eigenen Willen, aber als hemmendes Hindernis für die Liebe.

In diesem Fall kann man von »körperlosen Antagonisten« sprechen, aber nur, wenn dieser Konflikt nicht nur in einer einzigen Szene vorkommt (»Heldin gerät in einen Schneesturm und verpasst deshalb ihre eigene Hochzeit in Kapitel 1.«), sondern wenn dieser äußere Umstand die grundsätzliche Liebesgeschichte torpediert. (»Heldin gerät in einen Schneesturm und ist für die nächsten zweihundertfünfzig Seiten mit einem Fremden in einer Hütte eingesperrt, in den sie sich verliebt, obwohl sie doch eigentlich in Kürze heiraten will.«)

Darum reichen innere Konflikte nicht aus

Eine antagonistische Kraft kennzeichnet, dass sie »aktiv« auf die Liebesbeziehung einwirkt: Es gibt vielleicht ein Gesetz, das gegen diese Liebe spricht – und dementsprechend Figuren, die das Gesetz durchsetzen wollen. Sie handeln aktiv, vorsätzlich und – bezogen auf die Liebesbeziehung – zerstörerisch, deshalb sind sie die Antagonisten.

Innere Konflikte hingegen halten die Hauptfigur durch Gedanken und Gefühle davon ab, sich der Liebe zu öffnen. Eine Figur, die Angst davor hat, verletzt zu werden, wird zu viel Nähe vermeiden und sich gegen aufkeimende Gefühle wehren. Aber was genau tut sie? Was ist die Handlung?

Indem Sie antagonistische Kräfte mit inneren Konflikten kombinieren, die äußeren und inneren Ziele konträr anlegen und sich Spannungsmachern wie Zeitdruck und Dilemmata bedienen, erschaffen Sie einen lesenswerten Roman. Keine Sorge, Sie erstellen die Elemente im Verlauf der Lektüre dieses Buches.

Sollte Ihnen nicht einfallen, wer für die Liebesbeziehung eine antagonistische Kraft sein könnte, reicht es möglicherweise auch aus, wenn es Figuren gibt, die Gegner in der »anderen« Geschichte sind. Diese »andere« Geschichte nenne ich hier im Buch entweder die »Kulisse« (siehe Kapitel »Das Setting: Lebendig wie eine Figur«) oder die »Rahmengeschichte« (siehe Kapitel »Wenn die Nebenhandlung zur Haupthandlung wird«). Sie können eine Geschichte konzipieren, in der Ihre Heldin gegen die Schließung der örtlichen Bücherei kämpft (Rahmenhandlung) und sich in eine Figur der Gegenseite verliebt. Der innere Konflikt (die Anfangslüge) steht zwischen ihnen. Der eigentliche Antagonist kann aber theoretisch die Person sein, die die Bücherei schließen will.

Dirigieren Sie Ihr Orchester

Einen Roman zu konzipieren ist, wie ein Orchester zu dirigieren: Für jede Anforderung gibt es das passende Instrument. Nicht alle Instrumente spielen jederzeit in allen Stücken. Die Musik gibt vor, welche Instrumente zum Einsatz kommen und wie viele Personen man dafür braucht. Alle spielen aus dem gleichen Notensatz, aber haben unterschiedliche Einsätze und Melodien. Warum brauchen Orchester überhaupt noch Dirigenten, wenn alles in den Noten steht?

Ein Dirigent oder eine Dirigentin sorgt für Einheitlichkeit. Entscheidungen wie das Tempo, die Dynamik und der Ausdruck werden durch ihn oder sie vorgegeben. Machen Sie sich mal den Spaß und hören Sie sich das gleiche Stück von unterschiedlichen Dirigenten und

Dirigentinnen an – es ist erstaunlich, wie man die Interpretation heraushören kann, selbst man wenig Musikkenntnisse besitzt.

Wie hilft uns dieses Wissen beim Schreiben? *Sie sind die Dirigentin oder der Dirigent und tragen dafür Sorge, wer im Orchester spielen darf, wann sein Einsatz ist, wie er spielt und wie sein Charakter die Geschichte beeinflusst.*

Idealerweise erfüllt jede Figur eine Aufgabe in der Geschichte, indem sie eine gewisse Rolle einnimmt. Im Schreibhandwerk haben sich gewisse Rollen etabliert, an denen Sie sich nach Herzenslust bedienen können. Bleiben Sie auch hier bei der beliebten Regel »So viel wie nötig und so wenig wie möglich«. Nicht jede Rolle muss besetzt werden, im Gegenteil: Zu viele Figuren blähen Ihre Geschichte unnötig auf. Versuchen Sie, Ihre Geschichte mit so wenigen Figuren wie möglich zu erzählen.

Wir sind noch immer in der Planungsphase. Möglicherweise erstellen Sie jetzt Figuren, die Sie später doch nicht brauchen, oder Ihnen fällt später auf, dass noch eine Figur fehlt. Bleiben Sie flexibel für Änderungen.

Das sind die häufigsten Rollenverteilungen im Roman:

Heldin/Held

Die Hauptfigur leitet in der Regel durch die Geschichte und ist heutzutage oft auch die sogenannte »Perspektivfigur«, also die Figur, durch die Ihre Geschichte erzählt wird.

Aus dramaturgischer Sicht gibt es verschiedene Arten von Heldinnen und Helden:

Klassischer Held und klassische Heldin

- ✔ »Guter Mensch«, moralisch gefestigt
- ✔ Oft eine Art »Ritter(in) in weißer Rüstung«
- ✔ Entspricht der Wunschvorstellung, die man von einem Partner oder einer Partnerin hat (natürlich hat die Figur dennoch Schwächen und eine emotionale Wunde)

Alltagsheld/in

- ✔ Eine Figur wie aus dem Leben gegriffen
- ✔ Moralisch in der Regel gefestigt
- ✔ Glaubwürdig, nahbar und die Art Mensch, die man sich als Partner/in wünscht

Außenseiter/in

- ✔ Von der Gesellschaft nicht oder kaum akzeptiert
- ✔ Emotional oft stärker verletzt als Alltagsheld/in und klassische/r Held/in
- ✔ Benimmt sich ungewöhnlich, was wiederum für die andere Hauptfigur interessant sein kann
- ✔ Oft in Büchern mit Vampiren/Werwölfen genutzt und/oder im Dark-Romance-Subgenre

Antiheld/in

- ✔ Figur, die eigentlich auf der »bösen« Seite steht
- ✔ Handelt oft moralisch fragwürdig
- ✔ Überzeugt durch schwarzen Humor und Charme
- ✔ Oft genutzt in Romanen, in denen es um die Gefühle vermeintlicher Bösewichte geht, zum Beispiel wenn sich ein Mafiaboss verliebt

Tragische/r Held/in

- ✔ Hauptfigur mit großem inneren Konflikt, beispielsweise nach außen hin erfolgreich, aber innerlich zerbrochen
- ✔ Häufig mit starkem Trauma oder Schuldgefühlen beladen
- ✔ Möglicherweise zu stark erschüttert, um von der Liebe gerettet zu werden (bei Romanen ohne Happy End, zum Beispiel *Ein ganzes halbes Jahr* von Jojo Moyes)

Schelm

- ✔ Überzeugt durch Cleverness, kann aber manipulierend sein
- ✔ Lebt nach seinen eigenen Regeln und pfeift auf die Gesellschaft
- ✔ Oft verführerisch, mysteriös und geheimnisvoll
- ✔ Oft bringt er andere zum Lachen und Staunen
- ✔ Beispiele: ein Robin-Hood-Typ, Hochstapler oder Zauberer/Magier

Antagonist/Antagonistin

Will entweder genau das Gleiche wie der Held / die Heldin oder genau das Gegenteil. Wirft der Protagonistenfigur aktiv Steine in den Weg. Ist kein innerer Konflikt, kann aber »körperlos« sein (siehe oben). Jede Geschichte sollte mindestens eine antagonistische Kraft haben, beispielsweise in Form von Figuren, die gegen die Beziehung sind, oder als Personifizierung von Systemen, Gesetzen etc.

Beispiele: Expartner/in, Konkurrent/in, Familienmitglied, Oberhaupt einer Organisation, …

Sidekick

Die Vertrauensperson der Protagonistin oder des Protagonisten, die immer loyal zu ihm steht. Zwar zweifelt der Sidekick ab und zu mal am Verstand des Helden oder der Heldin, und es gibt durchaus Streit und Konflikte, aber am Ende kann man sich immer auf den Sidekick verlassen.

Im Liebesroman ist das häufig eine beste Freundin oder ein bester Freund.

Beispiele: Freund/in, Kollege/Kollegin, Mitbewohner/in, Nachbar/in, …

Love Interest

Das Gegenstück zur ersten Hauptperson. Beide Figuren des Liebespaares sind jeweils das »Love Interest« des anderen. Manchmal gibt es auch weitere Kandidaten oder Kandidatinnen, beispielsweise bei einer Dreiecksgeschichte.

Im Liebesroman haben wir in der Regel zwei Hauptfiguren, die jeweils das »Love Interest« des anderen sind. Ich bezeichne sie als P1 und P2.

In Romanen anderer Genres gibt es oft nur eine Protagonistenfigur und ein Love Interest. Letzteres bekommt in der Regel aber keinen eigenen Erzählstrang.

Mentor/in

In Liebesromanen gibt es diese Figur nicht immer – wägen Sie also ab, inwiefern Sie sie wirklich brauchen. Oft sind Mentoren das gute Gewissen der Heldin und des Helden. Meistens handelt es sich hierbei um einen Charakter, der selbst schon die Entwicklung durchgemacht hat, vor der der Protagonist beziehungsweise die Protagonistin noch steht (das unterscheidet ihn auch oft vom Sidekick). Mentoren kommen in den meisten Fantasy-Romanen vor.

Beispiele: Familienmitglied, das in gleicher Situation war, eine alte Nachbarin, ein geschiedener Kollege, eine Person aus dem Internet, der Dorfälteste, ein Orakel, …

Handlanger beziehungsweise weitere antagonistische Kraft

Die rechte Hand des Antagonisten / der Antagonistin. Oft ist diese Figur noch unberechenbarer, brutaler und gemeiner als der Antagonist selbst. In Mehrteilern tritt auch oft zunächst ein Handlanger als Gegner in Band 1 auf, während der wahre Antagonist erst in späteren Bänden in Erscheinung tritt. Handlanger werden Sie eher in der Rahmenhandlung einsetzen und weniger direkt in der Liebesgeschichte.

Beispiele: Eine intrigante Figur, die Gerüchte streut, um die Liebesbeziehung zu zerstören, oder eine Figur, die eine Bedrohung in der Beziehung sieht und deshalb auf Geheiß des Antagonisten handelt.

Herold

Überbringt Nachrichten, kündigt Veränderungen an oder kann im Liebesroman als »Amor« fungieren – gewollt oder ungewollt. Diese Rolle kann auch in Kombination mit einer anderen besetzt werden, beispielsweise wenn in einer »Office Romance« die Chefin zwei konkurrierende Angestellte zu gemeinsamen Überstunden verdonnert (unfreiwilliger Amor), aber später die Beziehung zerstören will (Antagonist).

Gestaltwandler (manchmal auch: Spion)

Beim Gestaltwandler weiß man nie so hundertprozentig, auf wessen Seite er steht und ob man ihm vertrauen kann. Manchmal erscheinen sie auch als etwas anderes, als sie tatsächlich sind. Im Liebesroman in der Regel nur dann besetzt, wenn es um Identitäten geht. Kann mit der Hauptfigur besetzt werden, wenn es passt.

Beispiele: Eine Figur, die »nur befreundet sein will«, aber tatsächlich im Auftrag von jemandem handelt, um die Beziehung zu stören. Oder eine der beiden Liebespaar-Figuren, die ihre wahre Identität verschleiert.

Wächter/in (manchmal auch »Schwellenhüter« genannt)

Die Wächter/Wächterinnen sind oft die erste Prüfung für den Protagonisten, ehe die Reise für ihn so richtig losgehen kann. Sie stehen an der Grenze zwischen dem Abenteuer des Helden / der Heldin und dem alten Leben. Wer sich als würdig erwiesen hat, lassen sie passieren. In Liebesromanen kann das auch einfach eine Person sein, die den Kontakt zum Angebeteten verhindert und »überwunden« werden muss. Damit verschmilzt diese Rolle auch oft mit der Antagonistenfigur oder dem Handlanger.

Komische Figur (auch: Narr, Harlekin oder Comic Relief)

Wenn diese Figur auftritt, weiß man, dass irgendetwas passiert. Oft handelt die Figur aus einem guten Antrieb heraus, es passieren aber Missgeschicke. Diese Figur kann beispielsweise tollpatschig oder besonders naiv sein und deswegen falsche Dinge aus guter Absicht tun. Sie sorgt für Lacher, kann aber durchaus mit einer ernsten Botschaft behaftet sein. Sie kann Hauptfigur sein, ist in der Praxis aber oft eher im Sidekick zu finden. Diese Figur können Sie reinbringen, wenn Ihr Roman tendenziell (zu) düster ist, aber dennoch einen gewissen Grad an humorvoller Unterhaltung haben soll. Die komische Figur sorgt dafür, dass die Stimmung nicht zu depressiv oder hoffnungslos wird.

Beispiele: Ein tierischer Begleiter, der Chaos stiftet, eine tollpatschige oder übermotivierte Freundin (wie Sookie in Gilmore Girls *oder Shazza in* Bridget Jones *– wobei Bridget selbst auch eine komische Figur ist), Figuren, die Streiche spielen oder ziemlich naiv sind. Der Esel in* Shrek *und Schneemann Olaf in* Die Eiskönigin – Völlig unverfroren *sind bekannte Vertreter.*

Außerdem gibt es generelle **Freunde und Feinde** des Protagonisten, die oft der Authentizität dienen.

Aufgabe: Erstellen Sie eine Liste mit möglichen Figuren für Ihren Roman. Von welchen Figuren wissen Sie bereits? Natürlich werden im Laufe der Planung weitere hinzukommen.

Erstellen Sie ein »Figurennetz«

Es gibt Romane, in denen nur eine oder zwei Figuren auftreten. Der Liebesroman *Gut gegen Nordwind*, ein Briefroman in E-Mail-Form, spielt sich beispielsweise ausschließlich zwischen den beiden Figuren ab, die zum Liebespaar werden sollen.

Dann gibt es Romane, in denen zwanzig und mehr Figuren auftauchen. In einigen *Regency*-Büchern ist das so, weil sie in einer Zeitepoche spielen, in denen es Gutsherrschaften mit vielen Kindern und Bediensteten gab. Die Buchreihe *Bridgerton* wäre hier ein Beispiel, die in acht Bänden das Leben von acht Geschwistern thematisiert.

Jede Figur in der Geschichte sollte einen »Nutzen« haben. Machen Sie sich klar, warum es diese Figur geben muss. Wenn es sie nicht geben muss, um die Geschichte zu erzählen, brauchen Sie sie in der Geschichte nicht.

Um sich einen Überblick über Ihre Figuren zu verschaffen, empfehle ich Ihnen, ein »Figurennetz« zu erstellen. Damit können Sie auf einen Blick sehen, ob es überflüssige Figuren gibt.

Nehmen Sie sich dafür ein leeres Blatt Papier und notieren Sie zunächst – wenn noch nicht geschehen – in einer Liste, an welche Figuren Sie für Ihren Roman gedacht haben.

Anschließend versuchen Sie auf einem neuen Blatt Papier, die Beziehungen und Konflikte darzustellen. Das können Sie mit einer Mindmap oder einem Netz machen, als würden Sie Ahnenforschung betreiben oder einen Mörder suchen und eine Verbindung zwischen den Opfern herstellen wollen. Je nachdem, in welche Rolle Sie sich lieber hineindenken wollen.

Ihre erste Aufgabe dabei: Finden Sie heraus, ob alle Figuren wirklich nötig sind, um die Geschichte zu erzählen, die Sie (grob) im Kopf haben.

Fragen Sie sich, wie es die Geschichte verändern würde, wenn Sie weitere Verbindungen untereinander schaffen würden.

Probieren Sie aus, was es mit Ihrer Geschichte macht, wenn Sie die Beziehungen der Figuren zueinander verändern. Insbesondere bei vermeintlich klischeehaften Geschichten können Sie damit Originalität erzeugen.

Aufgabe 1: Erstellen Sie ein Figurennetz. Prüfen Sie, ob jede dieser Figuren für die Geschichte gebraucht wird oder ob man sie streichen könnte, ohne dass es größere Auswirkungen hätte.

Aufgabe 2: Testen Sie, wie sich die Geschichte verändert, wenn Sie die Beziehungen der Figuren untereinander unterschiedlich kombinieren. Bleiben Sie glaubhaft.

Apropos Klischee: Wie vermeidet man eigentlich Klischees und wann ist es gut, welche zu haben? Das lernen Sie im nächsten Kapitel.

Zusammengefasst:

- ✔ Der Antagonist im Liebesroman ist oft nicht-körperlich.
- ✔ Eine antagonistische Kraft (gegebenenfalls in der Rahmenhandlung) sorgt für Spannung.
- ✔ In Ihrem Roman nehmen Figuren verschiedene Rollen ein.
- ✔ Ein Figurennetz kann helfen, die Beziehungen untereinander besser zu verstehen.

IN DIESEM KAPITEL

Welche Klischees Sie vermeiden sollten, um origineller zu wirken

Typische Klischees bei Figuren

Typische Klischees bei Plots

Kapitel 12
So vermeiden Sie klischeehafte Figuren

Leserinnen (und ein paar Leser) verschlingen Liebesgeschichten wie gute Schokolade, aber wenn die Zutaten irgendwie altbacken schmecken, bleiben die letzten Pralinen in der Schachtel, werden nach hinten geschoben und vergessen. Genau das passiert auch bei klischeehaften Liebesromanen – die Leserinnen und Leser merken es, wenn sie die Story schon tausendmal gelesen haben, und legen das Buch ungelesen weg (mit Ausnahme von Heft- oder Groschenromanen, die Leserinnen und Leser genau deshalb kaufen, weil sie wissen, was passiert). Andererseits drehen sich alle Liebesromane letztlich immer um die ähnliche Fragen und Themen. Wie soll man da etwas Neues erfinden?

Um Klischees in den Figuren, der Handlung und sogar in der Sprache zu vermeiden, sollten Sie sich zunächst damit beschäftigen, was gemeinhin als Klischee wahrgenommen wird. Das ist für jedes Subgenre des Liebesromans etwas anderes. Die folgende Liste kann daher nur einen Ausgangspunkt für Ihre weiteren Recherchen bieten.

Klischeehafte Figuren im Liebesroman

- ✔ Der arrogante Millionär mit dunkler Vergangenheit (Überraschung: Ihm wurde mal das Herz gebrochen, weshalb er jetzt niemandem mehr vertrauen kann. Natürlich muss er nur die »wahre Liebe« finden, um dieses psychische Trauma zu heilen. Therapie wird überbewertet.)
- ✔ Die naive, unschuldige Heldin, die immer tollpatschig ist, aber gerade deshalb so liebenswert erscheint

- Das Mauerblümchen – natürlich noch Jungfrau, egal, wie alt sie ist –, das nur durch ein Makeover für ihre Umwelt attraktiv wird und somit endlich »gut genug« ist, um geliebt zu werden. Gerade sie ist natürlich diejenige, die den bestaussehenden Typen der Schule (der Stadt, der Welt) abbekommt.
- Der wortkarge Bad Boy, der durch die Liebe »gerettet« wird (weil eine Therapie, wie erwähnt, völlig überbewertet wird …)
- Die zickige Rivalin, deren einziger Zweck es ist, die Protagonistin schlecht aussehen zu lassen. Außerdem ist sie natürlich äußerst attraktiv, hat eine Horde Verehrerinnen und Verehrer hinter sich und versteht gar nicht, warum nicht jeder Mensch auf der Welt ihr zu Füßen liegt.
- Der beste Freund, der heimlich verliebt ist, aber immer in der »Friendzone« bleibt
- Die erfolgreiche Geschäftsfrau, die alles im Griff hat, nur ihr Liebesleben nicht

Klischeehafte Handlungen = Tropes?

Manche Handlungen in Liebesromanen kommen so oft vor, dass sie ihre eigenen Namen bekommen haben, was sich unter dem Oberbegriff »Tropes« zusammenfassen lässt. Leserinnen und Leser suchen teilweise gezielt nach bestimmten Tropes, um genau solche Geschichten zu lesen. Es ist deshalb nicht empfehlenswert, auf Krampf zu vermeiden, erfolgreiche Ideen als Basis zu nutzen. Ihr Roman wird zu einem Spiel mit den Erwartungen der Leserschaft – ein Spiel, dessen Regeln Sie kennenlernen sollten. Wie das geht? Lesen Sie querbeet in Ihrem gewählten Subgenre, um die Konventionen kennenzulernen, und außerhalb dieser Grenzen, um Ihren Horizont zu erweitern.

Eine Liste mit möglichen Tropes finden Sie im Kapitel »So finden Sie eine passende Idee für Ihre Geschichte«.

Aufgabe: Durchstöbern Sie im Internet die Rezensionen von Liebesromanen, die dem ähnlich sind, was Sie gerne schreiben wollen. Orientieren Sie sich an Ihrem gewählten Subgenre. Was wird in den schlechten Rezensionen kritisiert? Was wird in den guten gelobt? Notieren Sie sich die Erwartungshaltungen und wägen Sie ab, wie viel Klischee in diesem Subgenre vertretbar ist.

»Liebe überwindet alles« – Oder doch nicht?

Ich habe bereits im Kapitel über Diversität festgehalten, mit welchem Beigeschmack heutzutage Geschichten konsumiert werden könnten, in denen die Hauptfigur – meistens die Frau – sich erst so verändern muss, dass sie gesellschaftlich als »hübsch« akzeptiert wird, ehe die Beziehung zu ihrem Traummann klappt (der natürlich schon hübsch genug ist). Ist das wirklich die Botschaft, die Sie Ihrer Leserschaft mitgeben wollen?

Nun kann man argumentieren, die Protagonistin würde innerlich wachsen, indem sie ihre Komfortzone verlässt und selbstbewusster wird, wenn sie ein sexy Kleid anzieht – und das kann durchaus stimmen. Aber wird diese Motivation (persönliches Wachstum) beim

Lesen deutlich? Oder geht es ihr nicht doch in erster Linie darum, mit dem Schönheitsideal der Gesellschaft mithalten zu können, um geliebt zu werden? **Sie entscheiden das durch die Art und Weise, wie Sie Ihre Geschichte erzählen und die Gedanken der Figuren reflektieren.**

Eine Liebesgeschichte sollte zeigen, dass es sich lohnt, die eigenen Ängste zu überwinden und der Liebe eine Chance zu geben, trotz aller Risiken, die damit verbunden sind.

Leider gibt es aber viele Liebesromane und Liebesgeschichten, in denen insbesondere der jungen Leserschaft suggeriert wird, Liebe würde **alle** Arten von Problemen lösen, selbst psychische Traumata. Ehe Sie sich versehen, haben Sie eine Geschichte konzipiert, in der eine Figur nur glücklich wird, wenn sie

- ✔ in einer Liebesbeziehung ist,
- ✔ für den Liebsten oder die Liebste ihr Äußeres oder Inneres verändert, um geliebt zu werden (also nicht per se liebenswert ist) oder
- ✔ alles für die andere Person aufgibt, auch eigene Wünsche und Bedürfnisse.

Sie werden mir hoffentlich zustimmen: Das ist nicht die Art Beziehung, die wir als erstrebenswert vorleben wollen. Und doch liest man derartige Geschichten gerade im Liebesroman-Genre immer wieder. Diese Darstellung hinterlässt Spuren, ob Sie wollen oder nicht. Leserinnen und Leser, die selbst mit Unsicherheiten zu kämpfen haben, könnten glauben, dass sie erst »würdig« für wahre Liebe sind, wenn sie aussehen wie ein Model. Das ist nicht nur toxisch, sondern auch unrealistisch. Niemand sollte sich verändern müssen, um geliebt zu werden.

Liebe ist bedingungslos.

Attraktivität nicht.

Verwechseln Sie diese beiden Begriffe nicht, wenn Sie Ihre Geschichte bauen.

Machen Sie sich bei aller kreativen Freiheit bewusst, welche Botschaften Sie zwischen den Zeilen vermitteln – ob vorsätzlich oder nicht. Würden Sie Ihrer jugendlichen Tochter oder Enkelin diese Art Beziehung als Vorbild zeigen wollen? Wenn nicht, überlegen Sie sich gut, warum Sie sich für diese Geschichte begeistern und ob Sie Änderungen vornehmen möchten.

»Aus großer Macht folgt große Verantwortung«, hieß es nicht nur bei Spider-Man, sondern angeblich schon bei Voltaire. Romane beeinflussen Menschen. Nutzen Sie diese Macht weise. Das kann bedeuten, Triggerwarnungen einzubauen oder passende Worte am Anfang oder Ende des Romans einzufügen.

Gleichzeitig wäre es auch nicht richtig, ausschließlich »korrekte« Geschichten zu schreiben, wenn Sie eigentlich etwas anderes erzählen wollen. Wie können Sie diesen Spagat schaffen?

Tipp 1: Innere Entwicklung vor äußerer Veränderung

Anstatt Ihre Figur in einen Beauty-Salon zu schicken, lassen Sie sie eine innere Reise antreten. Vielleicht lernt sie, ihre eigenen Stärken zu erkennen, ihre Vergangenheit zu akzeptieren oder sich selbst zu vergeben. Eine starke, selbstbewusste Figur ist interessant und ein mögliches Vorbild. Vielleicht erkennt Ihre Figur durch die vorherigen Erlebnisse mit der anderen Hauptfigur, dass es Zeit ist, alte Traumata mit der Unterstützung von Profis anzugehen?

Oder Ihre Figur ändert sich zunächst für jemanden und stellt dann fest, dass das nicht der richtige Weg für sie ist?

Tipp 2: Machen Sie Ihre Figuren vielschichtig und divers wie das Leben selbst

Brechen Sie die Normen auf! Ihre Protagonistin muss nicht schlank, jung und attraktiv sein, um liebenswert zu wirken. Schreiben Sie Figuren, die so vielfältig sind wie das Leben selbst: kurvige Figuren, Menschen mit Behinderungen oder Narben, trans Menschen und so weiter. Schulen Sie auch Ihr eigenes Auge, wenn es darum geht, Schönheit in jedem Menschen zu sehen!

Tipp 3: Liebe als Akzeptanz

Zeigen Sie, dass wahre Liebe nicht bedeutet, jemanden zu verändern, sondern ihn so zu akzeptieren, wie er ist.

Tipp 4: Klischees mit Humor aufbrechen

Finden Sie den Mut, typische »Schönheitsmomente« aus Film und Fernsehen zu parodieren. Humor ist ein wunderbares Mittel, um Klischees aufzuzeigen und gleichzeitig zu unterhalten.

Tipp 5: Ein Schwan war schon immer ein Schwan

Lassen Sie Ihre Protagonistin von Anfang an wunderschön sein – auf ihre eigene Weise. Vielleicht liebt sie es, in bequemen Klamotten zu stecken, oder sie bevorzugt schlichte Eleganz. Der Punkt ist: Sie muss sich nicht verändern, um endlich »würdig« zu sein. Ein Schwan ist auch dann ein Schwan, wenn er noch kein weißes Federkleid hat.

Inspirierende Beispiele aus der Literatur

Es gibt bereits tolle Beispiele für Liebesromane, die positive Botschaften senden und durch einzigartige Figuren inspirieren:

- ✔ *Ich, Eleanor Oliphant* von Gail Honeyman: Eleanor ist alles andere als perfekt – sie ist sozial unbeholfen, hat ein Trauma und zieht flache Schuhe High Heels vor. Und dennoch findet sie Freundschaft und Liebe, weil sie lernt, sich selbst zu akzeptieren.

- *Kissing Lessons* von Helen Hoang: Stella, die Protagonistin, lebt mit Autismus und ist alles andere als ein typisches Liebesroman-Klischee. Ihre Beziehung entwickelt sich nicht trotz, sondern dank ihrer Eigenheiten.
- *Fangirl* von Rainbow Rowell: Cath, die Heldin, ist introvertiert, ein wenig nerdig und kein Fashion-Victim, stattdessen schreibt sie Fanfictions. Viele Leserinnen haben sich mit ihr identifiziert und loben, wie die Schüchternheit der Figur umgesetzt wurde.

Liebesromane haben das Potenzial, unsere Vorstellung von Liebe zu formen. Nutzen Sie dieses Potenzial, um Botschaften zu verbreiten, die Mut machen, inspirieren und die Leserschaft dazu ermutigen, sich selbst zu lieben. Geben Sie Ihren Figuren Tiefe und Vielfalt, und lassen Sie sie zeigen, dass wahre Liebe nichts mit äußeren Veränderungen zu tun hat.

»Liebe überwindet alles« kann eine ermutigende Botschaft sein. Prüfen Sie aber, ob sie zur Lebensrealität der Figuren passt und wie die Erwartungen der Zielgruppe sind.

Nun haben Sie also eine Idee, die Sie kribbelig macht, und passende Figuren, um die Geschichte zu erzählen. Zeit, beides in einer spannenden Geschichte zusammenzubringen.

Zusammengefasst:

- Finden Sie die typischen Klischees für das Subgenre, in dem Sie schreiben, und überlegen Sie, was Sie anders machen wollen und was nicht.
- Attraktivität und Liebe sind unterschiedliche Dinge.
- Lassen Sie Ihre Figuren zuerst eine innere Entwicklung durchmachen, ehe sie sich äußerlich verändern.

IN DIESEM KAPITEL

Wie Sie mit der Girlandenmethode plotten

Welche Meilensteine Ihre Geschichte braucht

Schritt-für-Schritt-Anleitung für Ihren Liebesroman

Kapitel 13
Aufbau eines Liebesromans nach der Girlandenmethode

Ich bin kein Dekorationsprofi, aber wenn wir zu Hause etwas zu feiern haben, dann wird der Raum geschmückt: mit Ballons, Luftschlangen, Pompons, Tischdecken – und mit Girlanden. Wenn Sie einen Liebesroman planen, dann ist das, als würden Sie eine Girlande basteln.

Die Girlandenmethode

Ihre Girlande ist zunächst einmal in vier einzelne Bereiche aufgeteilt:

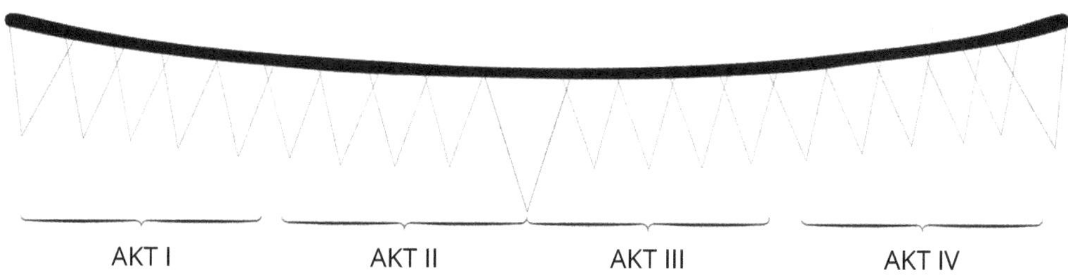

Abbildung 13.1: Girlandenmethode in vier Akten

Das sind die Phasen (Akte), die die Hauptfiguren hinsichtlich der Liebesgeschichte durchlaufen werden.

Damit die Girlande ästhetisch ansprechend aussieht und nicht an einer Seite herunterhängt, fügen Sie in jedem Akt die gleiche Anzahl an Wimpeln hinzu, nämlich **fünf Stück**.

Der in der Mitte darf dabei ruhig ein bisschen besonders sein. Anfang und Ende der Girlande sollten das gleiche Gewicht haben.

Sie denken nun vielleicht, dass jeder Wimpel ein Kapitel oder eine Szene darstellt, aber das ist nicht ganz korrekt: *Ein Wimpel ist ein* ***Meilenstein*** *innerhalb der Liebesgeschichte.*

Manchmal ist ein Meilenstein eine Szene. Manchmal besteht ein Meilenstein auch aus mehreren Szenen oder Kapiteln. Vertrauen Sie mir: Das klingt alles komplizierter, als es ist.

Die Girlandenmethode ist flexibel

Manchmal erzählen Sie die Liebesgeschichte vielleicht nur aus einer Perspektive und wollen den Anfang straffen. Oder Sie stellen fest, dass Sie zwischen dem Meilenstein 16 und 17 mehr Szenen brauchen als zunächst angenommen. Mit der Girlandenmethode ist das kein Problem. Sie können jederzeit kleine *Pompons (Szenen)* zwischen die Wimpel setzen, solange Sie alle Wimpel in Ihrer Geschichte berücksichtigen. Wichtig ist nur, am Ende alle 19 Meilensteine eingebaut zu haben (oder 20, wenn Sie einen Epilog schreiben wollen. Der ist freiwillig, wird aber oft ganz gerne gelesen).

Berücksichtigen Sie alle 19 bis 20 Meilensteine, um einen lesenswerten Liebesroman zu erstellen. Die Übersicht aller Wimpel können Sie jederzeit der Schummelseite am Anfang entnehmen.

Ob Sie 19 oder 29 Meilensteine einplanen sollten, wissen Sie, wenn Sie dieser Anleitung bis zum 20. Meilenstein folgen.

Bevor ich auf die einzelnen Meilensteine eingehe, möchte ich eine Sache aufklären, die immer wieder fälschlicherweise angenommen wird:

Plotten oder Pantsen? Das große Missverständnis

»Plot« ist die amerikanische (und hierzulande auch gängige) Bezeichnung für die Handlung Ihres Romans, wie sie im Roman zu lesen ist. Ich übersetze es im Folgenden oft mit »Handlung«, damit Sie es besser verstehen können.

Genau genommen ist es aber so: Es gibt die »Story« – das ist das, was von A bis Z passiert ist, wenn man sich mit Abstand alles betrachtet.

Und der »Plot« ist die Art und Weise, wie Sie von dieser Story erfahren, also die Struktur der Geschichte einerseits und die Handlung andererseits. Wir bleiben im Folgenden aber bei der einfachen Erklärung, dass mit »Plot« die Handlung gemeint ist.

Seit es Geschichten gibt, wird immer wieder die Frage gestellt, die die Schreibzunft spaltet: Plotter oder Pantser? Langjährige Freundschaften können an der Frage zerbrechen, welche

Herangehensweise die richtige ist: Sich einen Handlungsplan zurechtzulegen (plotten) oder nach Bauchgefühl zu schreiben (pantsen, aus dem Englisch »by the seat of one's pants« = aus dem Bauch heraus).

Mit dem kreativen Schreiben ist es so wie mit Ihrer Reiseplanung nach Rom: Alle Wege sind möglich. Vielleicht gibt es eine Idee, die Sie nachts wachhält, weil es »dazu unbedingt einen Roman geben müsste«. Oder Sie führen imaginäre Gespräche mit einer interessanten Figur, die perfekt für eine Liebesnovelle wäre (ich erwähne es noch einmal: Achten Sie darauf, nicht zu laut zu sprechen, sonst werden Sie mitunter komisch angesehen. Ja, ich spreche aus Erfahrung). Es ist völlig egal, ob Sie mit einer Idee, einer These, mit Figuren oder einer halb fertigen Geschichte starten.

- ✔ Sie können sich bereits vor dem ersten Satz einen Plan zurechtlegen und Ihre Geschichte mithilfe dieser Abschnitte in der Theorie durchplanen (= plotten)
- ✔ Sie können auch ohne weitere Überlegung einfach zu schreiben anfangen und die Meilensteine als kleine Markierungspunkte in Griffweite haben, um sich in Ihrer Geschichte nicht zu verlieren (Figuren haben nämlich die Angewohnheit, ein Eigenleben zu entwickeln und dann nicht mehr das zu tun, was wir für sie überlegt hatten. Das kann mitunter interessante, neue Geschichten hervorbringen, führt aber gerade Anfänger/innen oft in Blockaden).
- ✔ Oder Sie schreiben Ihren Liebesroman ohne Hilfsmittel nur nach Bauchgefühl und legen während der Überarbeitung die Meilensteine wie eine Schablone darüber, um zu sehen, ob möglicherweise ein Teil zu lang geraten ist oder ob die Geschichte an Dynamik, Konflikt und Spannung gewinnt, wenn Sie Szenen umstellen, streichen oder hinzufügen.

Das Schöne an dieser Art der Planung ist, dass Sie in der Umsetzung völlig frei sind, *solange Sie alle Wimpel in Ihre Girlande aufnehmen.*

Szenario 1: Sie haben konkrete Ideen

Sie haben bereits eine genaue Idee von Ihren Figuren und der Geschichte? Dann gehen Sie einfach Meilenstein für Meilenstein durch und legen Sie fest, was passieren wird. Oder schreiben Sie die Geschichte gleich auf.

Viele Anfängerinnen und Anfänger meiden einen soliden Plan und ärgern sich später über die viele Mühe bei der Überarbeitung. Wenn Sie noch nie einen Roman geschrieben haben, empfehle ich Ihnen, einen Plot-Plan zu erstellen, auf dem die Meilensteine festgelegt sind. Beim Schreiben können Sie dann flexibel Änderungen vornehmen.

Szenario 2: Sie kennen Anfang und Ende

Sie kennen Ihre Figuren und wissen, wie sie sich am Ende für ihre Beziehung entscheiden sollen, aber Ihnen fehlt der Anfang oder die Mitte? Kein Problem: Füllen Sie zuerst das Ende aus und arbeiten Sie sich dann durch die Abschnitte. Es ist auch möglich, Meilensteine erst einmal »leer« zu lassen und erst dann ihren Inhalt festzulegen, wenn Sie beim Schreiben an diesem Punkt angekommen sind.

Sie wollen keinen Plan festlegen? Dann formulieren Sie wenigstens das Ende im Vorfeld. Dadurch haben Sie während der Entwurfsphase immer ein klares Ziel vor Augen, auf das Sie hinschreiben können.

Für die Girlandenmethode ist es unerheblich, in welchem Subgenre Ihre Geschichte angesiedelt ist. Die Meilensteine verändern sich in ihrer Reihenfolge nicht oder nicht wesentlich. Lediglich der Inhalt, mit dem Sie sie füllen, bestimmt, was für eine Art Geschichte Sie am Ende vor sich haben. Die Girlandenmethode ist wie eine Backform: Sie können damit einen Kuchen backen, aber Sie bestimmen selbst mit welchen Zutaten.

Legen Sie das Wichtigste vorab fest

Viele Autorinnen und Autoren stellen nach dem Schreiben ihres ersten Romans fest, wie sinnvoll es gewesen wäre, im Vorfeld ein paar Dinge festzulegen. Damit Sie im Anschluss weniger intensiv überarbeiten müssen, lassen Sie uns an dieser Stelle grundsätzliche Elemente Ihrer Geschichte festlegen:

Kotzen Sie sich erst mal aus

Wenn Sie zum ersten Mal einen Roman schreiben, schlage ich Ihnen vor, sich voll und ganz »auszukotzen« – metaphorisch, natürlich. Sei es auf Papier, in den Handynotizen, diktiert oder mit Meißel und Stein: Notieren Sie alles, was Sie an Ideen für die zu schreibende Geschichte in sich tragen. Zensieren Sie nichts, bewerten Sie nicht. Dieser Schritt ist wertungsfreies Brainstorming. In den letzten Kapiteln haben Sie ja (hoffentlich) schon einiges zusammengetragen. Nicht alles davon wird es tatsächlich später in Ihre Geschichte schaffen, aber Sie bauen sich damit eine Grundlage, von der aus Sie den nächsten Schritt gehen können. Es wird mitunter chaotisch aussehen, Sie werden Ideen verwerfen, Dinge durchstreichen, neu schreiben, wieder verwerfen, zu viel Kaffee trinken und trotzdem irgendwie Spaß haben.

Wenn Sie den Kapiteln in diesem Buch chronologisch gefolgt sind, dann haben Sie das im Grunde bereits hinter sich gebracht und sollten mittlerweile eine Idee und passende Figuren haben. Gehen Sie gerne noch mal durch Ihr Inspirationsbuch und schauen Sie, ob sich noch neue Ideen für eine Handlung aufgetan haben.

Merkliste:

- ✔ Eine Liebesgeschichte besteht aus 19 bis 20 Meilensteinen, von denen alle Einzug in Ihre Geschichte finden sollten. (Nr. 20 ist ein optionaler Epilog, den Sie nicht zwingend brauchen, der aber oft ein befriedigendes Ende darstellt.)
- ✔ Sie entscheiden, ob Sie sich im Vorfeld einen Plan zurechtlegen möchten.

Entscheiden Sie sich für eine grundsätzliche Erzählstruktur

Bei so viel Auswahl an Subgenres, Tropes, Kulissen, Settings, Rahmenhandlungen und so weiter kann man sehr schnell überfordert werden.

Um Ihnen die Auswahl für Ihren ersten Liebesroman zu erleichtern, stelle ich Ihnen die beiden beliebtesten Muster zur Auswahl, von denen Sie eines für Ihre Geschichte auswählen:

✔ ***Variante 1: »Ich hasse dich. Ach, nein, doch nicht.« (Enemies to lovers)***

Zu Beginn Ihrer Geschichte haben Sie (mindestens) zwei Figuren, die sich kennenlernen und verabscheuen oder aus triftigen Gründen eine Beziehung zueinander völlig ausschließen, obwohl sie sich trotzdem irgendwie anziehend finden. Vielleicht gibt es eine Familienfeindschaft oder Vorurteile zwischen den beiden oder die Ehe wird gesellschaftlich erzwungen. Im zweiten Akt lernen sie sich – oft gegen ihren Willen – näher kennen und stellen fest, wie gut sie zusammenpassen. Ungefähr in der Mitte des Romans gibt es einen Wendepunkt, der ihnen bestätigt: »Ich wusste ja gleich, dass das nichts wird. Ich hasse ihn/sie«, und sie trennen sich. Nach einer für beide wichtigen Selbsterkenntnis erkennen sie ihre wahre Liebe zueinander und finden in einem emotionalen Finale wieder zusammen.

✔ ***Variante 2: »Ich liebe dich, aber es geht nicht.«***

Die andere Variante einer Liebesgeschichte beginnt direkt mit dem Verliebtsein. Die Figuren treffen sich, verlieben sich und alles scheint in Ordnung zu sein, bis sie – aus welchen Gründen auch immer – getrennt werden. Im zweiten Akt wird diese junge Liebe stark auf die Probe gestellt und sie sind in der Regel auch örtlich voneinander getrennt. Erst nach dem Wendepunkt kommt es zu einer Wiedervereinigung, die jedoch wiederum zerbricht, weil mindestens eine der Figuren ihre Ängste noch nicht ganz überwunden hat und einen Rückzieher macht. Sie sind erneut getrennt, dieses Mal nicht nur örtlich, sondern auch emotional.

Dann kommen ein wichtiger Moment der Selbsterkenntnis und ein emotionales Finale, bei dem beide ihre Liebe über die Angst stellen.

»Aber dann erzähle ich ja eine Geschichte, die schon tausendfach erzählt wurde!«, könnten Sie einwenden. Ich verrate Ihnen ein Geheimnis: Die Girlandenmethode basiert auf einem ganz normalen Vierakter. Acht von zehn Romanen, die Sie lieben, lassen sich auf eine solche Struktur herunterbrechen, und trotzdem ist jede von ihnen einzigartig.

Da es Ihre Geschichte ist, können Sie auch tun und lassen, was Sie wollen.

Spielen Sie mal mit einer der beiden Varianten herum und lassen Sie einfach auf sich wirken, wie Ihr Roman in diesem Fall aussähe. Wenn es Ihnen nicht gefällt, dann können Sie jederzeit Änderungen vornehmen!

Eine Vorlage wie diese zu nehmen, ist nicht wie »Malen nach Zahlen«, wo am Ende alle Bilder gleich aussehen, sondern es wie beim Aktzeichnen: Zwar sehen alle Künstlerinnen und Künstler auf die gleiche Vorlage, aber am Ende hat jede und jeder sein eigenes Kunstwerk geschaffen und die Vorlage für sich interpretiert.

Aufgabe: Notieren Sie auf einem Medium Ihrer Wahl alles, was Ihnen zu der Geschichte einfällt, die Sie erzählen wollen: Gedankenfetzen, Szenen vor Ihrem inneren Auge, Figuren, Orte, Konflikte, Tropes, … Hören Sie auf, wenn Ihnen nichts mehr einfällt.

Überlegen Sie anschließend, ob diese Idee einer Geschichte besser zu Variante 1 (»Ich hasse dich. Ach, nein, doch nicht«) oder zu Variante 2 (»Ich liebe dich, aber es geht nicht«) passen würde.

Wählen Sie, falls noch nicht geschehen, Ihr Subgenre und mögliche Tropes

Die Wahl Ihres Subgenres hat großen Einfluss auf den Aufbau der Geschichte, weshalb Sie diesen Punkt vorab festlegen sollten. Idealerweise haben Sie das bereits vor der Figurenentwicklung getan, aber wenn nicht, wäre jetzt ein guter Zeitpunkt.

Entscheiden Sie sich für Perspektivfiguren

Aus der Sicht welcher Figur(en) soll Ihre Geschichte erzählt werden? Üblich ist es im Liebesroman, mindestens eine der beiden Hauptfiguren zu wählen. Oft kommen beide Hauptfiguren, die sich ineinander verlieben, zu Wort.

Machen Sie sich an dieser Stelle noch keine Gedanken über die Wahl der Erzählperspektive (Ich-Erzähler, personaler Erzähler et cetera), darüber entscheiden Sie erst später.

Hier eine zusammenfassende Checkliste, bevor Sie Ihren Roman weiter planen:

- ✔ Grundidee der Geschichte überlegt
- ✔ Subgenre gewählt (zum Beispiel Sci-Fi-Romance, Regency Romance, New Adult, …)
- ✔ Über mögliche Tropes nachgedacht und gegebenenfalls 1 bis 3 ausgewählt
- ✔ Ein Setting gewählt
- ✔ Figuren ausgearbeitet
- ✔ Figuren orchestriert: so wenige wie möglich, aber so viele wie nötig
- ✔ Für eine Erzählstruktur entschieden (»Ich hasse dich. Ach, nee, doch nicht« oder »Ich liebe dich, aber es geht nicht«)
- ✔ Für Perspektivfiguren entschieden

Fertig? Dann geht es langsam ans Eingemachte.

Wenn die Nebenhandlung zur Haupthandlung wird

In Romanen, die sich nicht in erster Linie um Liebe drehen, wird eine Liebesgeschichte häufig als Nebenhandlung eingesetzt: Der Roman handelt beispielsweise von der Suche nach einem Serienmörder, aber es gibt auch eine kleine Liebesgeschichte zwischen der Hauptfigur und einer anderen Figur.

In einem Liebesroman haben wir die Liebesgeschichte aber als Haupthandlung. Mitunter planen angehende Autorinnen und Autoren keinerlei Nebenstränge ein und dadurch fehlt es ihren Entwürfen oft an mehrschichtigen Konflikten. Der Umfang und die Komplexität der Rahmenhandlung ist auch vom Subgenre abhängig, in dem Sie sich bewegen: Bei einer »Romantic Suspense« mit Krimielementen erwartet man einen ausgereiften Krimiplot mit Antagonisten, Gefahren und möglicherweise hohem Zeitdruck. In einer »Kleinstadtromanze« geht es hingegen oft um zwischenmenschliche Beziehungen untereinander und um einen Konflikt innerhalb der Stadtgemeinschaft. Die Rahmenhandlung eines Arztromans dreht sich in der Regel um einen neuen medizinischen Fall.

Auch wenn Ihr Fokus beim Planen und Schreiben auf der Liebesgeschichte liegt, müssen Sie sich genau so sorgfältig um die anderen Handlungsstränge kümmern. Ich bezeichne diese Nebenhandlung als *Rahmenhandlung*, weil sie die äußeren Eckpunkte darstellt, in denen sich die Liebesgeschichte entfaltet.

Braucht jeder Roman eine Rahmenhandlung?

Nicht unbedingt, denn es gibt kein Liebesromangesetz, das genau vorgibt, wie Sie etwas zu schreiben haben. Möglicherweise reicht in Ihrer Geschichte die »Kulisse« völlig aus – oder beides überschneidet sich. Manche Geschichten haben auch ausreichend Konflikte ohne weitere Rahmenhandlung.

Die Erfahrung zeigt lediglich, dass es für die allermeisten Anfängerinnen und Anfänger sinnvoll ist, einen Handlungsstrang einzuplanen, der »von außen« immer wieder neue Probleme bringt. Planen Sie also eine mit ein – und wenn Sie sie beim Schreiben als überflüssig empfinden, werfen Sie sie raus.

Wie lautet die Rahmenhandlung?

Zur Erinnerung: Die Rahmenhandlung (samt Kulisse) soll die äußeren Konflikte erzeugen und verstärken. Sie gibt den Figuren ein Ziel, auf das sie hinarbeiten wollen oder müssen. Dieses Ziel ist oft konträr zu ihrem inneren, echten Ziel: ihre Anfangslüge zu erkennen und die damit verbundene Angst zu überwinden.

Welche äußeren Ziele können Ihre Figuren also haben, die sie davon abhalten, sich für die Liebe zu entscheiden? Wie Sie bereits im Kapitel über das Setting gesehen haben, hilft eine passende »Kulisse« (Backdrop) für den Anfang.

Sicherlich haben Sie ein ungefähres Gefühl dafür, wie die grundsätzliche Stimmung Ihres Romans sein soll: eher leicht und humorvoll? Oder düster und geheimnisvoll? Magisch und episch? Oder doch eher spannend und aufwühlend?

Die Stimmung wird von der Rahmenhandlung aufgegriffen und verstärkt.

Versetzen Sie sich einen Moment lang in das Setting. Werden Sie zu einer Ihrer Hauptfiguren und schlendern Sie gedanklich durch ihre Welt.

Was passiert hier heute? Oder in den kommenden Tagen? Worüber unterhalten sich die Leute? Was steht in der Zeitung, wenn es eine gibt?

- ✔ Könnte es ein großes Event geben? (Hochzeit, Stadtjubiläum, Musikfestival, Konzert, ...)
- ✔ Was könnte passieren, das den Alltag der Figuren stark beeinflusst? (Kriegserklärung, Überfall, Naturkatastrophe, ...)
- ✔ Könnte etwas gemeinsam aufgebaut, gerettet oder zerstört werden? (Ein Asteroid muss zerstört werden, eine alte Bücherei soll gerettet werden, ein Kindergarten soll aufgebaut werden, ...)
- ✔ Gibt es einen Wettbewerb? (Talentwettbewerb, Football-Spiel, »Hungerspiele«, Reality-TV-Show, ...)
- ✔ Gibt es etwas, das eine der Hauptfiguren unbedingt gewinnen, beenden oder geheim halten muss?

Diese Kulisse wird die Geschichte ins Rollen bringen und immer wieder neue Herausforderungen mit sich bringen. Damit das gut klappt, achten Sie auf Folgendes:

1. Die Kulisse bringt die Figuren (wiederholt) zusammen oder auseinander.
2. Die Kulisse erzeugt und verstärkt Konflikte, kann aber auch für besondere Nähe sorgen.
3. Sie hat einen festen Zeitrahmen (damit die Ziele Ihrer Figuren terminiert sind).

Optional können Sie noch darauf achten, ob Sie überhaupt Lust darauf haben, diese Kulisse zu wählen, und inwieweit sich das »Event« visuell und emotional einprägt. Ein Backwettbewerb kann beispielsweise leichter alle Sinne beim Lesen anregen als ein Wettbewerb zum Thema »Wer hat die schönste Handschrift?«.

Wenn Sie einen Schritt weitergehen wollen, suchen Sie nach einer unerwarteten Wendung oder einem »aber«: ein Backwettbewerb, aber mit verbundenen Augen. Oder eine Kriegserklärung, aber die eigene Truppe ist viel zu klein, um das Ziel zu erreichen.

Notieren Sie einfach verschiedene Ideen, die Ihnen kommen, wenn Sie sich das Setting vergegenwärtigen und auch noch einmal über Ihre Antagonisten und Helden nachdenken.

Hier noch einmal zur Unterscheidung:

- ✔ Die *Kulisse* könnte lauten »Ein Backwettbewerb mit verbundenen Augen«.
- ✔ Die *Rahmenhandlung* könnte lauten: Bei einem Backwettbewerb mit verbundenen Augen mischt jemand Gift unter die Zutaten. Der Täter muss geschnappt werden.
- ✔ Die *Liebesgeschichte* könnte lauten: Edda hasst die Tatsache, dass ausgerechnet Alex ihr direkter Konkurrent beim Backwettbewerb ist, doch dann werden sie und er zu Hauptverdächtigen. Eingeschlossen auf engstem Raum kommen sie sich näher und lernen sich besser kennen. Sie müssen nicht nur herausfinden, wer hinter dem Giftanschlag steckt, um ihre Unschuld zu beweisen, sondern auch ihren Partnern erklären, dass es zwischen ihnen gefunkt hat.

Planen Sie die ungefähre Reise Ihrer Figuren

Mir und vielen meiner Kundinnen und Kunden hilft es, sich zunächst aus der »Vogelperspektive« eine Übersicht über den geplanten Verlauf der Entwicklung einer Geschichte zu machen. Dabei überlegen Sie sich vorab den groben Ablauf Ihrer Geschichte, bevor Sie sich auf einzelne Szenen oder Kapitel stürzen.

Ich persönlich mache das gerne auf einem Whiteboard oder über die Doppelseite meines Notizbuches und dann ganz klassisch mit einem Diagramm. Dabei notiere ich mir für jede der beiden Hauptfiguren, welche emotionale Reise sie durchmachen.

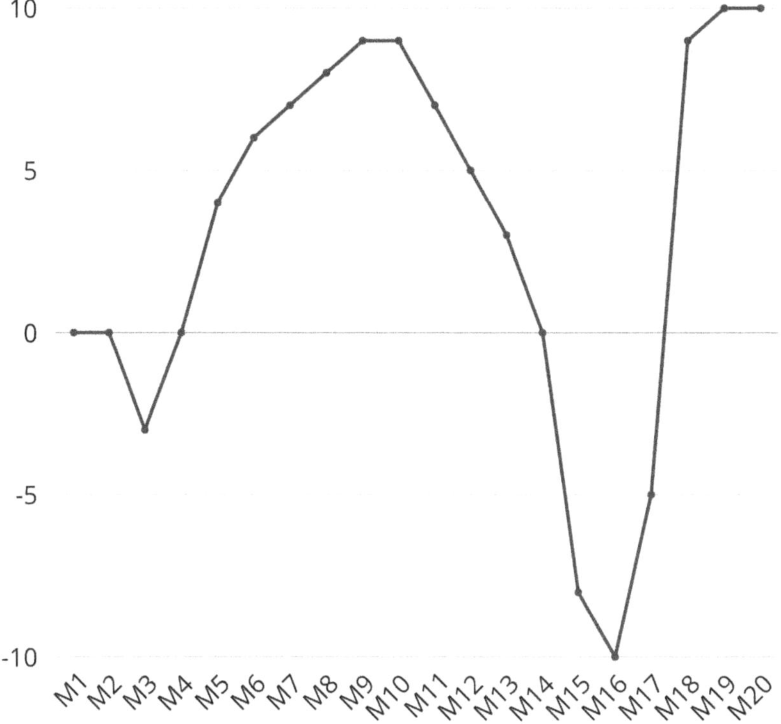

Abbildung 13.2: Mögliche Reise einer Figur

Wenn Sie bereits eine konkrete Idee davon haben, was Ihre Figuren in der Geschichte erleben sollen, probieren Sie doch mal, das Ganze grafisch darzustellen.

Im Laufe der Jahre, in denen ich immer wieder Liebesgeschichten (und andere Romane) geschrieben habe, ist mir aufgefallen, wie wichtig ein solides Grundgerüst ist, bevor die Geschichte mit allen möglichen Szenen bestückt wird. Ein Roman in Standardlänge (300 bis 400 Seiten) kann gut und gerne 60 Szenen enthalten. Bevor Sie damit starten, alle davon zu entwickeln, konzentrieren Sie sich auf die *sieben wichtigsten Meilensteine*. In der Girlandenübersicht sind das die Meilensteine 1 und 2 (zählt als ein Punkt), 3, 5, 15, 17 und 18.

Nehmen Sie Ihre Ausarbeitungen aus den vorhergehenden Übungen und überlegen Sie, zu welchen der folgenden Punkte Ihnen bereits etwas einfällt.

Beispiel: New-Adult-Roman »Rotkäppchen«

Für das Beispiel nehme ich Folgendes an:

- ✔ Subgenre: New Adult
- ✔ Tropes: Märchenadaption zu »Rotkäppchen«, Enemies-to-Lovers, Forbidden Love
- ✔ Grundidee: Rotkäppchen verliebt sich in den Wolf. Beide kämpfen gegen den Jäger. Rotkäppchens Großmutter hängt bei allem mit drin und ist die echte Antagonistin.
- ✔ Setting: die altehrwürdige Lycus-Akademie
- ✔ Kulisse: Die Schüler sollen ihre eigene Ahnentafel erstellen.
- ✔ Rahmenhandlung: Runas Großmutter ist verschwunden und Runa will sie wiederfinden.
- ✔ Hauptfiguren: Runa, Elias (Wolf), Gregor (Jäger) und Amalia (Großmutter)

  (Anmerkung: Runas Wunde ist: »Wenn ich Schwäche zeige, werde ich verletzt.« Elias glaubt: »Niemand kann mich als die Person lieben, die ich bin.«)
- ✔ Erzählstruktur: »Ich hasse dich. Ach, nee, doch nicht.«
- ✔ Für Perspektivfiguren entschieden: Runa und Elias
- ✔ Entwicklung: Runa soll erkennen, dass sie zwar verletzt werden kann, wenn sie liebt, aber dass es das wert ist. Elias soll erkennen, dass Liebe bedingungslos ist.

Wichtige Meilensteine	Inhalt	Beispiel für einen New-Adult-Roman mit Trope »Rotkäppchen«, Forbidden Love, Enemies to Lovers
1 und 2	Einführung der Figuren, Anfang der Geschichte. *Frage: Wie könnte Ihre Geschichte beginnen?*	Runas erster Tag in der Lycus Academy. Sie eckt durch ihre Biografie und den Ruf ihrer Familie an. Gregor (»Jäger«) reicht ihr die Hand. Lehrkraft gibt den Auftrag, Ahnenforschung zu betreiben. Elias (»Wolf«), der von seiner »bösen« Seite gezeigt wird.
3	Aufeinandertreffen der Figuren (kann in 1 und 2 enthalten sein) und »Ruf zum Abenteuer« beim äußeren Ziel. *Fragen: Wie könnte die Szene aussehen, in der sich die Figuren zum ersten Mal begegnen? Was passiert in der Rahmenhandlung, wodurch ein äußeres Ziel vorgegeben wird?*	Runa verläuft sich auf dem Weg zum Unterricht und stört die »Wölfe«, die gerade dabei sind, einen Mitstudenten zu schröpfen. Durch Runas Eingreifen lassen sie von ihm ab. Elias ist wütend und beschließt, dass sie dafür zahlen wird. Runa erfährt durch die Wölfe, dass ihre Großmutter tatsächlich verschwunden ist, wie die Gerüchte besagen. Sie beschließt, das Geheimnis um ihr Verschwinden zu lüften (Start der Rahmenhandlung).

Wichtige Meilensteine	Inhalt	Beispiel für einen New-Adult-Roman mit Trope »Rotkäppchen«, Forbidden Love, Enemies to Lovers
5 (Übergang in den 2. Akt)	Wichtiges Ereignis, durch das die Figuren zusammengebracht oder getrennt werden. *Welche Szene könnte die Figuren entweder zum Zusammensein zwingen (Variante 1) oder trennen (Variante 2)?*	Runa wird in einen Hinterhalt der Wölfe gelockt und gerät in einen Geheimgang der Academy. Der Plan geht schief: Statt sie alleine dort zu lassen, ist Elias ebenfalls dort gefangen. Die übrigen Wölfe versprechen, Hilfe zu holen. Die beiden nähern sich in den nächsten Kapiteln an, während sie einen Ausweg suchen. Runa sammelt Puzzlestücke zum Verschwinden der Großmutter.
10 und 11 (Übergang zu Akt 3)	Mittelpunkt (Midpoint), an dem die Geschichte kippt. Zweifel werden gesät oder die Getrennten finden zusammen. *Welche wichtige Sache passiert in der Mitte? Sie sollte dazu führen, dass die Liebenden sich trennen (Variante 1) oder endlich – vorerst – zusammenfinden (Variante 2), um dann wieder getrennt zu werden.*	Runa und Elias verstehen sich in Akt 2 nicht nur charakterlich sehr gut, sondern sind sich auch näher gekommen. Runa hat sich Elias ein Stück weit geöffnet und ein Geheimnis verraten. Elias hat zum ersten Mal das Gefühl, dass er als Mensch in Runas Nähe liebenswert ist. Dann finden die »Wölfe« einen Weg, die beiden aus dem Geheimgang zu befreien. Um seine Integrität zu wahren, muss Elias Runas Vertrauen ausnutzen und ihr Geheimnis verraten. Das führt zur Trennung.
15	Trennung der Figuren, Beziehungsaus	Trotz Erklärungsversuche von Elias zieht Runa sich zurück und verrät die Wölfe an die »Jäger« (konkurrierende Bande)
17	Moment der Selbsterkenntnis, was die Figuren wirklich wollen, warum es bisher nicht geklappt hat und was sie nun tun müssen, um die Beziehung zu retten	Ein Kampf zwischen den »Wölfen« und »Jägern« steht bevor. Runa erkennt, dass sie Elias liebt, obwohl er sie verraten hat, und dass sie bereit ist, ihm zu vergeben, weil er es aus seiner eigenen Angst heraus getan hat. Allerdings glaubt sie nun, dass er ihren Verrat an die Jäger nicht verzeihen wird. Elias versteht, dass Runa ihn akzeptiert, wie er ist, und gerade wegen seiner vermeintlichen Schwächen mag.
18	Finale, in dem mindestens eine Figur einen großen Schritt auf die andere zumacht und zu der Figur wird, die sie anfangs nicht war.	Die Jäger (allen voran Gregor) nutzen Runa, um die Wölfe zu erpressen. Elias »opfert« sich und gesteht ihr seine Gefühle. Runa befreit sich, rettet Elias und erwidert seine Gefühle mit einem Kuss.

Wie Sie sehen, muss Ihre Geschichte noch nicht bis ins kleinste Detail ausgearbeitet sein. Ich weiß schon einige Punkte, die hier keinen Einzug in die Übersicht gefunden haben. Es ist einfach nur ein erster Entwurf und eine mögliche Idee, wie die Geschichte aufgebaut werden könnte – Änderungen sind jederzeit möglich.

Schreiben Sie auf Karteikarten oder Klebezettel und verschieben Sie sie, bis Sie zufrieden sind. Es ist völlig in Ordnung, Punkte auszulassen. In diesem Schritt geht es noch immer um die Organisation dessen, was Sie bereits wissen, und nicht um den finalen Aufbau der Geschichte. Erlauben Sie sich viele Änderungen und haben Sie Spaß. Trinken Sie aber lieber Tee als Kaffee, Sie werden ohnehin aufgeregt genug sein, sobald Ihre Geschichte Form annimmt.

Wie halten Sie Ihre Planungen fest? Für unsere gemeinsame Reise durch die nächsten Kapitel schlage ich vor, Karteikarten zu benutzen. Sie können aber auch ein Whiteboard nehmen, ein leeres Dokument auf Ihrem PC öffnen, alles diktieren oder Runen in Holz schnitzen.

Im Folgenden nenne ich die Protagonisten P1 und P2, unabhängig davon, ob es sich um Frau oder einen Mann handelt – oder überhaupt um Menschen.

Bereit loszulegen?

So planen Sie den ersten Akt

Ihre 19 bis 20 Meilensteine verteilen sich in der Girlandenmethode auf vier Akte.

Im ersten Viertel des Romans lernen wir Leserinnen und Leser die Figuren kennen, ihre Lebensumstände, Gefühle, Erwartungen, Träume und alten Verletzungen. Hierbei ist es besonders wichtig, zu erfahren, wie P1 und P2 über die Liebe denken und welche offenen Wunden diesbezüglich noch immer in ihren Seelen klaffen. Sie zeigen den Zustand der **Herzensleere**.

Sollten Sie diese emotionalen Verletzungen noch nicht festgelegt haben, wäre es jetzt dafür an der Zeit. Anregungen dafür finden Sie im Kapitel »So hauchen Sie Ihren Figuren Leben ein«.

Am Ende des ersten Akts wird es mit dem Meilenstein Nr. 5 einen Moment geben, der Ihre Geschichte vorantreibt und die Figuren zwingt, sich auf ein Abenteuer einzulassen.

Im Folgenden werde ich von einer Geschichte mit Happy End ausgehen, die in einem der häufig gewählten Subgenres spielt und auf Verkäuflichkeit ausgerichtet ist. Bei experimentellen Romanen und solchen, die in der höheren Literatur zu finden sind, müssten Sie teilweise vom folgenden System abweichen, das auf Unterhaltung ausgelegt ist.

Planen Sie die Meilensteine 1 und 2

Der Beginn des Romans legt zugleich auch den Ton Ihrer Geschichte fest und gibt einen Hinweis darauf, zu welchem Genre und Subgenre die Geschichte gehört, die wir gerade lesen wollen (zur Tonalität lernen Sie noch mehr im Kapitel »Legen Sie die Tonalität fest«). Eine »Dark Romance«-Geschichte startet dabei düsterer als eine romantische Komödie, in der P1 in eine peinliche oder witzige Situation gerät. Sie zeigen die »alte Welt«.

Die sogenannte »alte Welt« ist nicht gleichbedeutend mit »langweiliger Alltag«, wie bei vielen von uns privat, sondern bezeichnet den IST-Zustand der Figuren vor ihrer Veränderung.

Der Romanbeginn soll *durch aktive Handlungen und innere Monologe* zeigen, wer die Figuren sind und was sie ausmacht. Wie bereits erwähnt, sollten auch die Schwächen und emotionalen Wunden, die es über die nächsten 300 bis 400 Seiten zu verschärfen und zu heilen gilt, deutlich werden.

Der »Festlichkeit«-Trick

Die sogenannte »alte Welt« beinhaltet einen Teil des Alltags, sollte aber eine *Besonderheit innerhalb des normalen Alltags* beinhalten. Ein gern genommener Trick dafür ist eine Art von **»Festlichkeit mit Beigeschmack«:** Sei es ein Geburtstag, ein Firmenjubiläum, eine (Abschieds-)Party, ein Restaurantbesuch oder eine Theatervorführung. Vielleicht passt die Kulisse, die Sie sich überlegt haben, schon an dieser Stelle (ansonsten wird sie in Meilenstein 3 kommen).

In diesen Kapiteln sollte etwas passieren, das Gefühle auslöst, die nicht zum Setting passen – und schon haben Sie Ihren ersten Konflikt erschaffen.

Achten Sie beim Lesen anderer Liebesromane aktiv darauf, in welcher Situation die Geschichte beginnt und was das Problem für P1 und P2 ist. Welche Art von Festlichkeit können Sie für Ihren Roman nutzen?

Beide Hauptfiguren in einer Szene oder lieber getrennt?

Es liegt an Ihnen, ob Sie dafür beide Figuren im gleichen Meilenstein vorstellen wollen oder ob Sie es nacheinander machen. Wenn Sie Ihre Geschichte aus beiden Perspektiven erzählen wollen, wären dafür zwei Kapitel oder wenigstens zwei separate Szenen empfehlenswert.

Eine Szene ist die kleinste Einheit im Roman. Sie ist eine in sich geschlossene Handlungseinheit. Sie spielt sich an einem bestimmten Ort und zu einer bestimmten Zeit ab und enthält mindestens einen Konflikt.

Mehrere Szenen ergeben ein Kapitel.

Mehrere Kapitel einen Akt.

Wenn Ihre Geschichte ein **Liebesdreieck** erzählt, bei dem sich eine Figur zwischen zwei anderen Figuren entscheiden muss, dann können Sie auch alle drei Figuren in diesen beiden Meilensteinen auftreten lassen. Vielleicht passt es zu Ihrer Geschichte aber auch besser, wenn Sie zuerst zwei Figuren einführen und die dritte im Meilenstein Nr. 3 (das ist der Teil, in dem die eigentliche Liebesgeschichte anfängt).

Entscheiden Sie sich für eine Option:

1. P1 und P2 jeweils alleine in ihrer »alten Welt«, ohne Aufeinandertreffen.
2. P1 und P2 treffen aufeinander, wobei die eine Figur die andere entweder anziehend oder abstoßend findet.

Aufgabe: Skizzieren Sie die Ideen für Ihre erste Szene oder Ihre ersten beiden Szenen. Falls Sie vorab die Übersicht über die wichtigsten Meilensteine erstellt haben, wägen Sie ab, ob Sie Änderungen vornehmen wollen (zum Beispiel eine Festlichkeit einfügen).

Keine Sorge: Wenn Ihnen später etwas Geniales einfällt, tauschen Sie die Szenen einfach aus. Ihre Planung ist wie ungebrannter Ton, den Sie immer wieder umformen können, bis Sie zufrieden sind.

Notieren Sie sich Ihre neue Idee zu den Meilensteinen 1 und 2.

Tipp aus der Praxis: Ich öffne ein neues Dokument und überschreibe die erste leere Seite mit »Meilenstein 1« sowie einer kurzen Beschreibung, beispielsweise »Meilenstein 1: Claudia erwischt ihren Mann in flagranti«. Das Ganze bekommt die Formatvorlage »Überschrift 1«. Dann füge ich einen Kommentar hinzu, der kurz beschreibt, wie ich mir die Szene vorstelle.

Ich mache mit »STRG« und der »Enter«-Taste einen Seitenumbruch, schreibe dort mit der Formatvorlage »Überschrift 1« dann »Meilenstein 2« und meine Beschreibung. Nach der Planungsphase habe ich dann 20 Seiten, auf denen bereits die wichtigsten Meilensteine darauf warten, mit Fließtext gefüllt zu werden.

Praxisbeispiel der Variante 1, »Ich hasse dich. Ach, nein, doch nicht«: *Die Schöne und das Biest* (Disney, 1991)

Der Film beginnt mit der Erklärung, dass es vor langer Zeit einen Prinzen gegeben hat, der gierig und selbstsüchtig war. Er wies eine Bettlerin mit einer Rose ab. Zitat: »Sie warnte ihn, sich nicht täuschen zu lassen, da man die Schönheit im Verborgenen findet.« (Sie sehen, schon in den ersten Sekunden des Films wird darauf hingewiesen, was die Botschaft der kommenden Geschichte sein wird. Diese Erkenntnis gilt es, für beide Figuren zu gewinnen.) *Die Bettlerin entpuppt sich als Hexe und verwandelt den Prinzen in ein Monster. (»Der Prinz wollte sich entschuldigen, doch zu spät. Sie hatte gesehen, dass es in seinem Herzen keine Liebe gab.«)* Hiermit wird uns Zuschauenden bereits zwischen den Zeilen gezeigt, was die »Wunde« der Figur ist, die es im Laufe der Geschichte zu heilen gilt, nämlich ein liebloses Herz.

Zudem wird ein äußerer Zeitrahmen gesetzt (die Kulisse), denn das »Biest« hat nur bis zu seinem 21. Geburtstag Zeit, lieben zu lernen und jemanden zu finden, der ihn ebenfalls liebt. Eine verzauberte Rose dient dafür als Zeitmesser (zu diesem Stilmittel später mehr).

Anschließend lernen wir Belle kennen, die in einem kleinen Dorf lebt und sich nach mehr als nur dem Alltag sehnt. Ihre Liebe zu Büchern und Abenteuern und ihr unkonventioneller Erfinder-Vater unterscheiden sie stark von den anderen Dorfbewohnern. Der bekannte Schürzenjäger Gaston hat ein Auge auf sie geworfen, aber sie lehnt es ab, seine Frau zu werden. Sie fühlt sich fehl am Platz. Ihre Sehnsucht nach Liebe wird, wenn überhaupt, nur sehr subtil angedeutet.

Praxisbeispiel für Variante 2, »Ich liebe dich, aber es geht nicht«: *Wie ein einziger Tag* (Romanverfilmung von 2004)

Die Besonderheit dieses Films ist die Rahmenhandlung im Seniorenheim, die immer wieder eingestreut und am Ende sinnvoll mit der gezeigten Liebesgeschichte verknüpft wird. Diese überspringen wir und sehen uns nur die Liebesgeschichte an: Wir lernen in der eigentlichen Liebesgeschichte zuerst Noah kennen, der 1940 auf einer Kirmes die siebzehnjährige Allie sieht und sich sofort in sie verliebt. Allie hingegen lehnt seine Avancen ab. Schon in den ersten zehn Minuten des Films wird deutlich: Sie kommen aus verschiedenen Gesellschaftsschichten und Allie ist nicht interessiert. Andererseits bringt sie dieser freche Typ zum Lachen und bittet sie hartnäckig immer wieder um ein Date.

Checkliste:

✔ P1 mit den aktuellen Problemen zeigen

✔ Die »Wunde« (Anfangslüge) von P1 andeuten

✔ P2 mit den aktuellen Problemen zeigen

✔ Die »Wunde« (Anfangslüge) von P2 andeuten

Brainstorming-Formel zur Kulisse: *Festlichkeit* + **»aber«**

1. Eine *Hochzeit*, **aber** der Bräutigam hat P1 vor dem Ja-Wort ein wichtiges Geheimnis gestanden.
2. *Debütantenball*, **aber** P1 steht allein am Rand der Tanzfläche und spürt die abfälligen Blicke der Adligen, weil P1s Familie als »verarmter Adel« bekannt ist.
3. *Firmenjubiläum*, auf dem P2 als neue Geschäftsführung vorgestellt wird, **aber** es handelt sich um den/die Ex von P1s Schwester.
4. *Maskenball*, **aber** P1 trägt ein unangemessenes (oder gar kein) Kostüm.
5. *Ritualsfeier* zur Vollmondnacht (Subgenre Paranormal Romance), **aber** es soll sich ein Mensch unter den Hexen befinden.
6. *Stadtfest*, **aber** die Kuchenlieferung, die P1 versprochen hat, muss ausfallen.
7. *Ehrungsfeier* für die besonderen Verdienste von P1 bei der Polizei, **aber** dann wird P2 als neue Beratungsperson vorgestellt, die P1 vor Jahren ins Gefängnis gebracht hat.
8. *Abschlussfeier* an der Schule, **aber** P1 hat nicht bestanden.
9. *Vorstellungsgespräch*, **aber** P1 ruiniert auf dem Weg dorthin ihr/sein Outfit.
10. *Geburtstagsfeier* einer alten Freundin, **aber** P1 fühlt sich ausgegrenzt.
11. *Eröffnung einer Vernissage*, **aber** Aktivisten ruinieren P1s Gemälde.

12. *Preisverleihung,* **aber** P1 bekommt vor allem den Neid der anderen zu spüren.
13. *Klassentreffen,* **aber** P1 hat das Gefühl, völlig versagt zu haben.
14. *Silberhochzeit,* **aber** viele Gäste ziehen P1 damit auf, noch immer unverheiratet zu sein.
15. *Junggesellenabschied/Junggesellinnenabschied,* **aber** P1 passiert eine sehr peinliche Sache.
16. *Weihnachtsfeier,* **aber** P1 wird belästigt.
17. *Abiball/Prom,* **aber** P1 hat niemanden, den sie/er mitbringen kann.
18. *Abschluss- oder Fahrprüfung,* **aber** P1 hat ein Blackout.
19. *Trauerfeier/Beerdigung,* **aber** P1 bekommt einen Lachanfall.
20. *Elternabend,* **aber** P1 wird öffentlich für das Verhalten ihres/seines Kindes kritisiert.
21. *Backwettbewerb,* **aber** P1 fehlt die entscheidende Zutat.
22. *Weinprobe,* **aber** P1 wird betrunken.
23. *Streetfood-Festival,* **aber** einer der Wagen fängt Feuer.
24. *Kinoabend,* **aber** die Technik fällt aus.
25. *Besonderes Abendessen,* bei dem P1 einen Antrag erwartet, **aber** eine Trennung bekommt.
26. *Weihnachtsmarkt/Kirmes,* **aber** P1 muss sich im Karussell übergeben.
27. *Initiationsritual* (Romantasy), **aber** bei P1 geht etwas schief.

Selbstverständlich können Sie P1 auch mit P2 ersetzen oder eine Kombination aus beiden nehmen.

Planen Sie Meilenstein 3 (»Meet Cute« und/oder »Ruf zum Abenteuer«)

Die beiden Hauptfiguren P1 und P2 haben ihre ersten Auftritte in Ihrer Geschichte hinter sich gebracht. In Meilenstein 3 kommen sie gemeinsam auf die Bühne, was im Fachjargon die sogenannte »Meet Cute«-Szene ist. Es ist durchaus möglich, beide Figuren bereits in der ersten Szene aufeinandertreffen zu lassen, wenn das zur Geschichte passt, und es gibt zahlreiche Beispiele großartiger Romane, die das so gemacht haben (*Die Frau des Zeitreisenden* beispielsweise oder *Zwei an einem Tag*). Wichtig ist, dass in der Szene (oder in den Szenen), die Sie für diesen Meilenstein einplanen, Gefühle gezeigt werden, und zwar passend zu dem Subgenre, in dem Sie schreiben: Bei einer Dark Romance oder einem erotischen Roman wird die Begierde von P1 und P2 anders aussehen als bei einer Romantasy, wo es eher magisch zugehen wird.

Es handelt sich hier um einen Meilenstein in ihrer Beziehung, also planen Sie etwas Ungewöhnliches ein.

Erfinden Sie eine Szene, die die Figuren näher zusammenbringt oder noch weiter voneinander entfernt. Sollten Sie eine Geschichte schreiben, in der sich P1 und P2 anfangs hassen, stellen Sie sicher, dass dennoch die ganze Zeit unterschwellig klar ist, wie gut sie eigentlich zusammenpassen würden, beispielsweise wegen ihres gleichen Humors, ähnlicher Wünsche oder weil sie sich in vielen Punkten ideal ergänzen.

Stellen Sie aber ebenso deutlich heraus, wieso beide Figuren sich aktuell keine Beziehung vorstellen können. Das wird in Meilenstein 4 noch vertieft, aber hier können Sie es bereits in wenigen Sätzen erwähnen.

Idealerweise finden Sie eine Möglichkeit, zu zeigen, inwiefern die äußeren Ziele (»Want«) und inneren Bedürfnisse (»Need«) im Konflikt zueinander stehen. Es ist die Geschichte, die Ihre Figuren ihren Kindern erzählen, wenn sie gefragt werden, wie sie sich kennengelernt haben, und die beginnt am besten mit einer Variante von: »Es war der denkbar schlechteste Zeitpunkt, an dem wir uns hätten kennenlernen können.«

Je nachdem, welche Art von Geschichte Sie erzählen, passt an dieser Stelle auch ein äußerer »Ruf zum Abenteuer« (auch »Auslösendes Moment« genannt). Das ist ein Ereignis, das mindestens eine der Hauptfiguren zum Handeln einlädt, wie beispielsweise ein Auftrag zur Erledigung einer bestimmten Mission, und betrifft die Rahmenhandlung beziehungsweise die Kulisse.

Sie können den »Ruf zum Abenteuer« und das Aufeinandertreffen der Liebenden in einer Szene unterbringen, Sie können es aber auch in zwei Szenen aufteilen. Machen Sie es so, wie es sich für Ihre Geschichte am besten anfühlt. Vergessen Sie nicht: Umschreiben können (und werden) Sie jederzeit.

Aufgabe: Planen Sie, in welcher Szene sich die beiden Figuren P1 und P2 treffen. Wenn sie sich schon getroffen haben, planen Sie, in welcher Szene sich ihre Beziehung zueinander verändert. Signalisieren Sie unbedingt die grundsätzliche Attraktivität zueinander.

Praxisbeispiel Variante 1: *Die Schöne und das Biest*

Belle findet ihren Vater, der im Schloss des Biests gefangen gehalten wird. Dort wird sie vom wütenden Biest überrascht und ist schockiert von seinem Aussehen.

Praxisbeispiel Variante 2: *Wie ein einziger Tag*

Allie und Noah, die sich zuvor auf der Kirmes kennengelernt haben, gehen mit zwei Freunden gemeinsam ins Kino und erleben einen schönen Abend. Anschließend gehen sie zu Fuß nach Hause und lernen sich in einem Gespräch besser kennen. Noah bringt sie zum Nachdenken. Er legt sich nachts mitten auf die Straße und beobachtet die Ampel. Allie weigert sich zunächst, sich neben ihn zu legen, und er sagt ihr das, was später zu ihrer Selbsterkenntnis dazugehört: »Das ist dein Problem: Du machst nicht, was du willst.«

Allie lässt sich auf das Spiel ein und legt sich neben ihn auf die Straße. Ein paar Momente später, verjagt durch ein auf sie zurasendes Auto, tanzen sie miteinander auf der Straße, was 1940 nicht erlaubt ist. Dieser intime Tanz zwischen ihnen zeigt deutlich, wie gut sie sich verstehen. Sie legen die Wangen aneinander und geben sich ganz dem Moment hin, ohne sich jedoch zu küssen. Es folgen Szenen, die im Schnelldurchlauf zeigen, dass sie sich in den darauffolgenden Tagen Hals über Kopf ineinander verlieben.

Checkliste:

- ✔ P1 und P2 (erneut) aufeinandertreffen lassen
- ✔ Etwas ist dieses Mal anders als sonst
- ✔ Gefühle andeuten
- ✔ Ruf zum Abenteuer der Rahmenhandlung einflechten

Brainstorming-Ideen zum externen »Ruf zum Abenteuer«:

- ✔ Hauptfigur muss eine Aufgabe erfüllen, ehe die Zeit abläuft.
- ✔ Hauptfigur muss ein Abenteuer auf sich nehmen, um eine andere Figur zu retten.
- ✔ Hauptfigur muss jemanden oder etwas retten.
- ✔ Hauptfigur muss innerhalb einer definierten Zeit großen Schaden abwenden.
- ✔ Andere Figuren zwingen P1 und P2 zur Zusammenarbeit.
- ✔ P1 bittet P2 um Hilfe bei einer Sache, die P2 absolut nicht machen will.
- ✔ P1 und P2 erhalten einen wichtigen Auftrag, den sie zusammen ausführen müssen.
- ✔ Hauptfigur will an einem Wettbewerb teilnehmen.
- ✔ P1 (oder beide) wird/werden auf eine wichtige Reise geschickt.
- ✔ Es droht eine Existenzkrise (zum Beispiel Verkauf des eigenen Geschäfts).
- ✔ P1 (oder beiden) passiert etwas Unerwartetes (Unfall, Isolation, …).

Mehr Ideen finden Sie im Kapitel »Das Setting: Lebendig wie eine Figur«.

Planen Sie Meilenstein 4

Spätestens in Meilenstein 3 haben sich unsere beiden Hauptfiguren getroffen und irgendetwas miteinander erlebt. Meilenstein 4 dient dazu, die Argumente zu verdeutlichen, warum sich die beiden **nicht** aufeinander einlassen können oder wollen.

Eine Liebesgeschichte zeigt, wie Sie ja mittlerweile wissen, nicht, wie zwei Figuren sich verlieben, sondern was alles gegen die Verbindung spricht und wie sie sich durch alle Widerstände kämpfen, um ganz am Ende doch zueinander zu kommen.

Machen Sie sich klar, was aus Sicht von P1 dagegenspricht, mehr Zeit mit P2 zu verbringen. Manchmal ist das recht offensichtlich, wie beispielsweise bei *Die Schöne und das Biest,* wo Belle sich als Austauschgeisel zur Verfügung stellt und in ein Leben in Gefangenschaft einwilligt, um ihren Vater zu retten. Das Äußere des Monsters erschreckt sie zutiefst und sie nimmt ihm übel, dass sie sich von ihrem Vater nicht einmal verabschieden durfte. Unglücklich wirft sie sich auf ihr Bett und weint sich die Augen aus dem Kopf. In einem Roman könnte an dieser Stelle ein innerer Monolog einsetzen, in dem sie mit ihrem Schicksal hadert und darüber nachdenkt, was sie künftig alles verpassen wird.

Vielleicht ist es in Ihrer Geschichte aber auch weniger offensichtlich, was gegen die Verbindung sprechen könnte, so beispielsweise, wenn die Figuren beide ungebunden sind und sich in Meilenstein 3 zufällig treffen und attraktiv finden (die »Ich liebe dich, aber es geht nicht«-Variante). In diesem Fall kann es helfen, die Hintergrundgeschichte der Figuren ein wenig zu beleuchten. Widerstehen Sie der Versuchung, eine Rückblende einzubauen, und achten Sie darauf, keine ellenlangen Monologe über die alten Zeiten einzubauen. Es reicht aus, wenn eine der beiden Parteien eine engere Verbindung ablehnt. Spannend kann es sein, wenn die Beweggründe dafür aufseiten einer Figur zunächst noch im Dunkel verborgen bleiben, aber sorgen Sie dafür, dass man versteht, was aus Sicht der Perspektivfigur gegen die Beziehung sprechen könnte.

Im Roman *Nur noch ein einziges Mal* macht Autorin Colleen Hoover es so, dass sich P1, Lily, und P2, Ryle, schon im ersten Kapitel begegnen. Die dritte Hauptfigur, Atlas, wird in diesem Kapitel bereits genannt, als Lily erzählt, dass sie ihr erstes Mal mit einem obdachlosen Jungen hatte. Ryle sagt deutlich bereits im ersten Kapitel: »Die Ehe ist ein Konzept, das mich einfach nicht interessiert.« Und ein paar Zeilen weiter: »Schon eine feste Beziehung wäre mir zu viel. (…) Aber an die große Liebe glaube ich nicht.«[1] Er sagt ihr, dass er lediglich an One-Night-Stands interessiert ist. Das zählt noch zu Meilenstein 1 und 2, wo wir die Figuren kennenlernen.

Meilenstein 4 finden wir in diesem Roman etwa siebzig Seiten weiter. Ryle und Lily treffen sich wieder, nachdem sie hier und da umeinander herumgetänzelt sind, und Lily sagt:

»Ich verstehe nicht, was du von mir willst, Ryle!«, stoße ich wütend hervor. »Jedes Mal, wenn wir uns begegnen, bringst du alles nur noch mehr durcheinander. Du stehst unangemeldet bei mir zu Hause vor der Tür. Du kommst als erster Kunde in meinen Laden. Du tauchst bei Partys auf. (…) Willst du mich oder willst du mich nicht?«

Er macht einen Schritt auf mich zu. »Ich will dich, Lily, daran gibt es überhaupt keinen Zweifel. Das Problem ist, dass ich dich nicht haben wollen will.«[2]

Lassen Sie Ihren Figuren ausreichend Zeit, dieses »Nein«-Gefühl zu spüren und sich darüber bewusst zu werden, denn Sie werden die kommenden zweihundertfünfzig Seiten oder länger darauf herumreiten. Lassen Sie die Figuren mit ihren besten Freunden sprechen, Tagebuch schreiben, sich erklären oder gegenseitig versichern, warum es niemals etwas mit ihnen wird. Wenn angebracht, unterfüttern Sie die Entscheidung mit der Hintergrundgeschichte der Figuren, ohne darin abzutauchen. Ein einfaches »Ich habe meiner verstorbenen Frau geschworen, mich nie wieder zu verlieben und dabei bleibt es« kann bereits ausreichen, wenn es in eine längere Unterhaltung eingebettet ist.

Wenn passend, binden Sie die Kulisse mit ein.

---

[1] Hoover, Colleen, *Nur noch ein einziges Mal*, aus dem Amerikanischen übersetzt von Katarina Ganslandt. Dtv Verlag, München 2020, Seite 30

[2] ebd., S. 103

Aufgabe: Notieren Sie sich auf Ihren Karten, warum die beiden Figuren (oder wenigstens eine von ihnen) gegen die Verbindung sind. Überlegen Sie sich, in welchem Rahmen sie es sich selbst und den Leserinnen und Lesern gegenüber mitteilen könnten.

Praxisbeispiel: *Die Schöne und das Biest*

Belle trifft in Meilenstein 3 auf das Biest und erschreckt sich zu Tode. Im Film sind die Meilensteine 3 und 4 damit zusammengefasst worden.

Praxisbeispiel aus dem Film *Wie ein einziger Tag*

Meilenstein 4 wird durch Allies Eltern verkörpert, die ihr und Noah beim Schäkern, Flirten und Küssen zusehen. Ihre Mutter macht deutlich, dass sie gegen die Beziehung ist, während ihr Vater noch glaubt, es handele sich um nichts weiter als eine Sommerromanze, die bald vergessen ist.

Checkliste:

✔ P1 und/oder P2 finden Gründe gegen eine Verbindung.

✔ Alternativ: Wichtige Verbündete finden Gründe dagegen.

Ideen für die Anfangslügen finden Sie im Kapitel »So hauchen Sie Ihren Figuren Leben ein« im Abschnitt »Welche Lügen erzähle ich mir?«

Planen Sie Meilenstein 5

Wenn Ihre Figuren selbst entscheiden würden, dann wäre der Roman an dieser Stelle vorbei. Jeder würde seiner Wege gehen und der Gedanke an die andere Figur hätte sich bald im Nebel der Erinnerungen aufgelöst – oder es gäbe in Variante 2 ein Happy End und die Geschichte wäre vorbei.

Glücklicherweise bestimmen aber Sie als Autorin oder Autor, wie es weitergeht. Und Sie wollen die beiden auf Gedeih und Verderb zusammenbringen oder trennen, notfalls gegen ihren Willen (zumindest vorerst). **Meilenstein 5 ist ein sogenannter »Plot Point«, also eine Szene, die maßgeblich die gesamte Handlung beeinflusst** und mit Sicherheit nicht langweilig oder überflüssig ist, wenn Sie später den Roman überarbeiten.

Spätestens an dieser Stelle setzen Tropes ein und beeinflussen die Handlung, das kann aber auch von der äußeren Rahmenhandlung her angetrieben werden. Häufig sind es äußere Umstände, die dafür sorgen, dass die Figuren gezwungenermaßen ihre Zeit miteinander verbringen: eine Zwangsehe, ein eingeschneites Hotel in Bergen, Verstecken vor einem Feind oder Aktionen aus Geldmangel. Spätestens in diesem Abschnitt geht es um das äußere Ziel, dem die Hauptfiguren nachjagen. Wenn Sie die Rahmenhandlung in Meilenstein 3 noch nicht eingeführt haben, tun Sie es jetzt.

Der Plot Point 1 findet nach ca. 20 bis 25 Prozent der Gesamtgeschichte statt und darf gerne mit einem »Knall« oder Twist enden.

In Meilenstein 5 entscheidet sich zudem endgültig, ob Sie eine »Ich hasse dich. Ach, nein, doch nicht«-Geschichte erzählen oder eine »Ich liebe dich, aber es geht nicht«-Story.

Die erste Variante bedeutet für Sie, einen Umstand zu finden, der die Figuren künstlich aneinander bindet, obwohl mindestens eine der Figuren sich massiv dagegen wehrt.

Die zweite Variante bedeutet, dass Sie das junge Glück an diesem Punkt voneinander trennen.

Aufgabe: Legen Sie, basierend auf den bisherigen Ereignissen, fest, welche äußeren Umstände die Figuren zwingen (eventuell gegen ihren Willen), Zeit miteinander zu verbringen oder getrennt zu werden. Skizzieren Sie die Szene, in der das geschieht.

Praxisbeispiel: *Die Schöne und das Biest*

Belles Vater ist in die Hände des Biests geraten und wurde von Belle gefunden (Meilenstein 3). Um ihn zu befreien, bietet Belle sich selbst als Geisel im Austausch für ihren Vater an, der krank geworden ist. Sie willigt ein, für den Rest ihres Lebens beim Biest auf dem Schloss zu bleiben. Das Biest stimmt zu.

Checkliste für Variante 1:

✔ Ein einschneidendes Erlebnis sorgt für erzwungenes Beisammensein.

Brainstorming-Ideen für Meilenstein 5, Variante 1:

✔ Da P1 vorher einen Unfall hatte, bietet P2 an, bei P1 einzuziehen, bis P1 vollständig erholt ist. P1 will das zwar nicht, hat aber keine andere Wahl, da es alleine absolut nicht geht.

✔ P1 muss aus beruflichen Gründen P2 auf eine Reise begleiten. In Meilenstein 5 fahren sie los.

✔ P1, ein magisches Wesen, hat in Meilenstein 3 herausgefunden, dass eine Zutat für einen wichtigen Zaubertrank im verbotenen Anwesen von P2 ist. In Meilenstein 5 bricht sie dort ein, wird von P2 entdeckt und gefangen genommen.

✔ P1 ist verliebt in P2, aber P2 wird bald heiraten, wie wir in Meilenstein 3 erfahren haben. In Meilenstein 5 erklärt sich P1 bereit, Trauzeugin/Trauzeuge zu sein und die Vorbereitungen zu unterstützen.

✔ P1 und P2 kämpfen für unterschiedliche, sich bekriegende Völker und werden vom König beauftragt, gemeinsam einen Feind zu besiegen.

✔ P1 und P2 müssen gemeinsam eine Gerichtsverhandlung vorbereiten und beschließen, dafür das Wochenende gemeinsam im Büro zu verbringen, wo sie auch übernachten werden. In Meilenstein 5 bringen sie ihre gepackten Koffer ins Büro und das »Arbeitswochenende« startet.

Praxisbeispiel: *Wie ein einziger Tag*

Allies Eltern missbilligen die Liebe zu Noah, weil sie nicht standesgemäß ist (Meilenstein 4). Sie hat einen großen Streit mit ihren Eltern, bei dem sie ihnen sagt: »Ich weiß, dass er nicht das ist, was ihr für mich wollt. Er ist nicht reich. Er ist arm. Er ist ungebildet, unkultiviert. Alles ist falsch!« Diese Sätze hört Noah im Nebenzimmer, in das er verwiesen wurde, und ist dadurch so tief verletzt, dass er geht und wenig später mit ihr Schluss macht.

Checkliste für Variante 2:

✔ Ein einschneidendes Erlebnis sorgt für die Trennung der beiden, freiwillig oder unfreiwillig.

Brainstorming-Ideen für diese Variante: P1 und P2 sind verliebt, aber dann …

✔ … wird P1 beruflich an einen anderen Ort versetzt

✔ … muss P1 aus familiären Gründen für längere Zeit wegziehen

✔ … geht P1 auf die Weltreise, die schon seit Ewigkeiten geplant war, und P2 kann nicht mitkommen

✔ … verbieten Autoritäten den weiteren Umgang miteinander

✔ … gibt es ein neues Gesetz, das ein weiteres Zusammentreffen der beiden unter Strafe stellt

✔ … begeht P1 eine Straftat oder wird für ein anderes Vergehen verhaftet

✔ … hat P1 einen Unfall und wird zur Behandlung weggebracht

✔ … kommt es zu einem riesigen Streit/Missverständnis und P1 trennt sich von P2.

Der zweite Akt

Nun kommt die Phase, die sich in den Varianten 1 und 2 am meisten voneinander unterscheidet. In der ersten Variante starteten die Figuren mit einem Gefühl der Ablehnung. Nun nähern sie sich an. Variante 2 hingegen hat am Anfang die Hoffnung auf Liebe geschürt, aber im zweiten Akt werden ihnen so viele Steine in den Weg gelegt, dass die Beziehung im Grunde keine Chance zu haben scheint.

Der zweite Akt gehört meiner Meinung nach zum schwierigsten Teil beim Schreiben eines Romans. Der Zauber, der dem Anfang innewohnt, ist vorbei. Probleme treten auf. Sie als Autorin oder Autor wissen vermutlich bereits, was in der Mitte passieren wird, aber Ihre Figuren und Leserinnen/Leser nicht. Sie schreiben einen Liebesroman, deshalb bauen Sie in dieser Phase Szenen ein, die die Chemie zwischen den Figuren zeigt – selbst wenn diese Figuren voneinander getrennt sind. Sie sind füreinander gemacht, buchstäblich, aber sie sehen es (noch) nicht oder können ihrem Herzensruf (noch) nicht folgen. Sie tanzen einen Foxtrott miteinander: slow, slow, quick, quick, slow, slow. Ihre Figuren gehen aufeinander zu und wieder zwei Schritte zurück.

In Variante 1 sorgen Sie für gemeinsame Erlebnisse, an die sich Ihre Figuren im dritten Akt zurückerinnern werden. In der Rückschau wird ihnen auffallen, wie sie sich gegenseitig zu besseren Menschen (Feen, Elfen, Zwergen, …) gemacht haben. Trotz aller Antipathien muss beim Lesen klar werden, dass es eine gemeinsame Basis für eine Beziehung gäbe, wenn andere Umstände anders wären.

In Variante 2 zeigen Sie ebenfalls, wie gut die Figuren zusammenpassen würden, und Sie können in der Umsetzung kreativ werden: Vielleicht stehen die beiden über Briefe, Videos oder geheime Lichtzeichen in Kontakt und können sich trotz der Trennung austauschen. Sie können auch Rückblenden einfügen oder die Figuren Tagebucheinträge verfassen lassen. In den kommenden Kapiteln erhalten Sie ausreichend Ideen zur Umsetzung.

Der zweite Akt endet mit einer bedeutenden Veränderung der Beziehung. Das kann schleichend oder mit einem Knall sein, wichtig ist nur, dass es einen folgeschweren Moment gibt (man nennt dies den Midpoint).

Planen Sie Meilenstein 6

Der sechste Meilenstein ist eine Reaktion auf den vorherigen und der erste Meilenstein im zweiten Akt. Wie schon in Meilenstein 4, so muss auch in Meilenstein 6 verständlich sein, wieso die beiden Figuren nicht zusammen sein können. Wenn Sie in Meilenstein 4 nur einen der beiden Charaktere haben zu Wort kommen lassen, könnten Sie in Meilenstein 6 zeigen, wieso auch die andere Figur dagegen sein sollte.

Variante 1 (»Ich hasse dich. Ach, nein, doch nicht.«):

Im »Meet Cute«-Moment (Meilenstein 3) waren sich P1 und P2 noch ihrer Antipathien sicher, die in Meilenstein 4 verstärkt wurden. Meilenstein 5 hat die beiden gegen ihren Willen zusammengebracht. Zeigen Sie nun, warum das zu Problemen führt. Steigern Sie die Antipathien und machen Sie den Figuren und der Leserschaft klar, warum aus diesen beiden nie ein Paar werden kann, obwohl sie auf einer Meta-Ebene eigentlich wie füreinander geschaffen sind.

Aufgabe: Legen Sie fest, wie Sie die gegenseitige Antipathie bestätigen oder steigern können. Stellen Sie sicher, dass die Figuren gemeinsame Bühnenzeit haben. Deuten Sie unterschwellig trotz allem die gegenseitige Anziehung an.

Praxisbeispiel für Variante 1: *Die Schöne und das Biest*

Das Biest wartet auf Belle, die noch nicht zum Abendessen erschienen ist. Er spricht mit seinen verzauberten Bediensteten, die in den Raum werfen, dass Belle möglicherweise diejenige ist, auf die sie schon so lange warten. Der Zauber kann, wie sie wiederholen, nur gebrochen werden, wenn er und Belle sich ineinander verlieben – und die Rose beginnt schon zu welken.

Das Biest ist deprimiert. »Ach, es hat keinen Sinn. Sie ist so schön, und ich bin … seht mich doch an!«

Trotz aller Bemühungen der Bediensteten kommt es zu einem Tiefpunkt in der Beziehung: Belle geht unerlaubterweise in den verbotenen Westflügel und entdeckt ein Zimmer, in dem das Biest ungezügelt gewütet hat. Voller Angst vor ihm flieht sie aus dem Schloss.

Allerdings wird sie von Wölfen angegriffen und das Biest rettet sie. Anschließend verarztet sie seine Wunden und bleibt bei ihm.

Checkliste für Variante 1:

- ✔ Ablehnung einer Beziehung kundtun (gegebenenfalls die emotionale Wunde noch einmal erwähnen, vertiefen oder verdeutlichen)
- ✔ Falls noch nicht geschehen, die Beweggründe gegen die Beziehung für P2 darstellen (durch eigene Perspektive, durch Gespräche oder anderweitig)
- ✔ Dennoch eine grundsätzliche Attraktivität und Anziehung zueinander zeigen

Brainstorming für Meilenstein 6 in Variante 1:

- ✔ Körperlich finden sich die Figuren anziehend, aber durch ihre Äußerungen wächst die Antipathie.
- ✔ Charakterlich finden sich die Figuren anziehend, aber etwas Äußeres stößt sie ab.
- ✔ Körperlich und charakterlich finden sich die Figuren anziehend, aber etwas aus der Vergangenheit steht zwischen ihnen, beispielsweise ein schlechter Ruf, ein Gerücht, eine alte Lüge, ein Verrat, Familienfehden (die die Figuren übernommen haben) oder Gesetze.

Variante 2 (»Ich liebe dich, aber es geht nicht«):

Da die beiden im vorigen Abschnitt getrennt wurden, zeigen Sie in Meilenstein 6, wie sehr sie unter der Trennung leiden. Heben Sie sich aber noch etwas Herzschmerz für später auf. Auf einer Gefühlsskala von -1 bis -10 liegen die Figuren irgendwo zwischen -5 und -7. Sie hadern mit den äußeren Umständen, die zu der Trennung geführt haben, aber sind gewillt, ihrer Liebe eine Chance zu geben, was sich aber als schwierig bis unmöglich herausstellt.

Aufgabe: Planen Sie ausreichend Handlung für die Figuren ein, die jetzt voneinander getrennt sind. Die Rahmenhandlung kann für Abwechslung und Ablenkung vom Herzschmerz sorgen. Legen Sie fest, ob und wie die Figuren trotz der Trennung Kontakt haben.

Praxisbeispiel: *Wie ein einziger Tag*

In Meilenstein 5 hat Noah mit Allie Schluss gemacht und sie ist mit ihren Eltern abgereist. Wir hören vom Erzähler, der die Geschichte der beiden vorliest: »Noah war verzweifelt. Er schrieb Allie, dass es ihm leidtue und dass es dumm von ihm war, mit ihr Schluss zu machen. Er schrieb ihr, dass er sie noch immer liebe und dass er sich nach ihr sehne und dass sie ihm schreiben solle, wo sie sei, er käme sofort zu ihr. Er schrieb ein Jahr lang jeden Tag einen Brief. 365 Briefe. Aber alle blieben unbeantwortet.«

Checkliste für Variante 2:

- ✔ Sehnsucht zueinander zeigen
- ✔ Falls noch nicht geschehen, die Beweggründe gegen die Beziehung für P2 darstellen (durch eigene Perspektive, durch Gespräche oder anderweitig)
- ✔ Wenn angebracht, die Rahmenhandlung oder Kulisse nutzen, um die Figuren zu beschäftigen. In dieser Erzählebene sollten die Konflikte nun zunehmen.

Brainstorming für Meilenstein 6 in Variante 2:

- ✔ Die Figuren erleben Liebeskummer und stürzen sich in die Erreichung des äußeren Ziels in der Rahmenhandlung, um sich vom Schmerz abzulenken.
- ✔ Die äußeren Umstände verändern sich so, dass ein Zusammenkommen noch unwahrscheinlicher wird (zum Beispiel durch eine Verschärfung von Gesetzen, durch einen Umzug in eine noch weiter entfernte Stadt, ...).
- ✔ Eine der Figuren trifft auf eine dritte Figur, von der sie umschwärmt und somit abgelenkt wird (Liebesdreieck).

Planen Sie Meilenstein 7

Wenn sich nichts verändern würde, hätten wir über die nächsten Seiten einfach zwei Figuren, die sich hassen und gegen ihren Willen Zeit miteinander verbringen müssen oder zwei Figuren, die sich lieben und nicht zusammen sein können. In Meilenstein 7 lassen Sie die Mauer aus Vorverurteilungen und Ablehnung in Variante 1 ein wenig bröckeln. Ganz so furchtbar ist P2 vielleicht doch nicht. Und P1 hat auch gute Seiten.

In Variante 2 schlagen Sie den gegenteiligen Weg ein und zeigen, welche Schwächen die Figuren haben und warum die Beziehung vielleicht doch nichts hätte werden können.

Aufgabe: Planen Sie eine Szene ein, in der sich eine der Figuren anders verhält, als es die andere Figur erwartet hätte und sie deshalb ihr festgefahrenes Bild der Figur leicht verändern muss.

Praxisbeispiel: *Die Schöne und das Biest*

Das Biest zeigt Belle, dem Bücherwurm, seine gigantische Bibliothek. Ich denke, Sie verstehen genau so gut wie ich, dass sich Belles Meinung über das Biest nun schlagartig ändert.

Praxisbeispiel: *Wie ein einziger Tag*

Nachdem Noah ein Jahr lang jeden Tag einen Brief geschrieben und keine Antwort erhalten hat, beschließt er, Allie hinter sich zu lassen und ein neues Leben anzufangen. Er meldet sich freiwillig für den Kriegsdienst. Allie startet ein neues Leben in ihrer Gesellschaftsschicht.

Kleine Anmerkung hierzu: In der Romanvorlage wird zudem beschrieben, wie Noah über Jahre versucht, sich mit verschiedenen Arbeiten abzulenken, und dass er einmal zu Allies angegebener Adresse reist, nur um festzustellen, dass sie unbekannt verzogen ist. Außerdem wird erwähnt, wie er sexuelle Erfahrungen mit anderen Frauen sammelt. Zwar hängt er mit seinem Herzen noch immer an Allie, aber er rennt ihr nicht mehr hinterher, sondern findet sich mit der neuen Situation ohne sie ab. Im Film wird nur ganz kurz seine Suche erwähnt.

Checkliste für Variante 2:

- ✔ Zweifel säen
- ✔ Weitere Ablenkung vom Herzschmerz und von der emotionalen Wunde durch externen Plot (Rahmenhandlung)

Brainstorming für Meilenstein 7 in Variante 2:

- ✔ P1 nimmt einen neuen Job an, den P2 unpassend findet.
- ✔ P1 übernimmt Verantwortung für ein Projekt, das zur Rahmenhandlung passt.
- ✔ P1 und P2 haben auf Distanz einen wichtigen Streit, der Eigenschaften offenbart, die das wahrgenommene Rosarot-Bild verändern.

Planen Sie Meilenstein 8

In Variante 1 wird das Knistern zwischen P1 und P2 nun lauter. Zwar gibt es noch immer viele Stimmen in ihren Köpfen, die dagegensprechen, aber die Begierde wächst. Parallel dazu entwickelt sich auch die Rahmenhandlung weiter und sorgt für Herausforderungen aller Figuren. Entwickeln Sie Ideen dafür, wie sich die Figuren besser kennenlernen und entdecken, warum ihr Gegenüber so eine Anziehung ausübt. Dieser Abschnitt ist im Grunde eine Vertiefung von Meilenstein 7.

In Variante 2 driften die Figuren weiter auseinander. Wenn sie zuvor nur körperlich getrennt waren, entfernen sie sich nun auch emotional weiter voneinander.

Aufgabe für Variante 1: Erfinden Sie eine Szene, in der sich die Figuren weiter aufeinander zubewegen.

Praxisbeispiel: *Die Schöne und das Biest*

Belle und das Biest essen zusammen. Das Biest frisst wie ein Schwein aus einem Trog, während Belle einen Löffel benutzt. Daraufhin probiert es das Biest, um Belle zu gefallen, auch mit einem Löffel. Bei seinen Pranken ist das jedoch äußerst schwierig. Daraufhin legt Belle den Löffel weg und trinkt ihre Suppe direkt aus dem Suppenteller. Es folgt das Lied »Wer hätt's gedacht«, das den Sinneswandel der beiden Figuren ausdrückt.

Checkliste für Variante 1:

- ✔ Beziehung zueinander vertiefen
- ✔ Verlangen erhöhen

Brainstorming für Meilenstein 8 in Variante 1:

- ✔ P1 rettet P2 in einer gefährlichen Situation.
- ✔ Ein Stromausfall in der Nacht zwingt sie, in Kerzenschein und ohne Internet miteinander zu sprechen, was vorher nicht möglich war.
- ✔ P1 und P2 sind die Einzigen, die in einer Situation über die gleiche Sache lachen.
- ✔ Bei einem Spiel müssen P1 und P2 aneinandergebunden werden und so unfreiwillig engen Kontakt über mehrere Minuten bis Stunden haben.
- ✔ Auf einer Feierlichkeit, die für die Figuren Zwang ist, amüsieren sie sich entgegen ihren Erwartungen.
- ✔ Sie bleiben nach einer Party allein bei einem Lagerfeuer zurück und betrachten ein Himmelsphänomen. Es ergibt sich ein Gespräch, in dem sie sich verletzlich zeigen.
- ✔ Sie entdecken eine gemeinsame Leidenschaft.

Aufgabe für Variante 2: Erfinden Sie eine Szene, in der sich die Figuren weiter voneinander entfernen.

Praxisbeispiel: *Wie ein einziger Tag*

Noah kämpft im Zweiten Weltkrieg. Allie arbeitet freiwillig als Schwesternhelferin, wo sie – laut Erzähler – in jedem Verwundeten Noah sieht und immerzu an ihn denkt. Dort lernt sie auch Lon kennen, der mit ihr flirtet, was sie noch weiter von Noah wegführt.

Checkliste für Variante 2:

- ✔ Beziehung zueinander abflachen lassen
- ✔ Verlangen beibehalten, aber abschwächen
- ✔ Es muss klar werden, dass sie zueinander passen würden, es aber nicht (mehr) wahrhaben wollen.

Brainstorming für Meilenstein 8 in Variante 2:

- ✔ P1 lernt eine neue Person kennen, die von den äußeren Bedingungen her besser zu passen scheint.
- ✔ Durch ein Missverständnis glaubt P1, dass P2 keine Zuneigung mehr empfindet.

- ✔ P1 hört das Gerücht darüber, P2 hätte jemand Neues kennengelernt.
- ✔ P1 geht eine Fake-Beziehung mit einer Figur ein und darf P2 nicht die Wahrheit sagen.
- ✔ Wegen familiärer Verpflichtungen oder anderer Umstände muss P1 längere Zeit auf Kontakt zu P2 verzichten.
- ✔ P1 und P2 hätten sich treffen können, aber durch bestimmte Umstände kann eine Person nicht daran teilnehmen und versetzt die andere Person ohne Erklärung.
- ✔ Ein Geheimnis aus der Vergangenheit enthüllt etwas, das ihr Vertrauen zueinander beeinträchtigt.
- ✔ Eine vertraute Person überzeugt P1 von der Unmöglichkeit der Beziehung.

Planen Sie Meilenstein 9

Wir nähern uns nun der Hälfte des Romans. Es läuft in Variante 1 immer besser zwischen unseren Figuren. Hier und da gibt es vielleicht noch Meinungsverschiedenheiten und die Rahmenhandlung sorgt mitunter immer wieder für Unterbrechungen, aber die Hitze steigt stetig an. In Meilenstein 9 kommt es zu einer Szene, die die größte Intimität zwischen diesen beiden Figuren zeigen soll, was im Drehbuchschreiben als »Sex at 60« bezeichnet wird. Das hat jedoch nichts mit dem Alter zu tun, falls Sie daran denken. Drehbücher sind in der Regel 120 Seiten lang und diese Szene markiert die Hälfte der Geschichte. In vielen Romanen werden die Figuren also Sex haben, aber falls das bei Ihrer Geschichte nicht passend ist, kann es auch zu einem Kuss kommen oder einer anderen Szene, die Vertrautheit und großes Vertrauen zueinander zeigt. Sie beschreiben mit diesem Meilenstein den Moment, in dem sich die Figuren einander öffnen und verletzlich zeigen (bevor es in den erschütternden Midpoint geht).

Wenn die Figuren zuvor bereits miteinander geschlafen haben, können sie es jetzt erneut tun, aber der Grad der Intimität sollte sich verändern haben, denn auch die Gefühle haben sich geändert.

In Variante 2, die gegenteilig verläuft, geht es in die andere Richtung: Die beiden Figuren sind nun so weit auseinandergedriftet, dass sie sich schon fast vergessen haben. Vielleicht geben sie einer neuen Liebe eine Chance, verloben sich mit jemand anderem oder verstauen die alten Liebesbriefe des anderen irgendwo hinten in einer staubigen Ecke des Dachbodens. Es sollte deutlich werden: Diese beiden leben nun ohne einander weiter.

Aufgabe für Variante 1: Es ist Zeit für ein Feuerwerk der Gefühle! Integrieren Sie in Ihrer Planung an dieser Stelle eine Sexszene oder eine Szene, die eine gleichwertige Intimität für die Figuren darstellt. Wenn Ihre Figuren sich erst ganz am Ende im Finale »kriegen« sollen, erschaffen Sie eine Situation, die anderweitig intim ist.

Tipps zu Sexszenen finden Sie im Kapitel »Let's talk about Sex, Baby«.

Praxisbeispiel: *Die Schöne und das Biest*

Das Biest und Belle haben sich herausgeputzt und tanzen miteinander in der bekannten »Ballszene«.

Checkliste für Variante 1:

✔ Intimen Moment erzeugen

Brainstorming für Meilenstein 9 in Variante 1:

✔ In einer schlaflosen Nacht liegen sie nebeneinander, und einer der beiden offenbart eine Angst oder ein Trauma aus der Kindheit.

✔ Einer der beiden ist krank oder verletzt, und der andere kümmert sich liebevoll um ihn.

✔ Sie finden ein altes Lied, das sie beide lieben, und singen es zusammen.

✔ Sie sprechen über die Narben auf ihrem Körper, sei es physische oder emotionale, und erzählen sich die Geschichten dahinter.

✔ Nach einem Streit gehen sie im Regen spazieren und enden schließlich, eng umschlungen, in einem spontanen Tanz.

✔ Sie verbringen einen Abend vor dem Kamin und erzählen sich von den Momenten, in denen sie am meisten Angst hatten.

✔ Einer der beiden sagt zum ersten Mal »Ich liebe dich« und wartet mit klopfendem Herzen auf die Reaktion des anderen.

✔ Sie haben fast ihren ersten Kuss.

✔ Sie haben ihren ersten Kuss.

✔ Sie tun etwas, das sich eine der Figuren zuvor nie getraut hätte.

✔ Sie sprechen über ihre tiefsten Ängste oder über Peinlichkeiten.

✔ Einer der beiden kann nicht schlafen, und der andere bleibt wach und erzählt Geschichten, bis sie schließlich in den Armen des anderen einschlafen.

Aufgabe bei Variante 2: Erschaffen Sie eine Szene, in der die Figuren weiter voneinander entfernt zu sein scheinen als je zuvor.

Diese Distanz muss nicht zwingend örtlich sein, sondern sollte in erster Linie die Wahrscheinlichkeit eines Happy Ends betreffen. Die Szene hat den Effekt, eine Wiedervereinigung der beiden Hauptfiguren als möglichst unwahrscheinlich darzustellen. Sie können auch über Figuren schreiben, die sich emotional voneinander entfernen, aber örtlich verbunden bleiben.

Praxisbeispiel: *Wie ein einziger Tag:*

Allie geht mit Lon aus. Sie verstehen sich gut, verlieben sich und er macht ihr einen Heiratsantrag, den sie annimmt. Allie hat sich in ihrem neuen Leben vollständig eingerichtet.

Checkliste für Variante 2:

- ✔ Moment (vermeintlich) absoluter Distanz zueinander entwickeln

Brainstorming für Meilenstein 9 in Variante 2:

- ✔ P1 nimmt den Heiratsantrag einer anderen Figur an, die nicht P2 ist.
- ✔ P1 betritt eine Party, nur um zu erfahren, dass es sich um die Verlobung von P2 mit einer anderen Person handelt.
- ✔ Eine andere Person gesteht P1 in aller Öffentlichkeit seine/ihre Gefühle, und P1 akzeptiert das Geständnis.
- ✔ P1 und eine dritte Person küssen sich, was von P2 beobachtet wird. Erst später wird sich herausstellen, dass es sich um ein Missverständnis handelt oder was der Hintergrund war (Tipp: »Das war meine Schwester« wäre zu klischeehaft als Erklärung).
- ✔ P1 zieht weg.
- ✔ P1 trifft auf eine/n Ex und versteht sich zu gut mit dieser Person.
- ✔ P1 gesteht P2 das Geheimnis, dass sie/er bereits verheiratet oder in einer Beziehung ist.
- ✔ Eine antagonistische Figur tut etwas, um die Beziehung der beiden zu verhindern.
- ✔ Die Rahmenhandlung / Die Kulisse drängt die beiden noch weiter auseinander.

Planen Sie Meilenstein 10

Der magische Moment ist in Variante 1 vorbei, aber lassen Sie die Figuren noch ein wenig die Atmosphäre genießen, ehe die Abrissbirne des Midpoints alles ins Wanken bringen wird. Wenn die Figuren in der Szene zuvor miteinander geschlafen haben, lassen Sie sie jetzt einen wunderschönen Morgen erleben, vielleicht mit einem gemütlichen Frühstück im Bett und Zukunftsplänen. Der Abschnitt kann so kurz oder lang sein, wie es zu Ihrer Geschichte passt, aber lassen Sie deutlich werden, wie schön gerade alles ist. Kreieren Sie einen Moment des Friedens und Glücks. Lassen Sie die Figuren über etwas sprechen, das sie noch nie jemandem anvertraut haben. Für unser Liebespaar fühlt es sich so an, als seien sie endlich »angekommen«, und nichts wird sie je wieder auseinanderbringen.

Das gegenteilige Prinzip nutzen Sie in Variante 2: Entweder wechseln Sie die Perspektive und zeigen, inwiefern die andere Figur sich emotional oder physisch entfernt hat. Sind beide dabei, sich ein neues Leben aufzubauen? Oder leidet einer von ihnen noch immer, während der andere wieder glücklich verliebt ist? Möglicherweise hatte eine Ihrer Figuren ein äußeres Ziel, das sie erreichen wollte und jetzt erreicht, aber irgendwie ist es nicht so befriedigend wie gedacht.

Wenn Ihnen eine Möglichkeit einfällt, um die Figuren noch ein Stückchen weiter zu trennen, tun Sie es jetzt. Ansonsten lassen Sie die Figuren mit der Beziehung abschließen. Je tiefer sie jetzt am Boden sind, desto größer wird die Achterbahnfahrt in Akt III. Legen Sie aber für Ihre Geschichte fest, ob sich beide Figuren voneinander entfernen sollen oder ob eine der beiden nach wie vor an der Liebe festhält und jetzt mehr leidet als die andere Figur.

Aufgabe: Erschaffen Sie entweder einen Moment des Friedens und der völligen Einheit zwischen Ihren Figuren oder sorgen Sie dafür, dass eine Rückkehr zueinander ein für alle Mal unmöglich erscheint. Tipp: Nutzen Sie für Ihr Brainstorming auch die Ideen aus Meilenstein 9!

Praxisbeispiel: *Die Schöne und das Biest*

Meilenstein 10 währt nur wenige Sekunden im Film. Nach dem gemeinsamen Tanz gehen Biest und Belle auf den Balkon. Er rückt schüchtern weiter zu ihr und fragt sie, ob sie glücklich ist. Sie antwortet mit »Ja.«

Checkliste für Variante 1:

- ✔ Wenn angebracht: Perspektivwechsel, um die intime Verbundenheit auch vonseiten der anderen Figur zu zeigen
- ✔ Den schönen Moment auskosten lassen

Brainstorming für Meilenstein 10 in Variante 1:

- ✔ Ein ausgedehntes Frühstück nach dem ersten Mal
- ✔ Gemeinsame Veranstaltung besuchen (Kochkurs, Wildwasser-Rafting, Theaterstück, Kirmes, …), bei der sie auf Wolke 7 schweben (idealerweise passt es zur Kulisse)
- ✔ Händchenhaltend spazieren gehen
- ✔ Gemeinsamer Tanz
- ✔ Sonnenauf- oder -untergang betrachten
- ✔ Spontane Städtereise
- ✔ Besuch der Eltern
- ✔ Candlelight-Dinner
- ✔ Gemeinsame Renovierung

Praxisbeispiel für Variante 2: *Wie ein einziger Tag*

In Meilenstein 9 hat Allie von Lon einen Heiratsantrag bekommen. In Meilenstein 10 sehen wir, wie Noah aus dem Krieg nach Hause kommt und sein Vater ihm so viel Geld gibt, dass er endlich das Haus kaufen kann, von dem er immer geträumt hat. Er fährt in die Stadt, um seine Baupläne genehmigen zu lassen, und sieht zufälligerweise Allie und ihren Verlobten. Daraufhin verfällt er in einen wahren Arbeitsrausch, um sich seinen Gefühlen nicht stellen zu müssen, und renoviert das gesamte Haus.

Checkliste für Variante 2:

- ✔ Wenn angebracht: Perspektivwechsel, um den Umgang mit der Trennung auch vonseiten der anderen Figur zu zeigen
- ✔ Das neue Leben oder den noch immer vorhandenen Liebeskummer zeigen
- ✔ Stellen Sie aber sicher, dass wenigstens die Leserinnen und Leser verstehen, wie gut die beiden dennoch zusammenpassen würden.

Brainstorming für Meilenstein 10 in Variante 2: Trennung überwinden

- ✔ P1 verkauft, verbrennt oder verstaut etwas, das sie/ihn an P2 erinnert, beispielsweise alte Liebesbriefe oder Fotos.
- ✔ P1 lässt sich komplett umstylen.
- ✔ P1 löscht den alten Nachrichtenverlauf und blockiert P2.
- ✔ P1 legt die Kette ab, die P2 ihr/ihm geschenkt hat.
- ✔ P1 fängt einen neuen Job oder ein neues Projekt an.
- ✔ P1 zieht aus der gemeinsamen Wohnung aus.
- ✔ P1 schreibt einen Abschiedsbrief an P2 (oder umgekehrt).
- ✔ P1 sagt einem Date zu.

Sie können jederzeit die Figuren austauschen und P2 die Dinge erleben oder tun lassen, die hier als P1 stehen.

Brainstorming für Meilenstein 10 in Variante 2: Unter Trennung leiden

- ✔ P1/P2 schläft weiterhin in dem Shirt der anderen Figur.
- ✔ Gemeinsame Fotos und Nachrichten bleiben auf dem Handy, und P sieht sie sich oft an.
- ✔ P geht immer wieder zu Orten, die mit gemeinsamen Erinnerungen verbunden sind, in der Hoffnung, den anderen dort zu treffen.
- ✔ P kocht Gerichte oder hört Musik, die sie gemeinsam genossen haben.
- ✔ P1 schaut sich die Social-Media-Profile von P2 an, um herauszufinden, wie es ihr/ihm geht.
- ✔ P1 spricht in Gedanken noch immer mit P2 und spielt Szenarien durch, was sie hätte anders machen können (als innerer Monolog, als Brief oder Tagebuch oder im Gespräch mit einer vertrauten Figur).
- ✔ Andere Figuren versuchen, sie aufzumuntern, und machen sich Sorgen.
- ✔ P1 stürzt sich in die Arbeit, um die Trauer zu verdrängen, wirkt aber unzufrieden und müde.

Sehen Sie sich noch einmal die Achterbahnfahrt der Gefühle der Figuren an, die Sie vor der Planung mit Ihrem Whiteboard, auf einem großen Papier oder in Ihrem Notizbuch erstellt haben: Wie sehr soll die Figur am Boden sein? Haben Sie vor, die Figur in Akt III noch tiefer fallen zu lassen, wie es in den meisten Romanen der Fall ist? Dann heben Sie sich noch Potenzial für diesen späteren Fall auf.

Der dritte Akt

Alles fühlte sich in Variante 1 so gut an zuletzt. Es hätte ewig so weitergehen können. Leider geht nun etwas schief. Die Figuren tragen ihre Ängste noch immer in sich und haben noch nicht wirklich gelernt, Liebe über Angst zu stellen. Ihr Happy End kann nur wirklich gelingen, wenn sie lernen, was sie zu lernen haben – und das passiert nun einmal nur, indem wir Negatives überwinden. Auch wenn dieses Bild völlig überstrapaziert ist und ein altes Klischee, ich verwende es trotzdem: Eine Raupe, die zu einem Schmetterling werden will, muss sich mit viel Mühe und Kraft aus dem schützenden, sicheren und festen Kokon befreien. Ihre Figuren werden ähnliche Anstrengungen unternehmen müssen, um bereit für die wahre Liebe zu werden.

Diese Anstrengungen müssen die Figuren in Variante 2 auch auf sich nehmen, denn nun gibt es einen Funken Hoffnung für ihre Liebe.

Ihre Liebenden müssen die Mauern um ihre Herzen langsam infrage stellen und dann mit eigenen Händen einreißen. Um sie in die Richtung zu treiben, in der sie über sich hinauswachsen können, ist es nun Ihre Aufgabe, richtig gemein zu sein. Das ist einer der vielen Vorteile an unserem Beruf: Sie dürfen Ihre gehässige, böse Seite zeigen, ohne dass man echte Rückschlüsse auf Ihren Charakter ziehen wird, schließlich ist das alles nur eine Geschichte. Weiß ja niemand, dass Sie sich bei dieser und jener Szene Ihren nervigen Nachbarn oder die cholerische Chefin vorgestellt haben. Aber prüfen Sie sicherheitshalber trotzdem lieber noch mal, welche Namen Sie da geschrieben haben.

Nehmen Sie sich an dieser Stelle gerne noch einmal Ihre Überlegungen zu der Frage vor, warum die beiden nicht zusammen sein können (Meilensteine 4 und 6) und erweitern oder vertiefen Sie diese Gründe. Wie eine hungrige Raubkatze stürzen Sie sich auf das schwächste Glied der Herde, und das sind die emotionalen Wunden Ihrer Figuren. Seien Sie im dritten Akt nicht zu zaghaft! Es ist die Phase der Taschentücher und Gänsehautmomente, aber eben auch voller unangenehmer Gefühle. Was aufgebaut wurde, wird nun eingerissen. Setzen Sie Ihren Helm auf und legen Sie los.

Planen Sie Meilenstein 11

Die Meilensteine 10 und 11 markieren ungefähr die Hälfte des Romans und das Pendel schlägt langsam in die andere Richtung aus.

Anfangs konnten sich die Figuren in Variante 1 ein Leben miteinander nicht vorstellen, obwohl es eine gewisse Anziehung zwischen ihnen gab. Im Laufe der ersten Hälfte des Romans, insbesondere im zweiten Akt (Meilensteine 6 bis 10), sind sich die Figuren jedoch nähergekommen, haben ihre Vorurteile abgebaut und sich emotional aufeinander eingelassen.

Alles wirkt so, als hätten sie nach anfänglichen Schwierigkeiten ein wunderschönes Happy End und ihre Zukunft ist gefüllt mit Zuckerwatte und Glitzer – oder wenigstens, als wäre es im Rahmen des Möglichen, sich in die andere Figur zu verlieben (auch wenn sie es vielleicht nicht zugeben würden).

Doch in Meilenstein 11 kommt die fiese kleine Stimme wieder zum Vorschein und die Angst wird wieder lauter. Säen Sie Zweifel, die das vermeintliche Glück dämpfen.

Die beiden Figuren in Variante 2 haben sich zu Beginn ineinander verliebt, wurden dann aber durch einen wichtigen Grund voneinander getrennt. Sie haben sich im zweiten Akt höchstwahrscheinlich nicht gesehen (oder haben sich zumindest emotional distanziert) und sich langsam mit der Trennung abgefunden, obwohl da noch Gefühle füreinander sind. Die endgültige Trennung scheint vollzogen zu sein.

Meilenstein 11 dient dazu, sich die beiden wieder annähern zu lassen. Kurz bevor die beiden sich für immer den Rücken kehren, sollte etwas passieren, um den jeweils anderen wieder ins eigene Leben zu bringen.

Aufgabe für Variante 1: Säen Sie, basierend auf der Anfangslüge (Wunde), erneute Zweifel an der neuen Liebe.

In Variante 2 schicken Sie einen kleinen Hoffnungsschimmer und gestalten eine Szene, die die Figuren sich ein wenig annähern lässt. Bonuspunkte gibt es für alle, die hierbei auf »Kommissar Zufall« verzichten können.

Praxisbeispiel für Variante 1: *Die Schöne und das Biest*

Belle und das Biest haben miteinander getanzt und alles könnte schön sein, aber sie vermisst ihren Vater. Der Zauberspiegel zeigt ihr, dass er krank zu Hause ist.

Checkliste für Variante 1:

- ✔ Zweifel säen

Brainstorming für Meilenstein 11 in Variante 1:

- ✔ P1 hört, wie jemand P2 rät, die Finger von P1 zu lassen.
- ✔ P1 verpasst etwas, das P2 extrem wichtig ist, was Zweifel an der gegenseitigen Wertschätzung bringt.
- ✔ Ein Expartner / eine Expartnerin kommt wieder.
- ✔ Sie stellen fest, dass wichtige Ziele nicht übereinstimmen und ein gemeinsames Leben schwer machen.
- ✔ In einem wichtigen Moment steht P1 nicht zu P2 oder äußert sich sogar negativ, was auf P2 unehrlich wirkt.
- ✔ Eine der Figuren verhält sich ungewöhnlich und scheint etwas zu verbergen (was mit der Rahmenhandlung zu tun haben kann).

- ✔ Durch ein Missverständnis scheint es so, als wäre eine der Figuren untreu.
- ✔ Eine Figur gesteht ihre Gefühle, die andere erwidert sie aber nicht (öffentlich).
- ✔ Sie streiten und sagen etwas Verletzendes.
- ✔ Eine der beiden Figuren hat einen Albtraum, eine böse Vorahnung oder eine entsprechende Prophezeiung über die anstehende Trennung.
- ✔ P1 deckt ein Geheimnis von P2 auf und zweifelt an P2s echten Absichten.

Praxisbeispiel für Variante 2: *Wie ein einziger Tag*

Allie musste mit ihren Eltern in Meilenstein 5 wegziehen. Im zweiten Akt hat sie sich in ihrem gesellschaftlich anerkannten Leben zurechtgefunden und den Heiratsantrag von Lon angenommen, der in den Augen ihrer Eltern passend ist. Im Vergleich zu Noah ist er in Ordnung, aber man merkt, dass es von Allies Seite aus nicht die ungezügelte Liebe ist, die sie für Noah empfunden hat. Noah hingegen hat sich aus lauter Liebeskummer in sein Traumhaus-Projekt gestürzt und ein Haus kernsaniert. Im ersten Akt hatten die beiden darüber gesprochen, wie schön es wäre, eines Tages hier gemeinsam einzuziehen.

In Meilenstein 11 ist das Haus fertiggestellt und Noah wird für die Zeitung damit fotografiert. Allie stößt auf den Artikel und versteht, um welches Haus es sich hierbei handelt.

Checkliste für Variante 2:

- ✔ Sich und ihre alte Liebe wieder in Erinnerung rufen

Brainstorming für Meilenstein 11 in Variante 2:

- ✔ P1 erfährt etwas Interessantes über P2 durch Gespräche oder Medien.
- ✔ P1 und P2 müssen – vielleicht aufgrund der Rahmenhandlung/Kulisse – gemeinsam an einer Sache oder einem Projekt arbeiten.
- ✔ Eine Figur, die mit beiden verbunden ist, führt sie wieder (kurz) zusammen.
- ✔ Es wurden doch nicht alle Erinnerungen zerstört, und so fällt P1/P2 ein altes Erinnerungsstück in die Hände und motiviert ihn/sie, Kontakt aufzunehmen.
- ✔ P1 gerät in Gefahr und wird von P2 gerettet, obwohl sie sich geschworen haben, sich nicht wiederzusehen.
- ✔ Ein vertrautes Erinnerungsstück (ein gemeinsames Lied, ein bestimmtes Gericht, ...) weckt das alte Verlangen.
- ✔ Im Rahmen eines Gesprächs, zum Beispiel mit Freunden, wird die Figur motiviert, Kontakt aufzunehmen.
- ✔ P1 erhält eine Einladung zur Hochzeit von P2.

Planen Sie Meilenstein 12

Der Frieden, der in den Meilensteinen 9 und 10 von Variante 1 so greifbar war, ist empfindlich gestört. Erste Zweifel an der Liebe und womöglich der eigenen Liebesfähigkeit kommen auf. Es wäre aber viel zu einfach, wenn sich die Figuren jetzt offen über ihre Gefühle und Ängste austauschen, sich aussprechen und dann auch noch einen friedlichen Konsens finden. Wir sind hier nicht im wahren Leben.

Damit Sie den Überblick behalten, hier eine kurze Ankündigung der kommenden Schritte:

- ✔ Meilenstein 10 war noch der siebte Himmel (in Variante 1),
- ✔ Meilenstein 11 sät Zweifel beziehungsweise lässt alte Vorurteile aufleben,
- ✔ Meilenstein 12 verstärkt die Zweifel im Inneren,
- ✔ Meilenstein 13 lässt sich die Figuren zurückziehen (Mauern bauen),
- ✔ in Meilenstein 14 wird das eintreten, was bereits befürchtet wurde, und
- ✔ in Meilenstein 15 trennt sich das Paar vorerst.

Die Meilensteine 11 bis 14 lassen sich in vielen Fällen zusammenfassen, sodass mehrere Meilensteine im gleichen Kapitel bearbeitet werden.

Denken Sie an ein Liebespaar, das voller Begeisterung innerhalb kürzester Zeit zusammenzieht, vielleicht sogar heiratet, und auf Wolke sieben schwebt. Irgendwann jedoch wird auch bei diesem Paar der Alltag einziehen. Genau das geschieht im 12. Meilenstein: Realität. Leise Zweifel werden lauter. Es kommt Sand ins Getriebe. Auch die Rahmenhandlung beziehungsweise eine antagonistische Kraft kann nun stärker einwirken.

Für Variante 2 war der vorige Meilenstein eine erste Idee der Wiederannäherung. Sie haben etwas geschehen lassen, woraufhin die Figuren wieder Kontakt aufgenommen haben. Dieser Kontakt wird nun intensiviert, beispielsweise indem sich die Figuren treffen.

Aufgabe: Lassen Sie Ihre Figuren auf die Veränderung aus Meilenstein 11 reagieren.

Praxisbeispiel für Variante 1: *Die Schöne und das Biest*

Der Film fasst die Meilensteine 12 bis 15 sehr schnell zusammen: Belle sieht, dass ihr Vater ihre Hilfe braucht. Das Biest ringt kurz mit sich. Eigentlich will er sie nicht gehen lassen, denn sein weiteres Leben steht auf dem Spiel. Lässt er Belle gehen, wird sie höchstwahrscheinlich nicht wiederkommen und das Biest muss sein Leben lang in der Gestalt des Monsters verweilen.

Checkliste für Variante 1:

- ✔ Inneres Ringen mit den Ereignissen aus Meilenstein 11 einfügen
- ✔ Anziehung der beiden dennoch beibehalten oder steigern
- ✔ Die Rahmenhandlung kann an Konflikten zunehmen. Gerne Überraschungen einplanen!

Brainstorming für Meilenstein 12 in Variante 1:

- ✔ Nachdem sie (gegebenenfalls erneut) miteinander geschlafen haben, fühlt es sich jetzt nicht mehr so erfüllt an wie zuvor.
- ✔ Eine der beiden Figuren ist in sich gekehrter als zuvor und antwortet wortkarg.
- ✔ Kurzes Zögern oder Zucken, auch Wegdrehen bei Körperkontakt
- ✔ Nach dem Sex steht einer der beiden sofort auf und geht, statt, wie zuvor, noch Zeit mit der anderen Figur zu verbringen.
- ✔ P1 scheint häufig abgelenkt zu sein und gedankenverloren.
- ✔ Kleine Unstimmigkeiten werden nicht angesprochen, sondern verschwiegen, schwelen aber weiter.
- ✔ P1 fühlt sich im Kreise von P2s Freunden fehl am Platz und fragt sich, wie das künftig aussehen soll.
- ✔ P1 lässt eine Bemerkung über seine/ihre Ex fallen, der/die etwas besser konnte oder besser gemacht hat als P2.
- ✔ P1 bekommt bei einer Aktion das Gefühl, mehr in die Beziehung zu investieren als P2, und fragt sich, warum.
- ✔ P1 ist eifersüchtig.
- ✔ P1 fragt sich, warum P2 Geheimnisse hat und was der wahre Grund dahinter ist.
- ✔ P1 erfindet eine Notlüge, um einer Diskussion aus dem Wege zu gehen.
- ✔ P1 ist immer mehr genervt von kleinen Dingen im Alltag.

Praxisbeispiel für Variante 2: *Wie ein einziger Tag*

Allie hat Noahs Artikel in der Zeitung gesehen. Sie geht zu ihrem Verlobten Lon und spricht mit ihm. Ihr ist aufgefallen, dass sie nicht mehr malt, dabei war das die einzige Sache, die sie Jahre zuvor aus Spaß an der Freude gemacht hat. Sie sagt ihm, sie müsse wegfahren und ein paar Dinge in Ordnung bringen. Lon fragt, ob er sich Sorgen machen müsse, aber Allie verneint dies.

Checkliste für Variante 2:

- ✔ Aufkeimendes Interesse aneinander zeigen
- ✔ Anziehung der beiden beibehalten oder steigern
- ✔ Die Rahmenhandlung kann an Konflikten zunehmen

Brainstorming für Meilenstein 12 in Variante 2:

- ✔ Die Figuren werfen sich einen langen, intensiven Blick zu.
- ✔ Die Figuren berühren sich zufällig und es kribbelt.
- ✔ Die Figuren lachen gemeinsam und fühlen sich wohl miteinander.
- ✔ P1 macht P2 ein unerwartetes, von Herzen kommendes Kompliment.
- ✔ P1 und P2 sprechen über eine gemeinsame Erinnerung, die ein positives Gefühl erzeugt.
- ✔ P1 beschließt, P2 überraschend aufzusuchen.
- ✔ P1 hilft P2 bei etwas.
- ✔ P1 wirft beim Verabschieden einen Blick über die Schulter, P2 erwidert den Blick kurz, schaut dann aber weg.
- ✔ P1 bringt P2 etwas Vergessenes zurück (eine Mütze, ein Schmuckstück, etwas Persönliches).
- ✔ P1 überrascht P2 mit einer Lieblingssache (Leibspeise, Lieblingsgetränk, bestimmte Angewohnheit wird berücksichtigt). P2 fühlt sich wertgeschätzt.
- ✔ P1 beobachtet P2 heimlich und lächelt verliebt.
- ✔ Eine Umarmung währt länger als gewöhnlich.

Sie merken bereits beim Studieren der Liste: Diese Meilensteine bieten genug Luft für andere Handlungen. Sorgen Sie dafür, an diesen Stellen, wenn die »Liebeshandlung« subtil beleuchtet wird, ausreichend andere Ziele, Motivation und Handlungsaufforderungen zu haben. Bei »Nur noch bis morgen« klappt es deshalb gut, weil die Rahmenhandlung immer dann eingefügt wird, wenn die Spannung in der Allie-und-Noah-Ebene nachlässt.

Planen Sie Meilenstein 13

Die Anfangslüge, die die Figur davon abhält, voll und ganz die Liebe über die Angst stellen zu können, ist wieder da und lauter als zuvor. Wenn P1 beispielsweise glaubt, sie/er sei es nicht wert, geliebt zu werden, dann wird sie/er in den Meilensteinen 12 und 13 Beweise dafür finden. Vielleicht stößt P1 auf eine alte Aussage von P2 und erfährt, wie P2 über P1 am Anfang des Romans gedacht hat (»So eine Vogelscheuche wie P1 könnte ich niemals lieben.«). P1 wird alles, was P2 sagt, durch die Brille der Anfangslüge sehen und entsprechend interpretieren.

Meilenstein 13 dient dem emotionalen Rückzug aus der Beziehung der beiden, um nicht verletzt zu werden. Mindestens eine der beiden Figuren denkt über eine Trennung nach und bereitet ihren Rückzug vor. »Ich mache lieber Schluss, bevor ich verletzt werde«, lautet die unbewusste Motivation dahinter. Die wichtigsten Komponenten dabei sind körperliche Distanz und vermehrtes Schweigen über wahre Gefühle.

Anders sieht es natürlich in Variante 2 aus. In Meilenstein 13 können sich Ihre Figuren nach der langen Zeit des Getrenntseins endlich wiedersehen (falls sie örtlich getrennt waren). Jedoch ist es zunächst ein verhaltenes Wiedersehen voller aufschäumender Gefühle und unausgesprochener Vorwürfe. Freude, Wut, Trauer und Enttäuschung liegen eng beieinander. Ich werde in einem der nächsten Meilensteine einen Absturz provozieren, der die Liebe zueinander wieder infrage stellt (das ist die typische »Achterbahn der Gefühle«, von der immer alle reden). Um diesen Umschwung emotional aufzuladen, sollten Sie jetzt einen schönen, aber steigerungsfähigen Moment zwischen den Figuren erschaffen.

Aufgabe: Je nach Variante treiben Sie die Figuren langsam auseinander oder zusammen.

Praxisbeispiel für Variante 1: *Die Schöne und das Biest*

Das Biest lässt Belle frei, damit sie sich um ihren Vater kümmern kann. Damit lässt er auch seine Chance gehen, sich jemals wieder in einen Menschen zu verwandeln, da er davon ausgeht, Belle nie wiederzusehen. Belle rennt davon.

Checkliste für Variante 1:

- ✔ Emotionalen Rückzug vorbereiten, der bald in einer Trennung mündet (aber noch nicht jetzt, erst in Meilenstein 15)

Brainstorming für Meilenstein 13 in Variante 1:

- ✔ Die Antworten auf Nachrichten und Fragen werden einsilbig und wirken abwesend.
- ✔ Streitereien häufen sich und scheinen nicht mehr belanglos zu sein.
- ✔ Die Zweifel von Familien und Freunden an der Beziehung werden lauter und die Figuren denken darüber nach, ob sie recht haben.
- ✔ Kleine liebevolle Gesten fallen aus, die es zuvor gegeben hat (beispielsweise fehlt der Abschiedskuss oder P1 fragt P2 nicht mehr, wie der Tag gelaufen ist).
- ✔ P1 blockt körperliche Intimität ab oder erfindet Ausreden, um nicht zu küssen, kuscheln oder miteinander zu schlafen.
- ✔ Gemeinsame Träume, die es in Akt II noch gegeben hat, erscheinen nun für P1 sinnlos, zu unrealistisch oder (vermeintlich) nicht mehr begehrenswert.
- ✔ Eine Figur ist häufig abwesend, beispielsweise wegen Überstunden, Reisen, Pflege Angehöriger oder Treffen mit Freunden.
- ✔ P1 entfernt gemeinsame Erinnerungsstücke.
- ✔ Vor einem Kuss zögert die Figur für einen kurzen Moment.
- ✔ Bei emotionalen Gesprächen schaut eine der Figuren auf den Boden oder woanders hin und meidet Blickkontakt.

- ✔ Die Sprache verändert sich und wirkt kühler und distanzierter als zuvor.
- ✔ Bei einer Situation, die früher beide näher zusammengebracht hat, amüsiert sich eine der Figuren nicht mehr.
- ✔ Mindestens eine der Figuren ist gereizter und ungeduldiger als zuvor.

Suchen Sie im Internet nach »Anzeichen einer anstehenden Trennung« für weitere Ideen oder lassen Sie sich von Ihrem Leben und dem Ihrer Mitmenschen inspirieren. Schulen Sie Ihre Beobachtungsgabe.

Praxisbeispiel für Variante 2: *Wie ein einziger Tag*

Allie fährt zu Noah, um das Haus anzusehen. Sie bringen sich auf den neuesten Stand der Dinge. Sie klären: »Du heiratest Lon und wir bleiben Freunde. Habe ich recht?« – »Hast du.«

Allie sagt, sie würde Lon von ganzem Herzen lieben, was zeigt, wie sehr sie ihrer Anfangslüge noch glaubt (nämlich, dass andere besser wissen, was gut für sie ist, als sie selbst. Erinnern Sie sich? Noah sagte zu ihr: »Du tust nicht, was du willst.«).

Er lädt sie ein, am nächsten Tag noch einmal wiederzukommen.

Im Hotelzimmer telefoniert Allie mit Lon, der viele Male probiert hat, sie zu erreichen. Sie sagt ihm nichts von dem Treffen und bittet ihn um Vertrauen.

Checkliste für Variante 2:

- ✔ Emotionale Annäherung; ein »Was wäre, wenn wir uns wiedersehen?«

Brainstorming für Meilenstein 13 in Variante 2:

- ✔ P1 nimmt mit P2 (vermehrt) Kontakt auf.
- ✔ P1 hängt Tagträumen über eine Zusammenkunft mit P2 nach.
- ✔ Eine vertraute Figur redet positiv über die Verbindung zwischen P1 und P2.
- ✔ P1 erinnert sich daran, wie P2 das Beste in ihr/ihm hervorgeholt hat (und dass es aktuell verschüttet ist).
- ✔ P1 hat erotische Träume von P2.
- ✔ P1 denkt über die gemeinsamen Träume von damals nach und merkt, wie bewegend das ist.
- ✔ P1 erfindet Vorwände, um häufiger bei P2 zu sein.
- ✔ P1 geht die alten Erinnerungsstücke durch.
- ✔ Wenn sie sich sehen, können P1 und P2 ihre Blicke nicht abwenden.
- ✔ Die Sprache verändert sich und wirkt emotionaler und verlangender als zuvor.

Planen Sie Meilenstein 14

Das, was die Figuren von Anfang an befürchtet haben, tritt in Variante 1 ein und führt im nächsten Meilenstein (15) zur Trennung.

P1 glaubt, alle Männer sind Lügner? Dann wird sie/er in diesem Meilenstein hinter eine Lüge kommen (die jedoch gerechtfertigt war in Augen der Leserschaft).

Oder P2 hat Angst davor, gedemütigt zu werden, wenn er/sie sich verletzlich zeigt? Dann passiert genau das.

So weit ist es in Variante 2 noch nicht (aber keine Sorge, auch diese Figuren werden bald leiden). Die verwirrenden Gefühle aus Skepsis, Angst und Verliebtsein aus Meilenstein 13 klären sich langsam auf und ein Funken Liebe kommt zum Vorschein.

Sie können Ihre Figuren in Variante 2 in diesem Meilenstein zueinander finden lassen oder im nächsten. Bedenken Sie, dass am Ende des nächsten Meilensteins eine abrupte, unvorhergesehene Trennung kommen wird, und bereiten Sie es entsprechend vor.

Aufgabe: Lassen Sie in Variante 1 die Anfangslüge ihre Bestätigung finden. Es passiert das, wovor die Figuren die ganze Zeit geflohen sind.

In Variante 2 bringen Sie die Liebenden endlich wieder zusammen.

Praxisbeispiel für Variante 1: *Die Schöne und das Biest*

Die größte Angst des Biestes ist, für immer ein Monster bleiben zu müssen. Das wird in seinen Augen passieren, weil Belle geflohen ist.

Belle rennt aus dem Schloss und findet ihren kranken Vater vor, doch sie kann sich kaum um ihn kümmern, denn wegen einer illegalen Abmachung von Gaston wird ihr Vater in eine geschlossene Anstalt überwiesen, weil er verrückt sei – außer, sie heiratet Gaston. Belle greift zum Zauberspiegel und zeigt damit das Biest in seinem Schloss, um allen Bewohnern begreiflich zu machen, dass ihr Vater die Wahrheit sagt, wenn er von einem Monster auf dem Schloss berichtet, und dass er somit nicht verrückt ist. Damit verrät sie das Biest und ist (in ihren Augen) für einen Moment genau so rücksichtslos geworden wie die Menschen, die sie verabscheut.

Checkliste für Variante 1:

✔ Es passiert das, wovor die Hauptfigur(en) am meisten Angst hat/haben.

Brainstorming für Meilenstein 14 in Variante 1:

✔ P1 bekommt mit, wie P2 zu jemandem sagt, P1 sei erfolglos oder zu wenig selbstbewusst.

✔ P2 wird zum Weggehen gezwungen und bestätigt damit P1s Anfangslüge (zum Beispiel dass niemand für immer bleibt).

✔ P1 glaubt die Lüge »Ich darf niemandem vertrauen« und findet ein wichtiges Geheimnis heraus, das P2 vor ihr verborgen hat.

- ✔ P2 beleidigt oder verletzt P1 in einem Streit oder in einer stressigen Situation.
- ✔ P1 macht einen Fehler, der P2 in Rage bringt, was zu einem persönlichen verbalen Angriff führt.
- ✔ Es sieht so aus, als würde eine Figur fremdgehen.

Gehen Sie zurück zur Anfangslüge Ihrer Figuren und überlegen Sie, wie das wahr werden könnte, was sie befürchten.

Praxisbeispiel für Variante 2: *Wie ein einziger Tag*

Allie und Noah denken an ihre gemeinsame Zeit zurück. Sie stimmen darüber ein, sich wirklich geliebt zu haben. Noah lädt Allie ein, am nächsten Morgen noch einmal wiederzukommen, und sie stimmt zu. Nach einem romantischen Tag voll gemeinsamer Momente geraten Noah und Allie in einen Regenschauer. Völlig durchnässt fahren sie zu Noah nach Hause, wo sie ihre Kleidung ausziehen und miteinander schlafen.

Checkliste für Variante 2:

- ✔ Die Figuren sind vereint. Es ist der vorläufige Höhepunkt ihrer Beziehung.

Brainstorming für Meilenstein 14 in Variante 2:

- ✔ Die Figuren küssen sich zum ersten Mal.
- ✔ Die Figuren schlafen zum ersten Mal miteinander.
- ✔ Sie sprechen über die Narben auf ihrem Körper, seien es physische oder emotionale, und erzählen sich die Geschichten dahinter.
- ✔ Sie geraten in ein Unwetter und müssen sich ausziehen.
- ✔ Eine Figur macht der anderen einen Heiratsantrag.
- ✔ Einer der beiden sagt zum ersten Mal »Ich liebe dich«.

Lassen Sie sich auch von den Brainstorming-Ideen der Variante 1 in Meilenstein 9 und 10 inspirieren!

Bedenken Sie bei der Wahl Ihrer Szene, dass die Figuren ihre Ängste noch nicht überwunden haben. Ein letztes Hindernis steht zwischen ihnen. Sparen Sie sich noch etwas für den nächsten Akt mit dem Finale auf.

Planen Sie Meilenstein 15

Die Anfangslügen der Figuren (ihre Wunden) sind noch nicht geheilt, sondern lauern noch immer wie Monster unterm Bett darauf, zuzuschlagen und alles Schöne zu zerstören. Ab dem Midpoint (ca. Meilenstein 11) geht es emotional bergab.

Was auch immer der Grund der Figuren war, dieser Liebe keine Chance zu geben, tritt nun ein. Vielleicht hat P1 die innere Überzeugung, verlassen zu werden, sobald er/sie sich verletzlich zeigt, dann geschieht genau das: P1 zeigt sich verletzlich und durch diese Information kommt es irgendwie zu einer Trennung.

Dieses »Irgendwie« ist extrem wichtig für Ihre Geschichte, weshalb Sie sich schon in der Planung damit beschäftigen müssen. **Ihr Ziel für Meilenstein 15 ist, die Figuren (oder wenigstens eine Figur) Angst über Liebe stellen zu lassen und sich lieber zu trennen, als die alte Lüge zu enttarnen.** Sie ziehen sich vom Herz des anderen zurück, um ihre eigenen Herzen zu schützen.

In Variante 2 hingegen ist das der Moment, in dem sich die bei beiden Figuren das erste Mal seit ihrer Trennung in Meilenstein 5 wieder aufeinander einlassen. Jedoch steht auch hier noch immer etwas zwischen ihnen, das nicht geklärt ist.

Praxisbeispiel: *Die Schöne und das Biest*

Das Biest wird vom Dorf gejagt und es sieht so aus, als würde es nun nie wieder ein Mensch werden, sondern bald sterben.

Checkliste für Variante 1:

- ✔ Ein Twist (Gefahr, Überraschung oder das Gegenteil dessen, was man angenommen hat) tritt ein.
- ✔ Die Anfangslüge wird Realität.

Brainstorming-Ideen für Meilenstein 15:

- ✔ Amnesie-Patientin P1 findet ein Notizbuch, in dem sie notiert hat, warum sie sich damals von P2 getrennt hat.
- ✔ P1 findet heraus, dass P2 in der Vergangenheit etwas Unmoralisches oder Unverzeihliches getan hat.
- ✔ P1 und P2 sind auf einer Feierlichkeit, auf der P1 öffentlich gedemütigt wird, aber P2 schweigt dazu.
- ✔ P2 hätte die gemeinsame Mission (die Kulisse, Rahmenhandlung) schon viel schneller (und gegebenenfalls mit weniger Opfern) zu Ende bringen können, das aber nicht gemacht, um mehr Zeit mit P1 zu verbringen. P1 findet das heraus und trennt sich.
- ✔ Obwohl P1 und P2 die Hochzeit von P2 und einer anderen Figur planen, haben sich die beiden ineinander verliebt. P2 tritt trotzdem vor den Traualtar mit der anderen Figur.
- ✔ P2 hat ein wichtiges Geheimnis vor P1, das er/sie nicht verraten hat, um P1 zu schützen, aber jetzt kommt es heraus.
- ✔ P1 hatte vor, den kleinen Buchladen ihrer verstorbenen Tante zu verkaufen, doch P2 konnte sie bisher davon abhalten und zeigen, wie wichtig der Laden für das Dorf ist. Doch dann bekommt P1 ein fantastisches Angebot und stimmt dem Verkauf doch zu. P2 fühlt sich dadurch betrogen und stellt alles Vorige infrage.

Praxisbeispiel: *Wie ein einziger Tag*

Am nächsten Tag tut Allie endlich wieder, was sie liebt: Sie malt. Doch dann steht ihre Mutter vor der Tür und sagt ihr, Lon sei auf dem Weg hierher. Sie nimmt Allie mit in ihre eigene Vergangenheit und gesteht ihr, dass auch sie eine große Liebe gehabt hat, aber sie hat sich für Allies Vater entschieden (was für Allie eine Entscheidung für Lon wäre). Die Mutter übergibt ihr die vorenthaltenen Briefe mit den Worten: »Ich hoffe, du triffst die richtige Entscheidung.«

Checkliste für Variante 2:

✔ Ein Ereignis erinnert P1 an die Anfangslüge und bestärkt diese.

✔ Das Dilemma wird noch einmal deutlich.

✔ Die Angst ist noch immer größer als die Liebe.

Aufgabe: Sehen Sie noch einmal nach, welche Anfangslügen die Figuren mit sich herumtragen. Wie können Sie diese verstärken und wahr werden lassen? Was könnte passieren, um die beiden Figuren voneinander zu trennen? Die Trennung kann von außen geschehen (zum Beispiel durch eine berufliche Versetzung), es sollten aber weiterhin Zweifel an der Beziehung bestehen.

Achten Sie auf die emotionale Achterbahn: Wenn der Midpoint (Meilenstein 11) Zweifel gesät hat, dann trennen sich die Figuren jetzt.

Wenn der Midpoint die Figuren vereint hat, dann sollte klar werden, was dennoch zwischen ihnen steht. Sie haben sich noch nicht gänzlich füreinander entschieden!

Der vierte Akt

Im finalen, letzten Akt kommt endlich das, worauf alle gewartet haben: Alle Fäden laufen zusammen und die Liebesgeschichte endet – entweder mit einem Happy End oder mit einem »bittersüßen Ende«. Nachdem die beiden Figuren sich durch Missverständnisse, Dramen und mindestens einen Herzschmerz-Moment gequält haben, steht nun die alles entscheidende Frage im Raum: Kriegen sie sich endlich – oder bleibt es bei ihrer »Herzensleere«, weil sie es einfach nicht schaffen, für sich und die Liebe einzustehen?

Zunächst steht alles im Zeichen der Trennung, was endlich zu einer inneren Wandlung führt. Dann kommt es zur Wiedervereinigung oder finalen Entscheidung. Falls es in den letzten Kapiteln irgendein grandioses Missverständnis gab (»Du hast mir nie geschrieben!« – »ICH HABE DIR 365 BRIEFE GESCHRIEBEN!«), dann wird das jetzt aufgeklärt. Die Figur, die mitunter die ganze Zeit gezögert hat, entscheidet sich endlich für die Liebe – und falls jemand Mist gebaut hat, folgt in diesem Akt eine epische Versöhnungsszene, idealerweise mit Regen, dramatischer Musik und einem Kuss. Falls sich noch ein störender Nebencharakter einmischen will, wird der kurzerhand aus dem Weg geräumt. Natürlich in der Regel nur metaphorisch. Außer, Sie schreiben in einem passenden Subgenre.

Anschließend folgt der emotionale Höhepunkt, das Finale: Endlich wählen sie Liebe statt Angst. Jetzt ist der Moment, in dem ein sonst wortkarger Held plötzlich ganze Sonette über seine Gefühle hinausposaunt oder die Protagonistin erkennt, dass sie ohne ihren Herzbuben genauso verloren ist wie eine Socke in der Waschmaschine. Tränen fließen, die Leserinnen und Leser atmen erleichtert auf, und alle sind zufrieden. Oder auch nicht, falls Sie ein anderes Ende vorsehen (achten Sie auf die Erwartungen des Genres!).

Und so endet der vierte Akt – entweder mit einer grandiosen Liebesgeschichte, die alle glücklich seufzen lässt, oder mit einem melancholischen »Was wäre gewesen, wenn?« Aber so oder so: Das Buch landet garantiert nicht ungelesen im Regal, sondern wird noch lange nachhallen.

Planen Sie Meilenstein 16

Die (gefühlt endgültige) Trennung ist ein harter Einschnitt im Leben der beiden Figuren und wird in Meilenstein 16 verarbeitet. In vorigen Meilenstein kann es sich noch richtig angefühlt haben, getrennte Wege zu gehen, aber in diesem Meilenstein leiden die Figuren unter ihrer Entscheidung. Sie denken an all die Erlebnisse, die sie zusammen hatten, und trauern den schönen Stunden hinterher. Lassen Sie sie richtig leiden. Noch ist ihnen nicht völlig klar, warum sie sich so schrecklich fühlen; sie wissen nur, dass die Trennung irgendwie nicht den Effekt hat, den sie sich erhofft hatten. Im Schreibhandwerk spricht man hier von der »Dark Night of the Soul«, also malen Sie diesen Abschnitt entsprechend schwarz.

In der Variante 2 kann es nun zu einem Zusammenbruch der Beziehung kommen, weil die Figuren noch immer nicht bereit sind, sich der Liebe wirklich zu öffnen. Sie müssen erst Leid erfahren, um das zu erkennen.

Auch die Rahmenhandlung sollte nun in Richtung Finale gehen. Erhöhen Sie den Zeitdruck und die Konflikte.

Praxisbeispiel: *Die Schöne und das Biest*

Nachdem Belle den Bewohnern im Zauberspiegel die Existenz des Biests bewiesen hat, formt sich ein Mob, der das Monster töten will, angeführt natürlich von Gaston. Es wird das Lied »Tod dem Biest!« angestimmt. Belle wird zu ihrem Vater eingesperrt und sagt: »Das ist allein meine Schuld! Was soll ich nur tun?«

Auf Seiten des Biests überlegen die Figuren, ob es nicht besser gewesen wäre, wenn Belle niemals zu ihnen gekommen wäre. Dann sehen sie die Eindringlinge und bereiten sich auf den Kampf vor. Das Biest jedoch nicht. Es sitzt resigniert und mit gebrochenem Herzen vor der Rose, die ein allerletztes Rosenblatt hat. Auf die Frage, was die Bediensteten gegen die Eindringlinge tun sollen, sagt es traurig: »Lass sie kommen. Es spielt keine Rolle mehr.«

Checkliste für Variante 1:

- ✔ Führen Sie die Figuren an den tiefsten Punkt ihrer Existenz.
- ✔ Hier dürfen Sie die Figuren vollkommen leiden lassen.

- Lassen Sie sie fühlen, dass die Trennung irgendwie doch nicht richtig war, aber gleichzeitig ist es auch unmöglich, wieder zusammenzukommen.

Brainstorming: Wie beschreibt man Liebeskummer? Ausführliche Beschreibungen finden Sie im Kapitel »Wie löst man tiefe Gefühle aus?«.

- Nutzen Sie »Show, don't tell«: Zeigen Sie, wie die Figur weint, zittert, was körperlich in ihr passiert.
- Beziehen Sie pro Szene drei der fünf Sinne ein: Ein Lied erinnert die Figur an die schöne Zeit von vorher. P1 findet ein Kleidungsstück von P2 und riecht den einzigartigen Duft. Alles fühlt sich viel schwerer an, als es eigentlich ist.
- Lassen Sie das Setting die Gefühlswelt widerspiegeln oder kontrastieren: Ein Kleiderschrank voller Möglichkeiten, aber nichts passt mehr zu P1. Oder P1 ist auf eine Hochzeit eingeladen und muss dort ohne Begleitung erscheinen. Die Figur sieht überall nur noch glückliche Paare oder sieht alles in Grau.
- Nutzen Sie Symbole: Ein welkender Blumenstrauß auf dem Tisch, eine leere Bettseite beim Aufstehen und das Geschenk, das im zweiten Akt gemacht wurde, geht kaputt.
- Spielen Sie mit der Zeit: Wer Liebeskummer hat, verliert sein Zeitgefühl.
- P1 erinnert sich an die schönen Momente mit P2. Vermeiden Sie dabei zu lange innere Monologe. Brechen Sie diese immer wieder auf, indem Sie aktive Handlung einfügen (erzwungen durch die Rahmenhandlung) und die Erinnerungen variieren.
- Zeigen Sie die Einsamkeit der Figur passend zum Subgenre: In einer modernen Geschichte sieht P1 vielleicht Bilder von P2 online, auf denen P2 glücklich aussieht. In einer Romantasy-Geschichte beobachtet P1 vielleicht P2 aus der Ferne bei einem Fest.
- Beziehen Sie die körperlichen Symptome von Liebeskummer ein: Schlafstörungen, Appetitlosigkeit, Erschöpfung, Apathie, schwerfälliges Atmen, Weinen, Gefühl der Sinnlosigkeit.
- Zeigen Sie, wie schwer es ist, den Alltag zu meistern, wenn man Liebeskummer hat.

Praxisbeispiel: *Wie ein einziger Tag*

Allie und Noah streiten. Er sagt, sie wäre nicht bei ihm, wenn ihr nicht etwas fehlen würde, und bittet sie, sich ihr Leben in dreißig, vierzig Jahren vorzustellen. Wenn sie mit Lon leben wolle, dann würde er es akzeptieren.

Allie hingegen fühlt sich in einem Dilemma, weil sie mit jeder Entscheidung einen Menschen tief verletzen würde. Daraufhin sagt Noah ihr, dass sie endlich herausfinden solle, was sie wolle, und sich nicht immer nach anderen richten darf. Mehrere Male schreit er sie an: »Was willst du?!« Er sagt ihr indirekt, dass er sie liebt, aber sie erwidert: »Noah, ich muss gehen.« Und geht.

Checkliste für Variante 2:

- ✔ Die Figuren trennen sich beziehungsweise entscheiden sich für die Angst.
- ✔ Die Trennung erfolgt dieses Mal aus dem Inneren heraus und nicht »von außen« wie in Meilenstein 5.

Machen Sie sich klar, warum sich mindestens eine der Figuren noch immer nicht für die Liebe entscheiden kann. Legen Sie ihnen diese Begründung in den Mund.

Planen Sie Meilenstein 17

Im vorherigen Meilenstein (Meilenstein 16) werden Ihre Figuren in Variante 1 großen Liebeskummer gehabt haben. Wie auch immer das im Einzelnen ausgehen mag, irgendwann kommt die Erkenntnis: »Die Trennung war ein Fehler. Ich habe mich falsch entschieden.« Ihre Figuren verstehen, dass sie die ganze Zeit über den letzten notwendigen Schritt ausgelassen haben und ihr Leben lang mit ihrer emotionalen Wunde leben werden, bis sie sich trauen, diese Verletzung zu heilen.

Im Meilenstein 17 kommt die Erkenntnis der Wahrheit (endlich!). Wenn Ihre Figur bisher glaubte, nicht gut genug zu sein, dann kommt jetzt die Erkenntnis: »Für P2 werde ich immer gut genug sein.« Oder sogar: »Ich bin gut genug, egal, was ich in der Vergangenheit getan habe.«

Allerdings sind die Brücken hinter ihnen eingerissen. Herzen sind zersplittert. Die Figuren können sich nicht einfach auf einen Kaffee treffen und alles vergessen. Nutzen Sie diesen Abschnitt, um das Dilemma deutlich zu machen: Mindestens eine Figur ist sich sicher, dass alles zu spät ist.

In Variante 2 setzt sich die Figur, die den großen Schritt auf die andere zugehen wird, endlich in der Tiefe mit ihrer Angst auseinander und sieht sich roh, nackt und bloß im Spiegel an.

Praxisbeispiel: *Die Schöne und das Biest*, Finale Teil 1

Der Mob bricht ins Schloss ein und kämpft. Das Biest leistet keinen Widerstand. Gaston schießt einen Pfeil auf ihn ab und wirft ihn über eine Balkonbrüstung. »Was ist los, Biest?«, fragt er. »Zu freundlich und zu lieb, um dich zu wehren?«

Dann kommt Belle, die sich mit Tassilos Hilfe befreien konnte, zu ihm zurück. Beflügelt von ihrer Wiederkehr wehrt sich das Biest wieder und kämpft mit Gaston. Das ist bereits der erste Teil des Finales.

Das Biest erlebt den Moment der Erkenntnis dann wenige Augenblicke später. Es könnte Gaston töten, hält aber inne und lässt von ihm ab. Indem er Gaston verschont, zeigt sich seine innere Entwicklung und die Erkenntnis: Ich bin kein Biest.

Praxisbeispiel: *Wie ein einziger Tag*

Allie fährt von Noah weg und baut fast einen Unfall. Sie liest die Briefe durch und hinterfragt sich (das wird allerdings nur impliziert).

Im Gespräch mit Lon stellt sie fest: »Wenn ich bei Noah bin, fühle ich mich wie eine Person und mit dir wie eine andere.«

In der Rahmenhandlung wird an dieser Stelle eine sehr emotionale Szene eingebaut, die beide Handlungsstränge miteinander verbindet. Die ganze Zeit über hat man als Zuschauende immer wieder zwei alte Menschen begleitet, von denen einer (der Mann) dem anderen (der Frau) eine Geschichte vorgelesen hat – eben jene Geschichte von Allie und Noah. Erst jetzt wird klar, dass es sich bei diesen beiden alten Menschen um Allie und Noah als Senioren handelt. Allie ist an Demenz erkrankt und kann sich nicht an ihre Liebesgeschichte erinnern. Indem Noah ihr die Geschichte der beiden vorliest, schafft er es manchmal, sie »zurückzuholen«, und Allie erinnert sich wieder. Genau das passiert auch in Meilenstein 17. Es ist die Erkenntnis: »Allie, das bin ich!«

Dadurch wird auch klar, für wen sich Allie in der Liebesgeschichte entschieden hat.

Aufgabe: Formulieren Sie aus, welche Selbsterkenntnis Ihre Figuren haben, also was die Wahrheit statt der Anfangslüge ist. Wenn Sie bereits eine Szene dazu im Kopf haben, notieren Sie sie. Wenn nicht, ist das auch nicht weiter schlimm, denn sie wird sich beim Schreiben organisch ergeben, solange Sie wissen, was Sie sagen wollen.

Die Selbsterkenntnis der Figuren ist übrigens häufig auch mit der Botschaft der Geschichte verknüpft. Wenn Ihre Figur beispielsweise eine Entwicklung von »Ich bin nicht gut genug« zu »Für P2 bin ich gut genug, also bin ich es auch für mich« durchläuft, kann eine Botschaft für die Lesenden lauten: »Du bist gut genug und liebenswert, unabhängig von allen Lebensumständen.«

Checkliste:

- ✔ Mindestens eine Hauptfigur erkennt die Wahrheit hinter ihrer Anfangslüge (die andere Figur hat das bereits für sich erkannt).
- ✔ Wenn passend: Mindestens eine Figur entscheidet sich für die Liebe – in diesem Abschnitt handelt die Figur aber noch nicht danach. Es geht nur um die Erkenntnis.

Brainstorming-Ideen für Meilenstein 17: Mögliche Erkenntnisse

- ✔ Von »Ich bin nicht gut genug« zu »Ich bin liebenswert und immer gut genug«
- ✔ Von »Ich darf niemandem vertrauen« zu »Ich vertraue P, auch wenn mein Herz dabei zersplittert werden könnte«
- ✔ Von »Wenn ich liebe, werde ich verletzt« zu »Selbst wenn ich verletzt werde, will ich lieben«

- ✔ Von »Ich darf keine Fehler machen« zu »Ich werde trotz meiner Fehler geliebt«
- ✔ Von »Ich muss nach außen hin perfekt sein« zu »Wahre Schönheit kommt von innen«
- ✔ Von »Ich bin zu [laut/viel/leise ...]« zu »Ich bin gut, wie ich bin«
- ✔ Von »Ich werde immer die zweite Wahl sein« zu »Ich bin die erste Wahl« oder zu »Es ist egal, ob andere mich auswählen, denn ich bin liebenswert«
- ✔ Von »Liebe ist ein Zeichen von Schwäche« zu »Liebe ist ein Zeichen von Stärke«
- ✔ Von »Liebe schränkt meine Freiheit ein« zu »Nur mit dir bin ich wirklich frei«
- ✔ Von »Niemand kann mich wirklich verstehen« zu »Du verstehst mich wirklich«
- ✔ Von »Wen ich liebe, der wird verletzt« zu »Für die Liebe nehmen wir das Risiko in Kauf«
- ✔ Von »Liebe ist immer ein Kampf« zu »Liebe kann schön sein«
- ✔ Von »Liebe gibt es nur für andere« zu »Ich darf lieben und werde wieder geliebt«
- ✔ Von »Liebe lenkt mich vom Wesentlichen ab« zu »Liebe ist das Wesentliche«
- ✔ Von »Liebe macht mich abhängig« zu »Liebe macht mich unabhängig« oder »Ich bin lieber von dir abhängig als ohne dich frei zu sein«
- ✔ Von »Ich kann nicht für uns sorgen« zu »Ich muss nicht für uns sorgen« oder »Ich kann für uns sorgen« oder »Wir sorgen zusammen für uns«
- ✔ Von »Ich muss für Liebe meinen Traum aufgeben« zu »Liebe ist größer als mein Traum« oder »Ich kann Liebe und meinen Traum haben«

Planen Sie Meilenstein 18

Nach dem Moment der Selbsterkenntnis in Meilenstein 17 ist es an der Zeit, Nägel mit Köpfen zu machen. Dieses Mal nehmen die Figuren (oder wenigstens eine von ihnen) allen Mut zusammen und springen über ihren Schatten. Es ist das große emotionale Finale, bei dem man die Taschentücher zückt und am ganzen Körper Gänsehaut bekommt, weil die Figuren endlich vollkommen ehrlich sind, sich absolut verletzlich zeigen und Liebe alle Hindernisse überwunden hat.

Um das zu erreichen, brauchen wir ein hohes Risiko. Es sollte um Leben oder Tod gehen – metaphorisch oder tatsächlich. Zeitdruck kann eine Rolle spielen, wenn es zur Geschichte passt.

Welchen »Tod« müssen Ihre Figuren sterben, um zu lieben? Über welche große Angst muss sie springen?

Variante 1 und Variante 2 folgen nun den gleichen Regeln.

Praxisbeispiel: *Die Schöne und das Biest*

Das Biest wird von Gaston angegriffen und stürzt fast in den Tod. Belle kann ihn gerade noch festhalten, aber das Biest ist schwer verletzt und wird ohnmächtig. Sie gesteht ihm weinend ihre Liebe. Das letzte Rosenblatt fällt zur Erde. Daraufhin gibt es einen magischen Sternschnuppenregen und das Biest wird wieder in einen Prinzen verwandelt.

Zur Erläuterung: Erst in dieser Szene hört das Publikum zum ersten Mal von Belles Liebe zum Biest, zuvor war das nur Interpretation. Sie ist bereit, das hinter sich zu lassen, was sie zuvor noch vom Biest entfernt hat, nämlich ihr altes Leben und sogar ihren Vater.

Das Biest hat endlich seine Mission erfüllt und jemanden gefunden, der es bedingungslos liebt. Außerdem hat es erkannt: Ich bin liebenswert, auch als Biest.

Praxisbeispiel: *Wie ein einziger Tag*

Allie steht mit gepackten Koffern vor Noahs Tür, bereit, bei ihm einzuziehen, statt Lon zu heiraten.

In der Rahmengeschichte hat Allie erkannt, wer sie ist, und die Figuren verbringen ein paar friedliche Momente als das Liebespaar, das sie einst waren. Doch die Stimmung kippt, als Allie wieder von der Demenz überrollt wird (Übergang zu Meilenstein 19).

Checkliste:

- ✔ Die Figuren tun alles, um die Beziehung zu retten.
- ✔ Sie sterben einen metaphorischen Tod oder sind zumindest dazu bereit.

Brainstorming für Meilenstein 18:

- ✔ Eine aufregende Verfolgungsjagd, in der die Figur für die Liebe ihr Leben riskiert
- ✔ Wille, für die andere Figur zu sterben, wenn es sein muss
- ✔ Hoher Zeitdruck
- ✔ Öffentliche Liebeserklärung (Gefahr der öffentlichen Demütigung, wenn die andere Figur die Liebe nicht annimmt)
- ✔ Gesellschaftlicher Tod
- ✔ P1 überwindet eine konkrete Angst (Höhenangst, Angst vor Schlangen, … aber nur, wenn das zuvor ein großes Thema war und zur Trennung geführt hat).
- ✔ P1 gibt einen Traum für P2 auf (oder Sicherheit oder ein anderes Grundbedürfnis).

Zur Inspiration hier ein paar Ideen aus bekannten Liebesgeschichten:

- ✔ *Notting Hill:* Anna, ein Superstar, kommt in die Buchhandlung des zurückhaltenden William zurück und gesteht ihm ihre Liebe mit den Worten »Ich bin auch nur ein Mädchen, das vor einem Jungen steht und ihn bittet, sie zu lieben.«

- *Bridget Jones:* Mark überrascht Bridget, als sie nur in Unterwäsche in die Kälte rennt, um ihn zurückzugewinnen. Statt sie für ihre Tollpatschigkeit zu verurteilen, schenkt er ihr ein neues Tagebuch und zeigt damit, dass er sie so liebt, wie sie ist.
- *Titanic:* Jack entscheidet sich im eiskalten Wasser dazu, Rose die rettende Tür zu überlassen und sein eigenes Leben aufzugeben. Rose verspricht ihm, zu überleben und all das zu tun, wovon sie geträumt haben.
- *10 Dinge, die ich an dir hasse:* Kat liest der Klasse, in der auch Patrick sitzt, ihr Gedicht vor und gesteht ihm damit ihre Gefühle. Er überrascht sie später, indem er ihr eine Gitarre schenkt und ihr sagt, dass er sie liebt.
- *Stolz und Vorurteil:* Mr Darcy kümmert sich nach vielen Irrungen und Wirrungen um die Auflösung eines Familienskandals von Elisabeth und die beiden sprechen sich endlich aus. Sie gestehen sich ihre Gefühle.

Besonders emotional kann diese Szene wirken, wenn Sie zuvor passende Samen gestreut haben. Traut sich Ihre Figur etwas zu, das in Meilenstein 1 undenkbar war? Verabschiedet sie sich von einem Traum, den sie zuvor über diese Liebe gestellt hat? Verlässt sie ihr altes Leben zugunsten der Liebe?

Aufgabe: Skizzieren Sie einen denkwürdigen Moment, in dem sich die Figuren endlich wirklich und wahrhaftig kriegen, verletzlich zeigen, sich ihre Liebe gestehen und die Angst überwinden.

Planen Sie Meilenstein 19

Die Meilensteine 18 und 19 werden in manchen Geschichten zusammengefasst und beschreiben ein größeres Finale, wobei es in Meilenstein 18 so aussieht, als würde der Feind gewinnen, und erst durch einen heroischen Akt einer Hauptfigur kann das Blatt gewendet werden. Wenn das zu Ihrer Geschichte passt, dann denken Sie Meilensteine 18 und 19 gerne als ein großes Finale.

Sollten Sie eine tragische Geschichte schreiben wollen, würde es in Meilenstein 18 noch nach einem Happy End aussehen, was sich in Meilenstein 19 ändert.

Andernfalls ist es so, dass der vorherige Meilenstein 18 die »große Geste« ist und Meilenstein 19 das klassische Happy End: Die Liebenden kriegen sich und alle sind glücklich. Oder sterben.

Brauchen Liebesromane ein Happy End?

Die Erwartungshaltung an die meisten Liebesromane ist durchaus ein »Happy End«, das gilt insbesondere für Unterhaltungsliteratur. Für Ihre Geschichte ist es unverzichtbar, sich mit den Erwartungshaltungen der Leserschaft zu beschäftigen. Eine Zeit lang gab es relativ wenige Liebesromane ohne Happy End, wohingegen die großen Liebesgeschichten der letzten Jahrhunderte erstaunlich oft in einer Tragödie enden. Seit etwa Mitte der 2010er-Jahre hat der Anteil an Liebesromanen mit tragischen Enden wieder zugenommen.

Ihre Leserinnen und Leser haben zweihundert, dreihundert, vierhundert Seiten lang darauf hingefiebert, dieses Ende zu erreichen. Sie haben sich teilweise vielleicht die Nächte um die Ohren geschlagen, um Ihre Figuren auf ihrer Reise zu begleiten, haben mit ihnen gelitten und sich mit ihnen gefreut. Ihnen nun das glückliche Ende vorzuenthalten, könnte zu Enttäuschungen aufseiten der Leserschaft führen – und enttäuschte Leserinnen und Leser kommen nicht zurück. Schlimmer noch, sie sprechen öffentlich schlecht über Ihr Werk, was andere Interessierte davon abhält, Ihr Buch zu kaufen. Auf der anderen Seite berühren uns gerade die Geschichten, die nicht mit »Friede, Freude, Eierkuchen« enden. Entscheiden Sie nach Ihrem Gefühl und unter Berücksichtigung der Lese-Erwartung. In manchen Subgenres ist es ein No-Go, Figuren sterben zu lassen (zum Beispiel in romantischen Komödien) oder auf ein Happy End zu verzichten (die meisten Heftromane enden positiv und überall, wo »Romance« draufsteht, sollten Sie eher ein Happy End in Erwägung ziehen).

Wenn Sie einen Mehrteiler oder eine Reihe schreiben, dann können Sie im ersten und zweiten Teil auf das Happy End verzichten, solange Sie es am Ende der Reihe einführen.

Als Alternative zu einem Happy End können Sie ein sogenanntes »bittersüßes Ende« (»bittersweet ending«) in Erwägung ziehen, wie es in *Ein ganzes halbes Jahr* gewählt wurde: Die Hauptfiguren sind zwar nicht zusammen, aber dafür dennoch glücklich. Oder, andersherum: Die Liebenden haben endlich zueinander gefunden, aber die schmerzlichen Verluste, die dafür in Kauf genommen wurden, tun dennoch weh.

Bei *Die Schöne und das Biest* werden die Meilensteine 18 und 19 gemeinsam erzählt.

Praxisbeispiel: *Wie ein einziger Tag*

Die Liebesgeschichte selbst (Zeitebene der 1940er- und 1950er-Jahre) ist auserzählt. Allie und Noah haben sich gefunden und sind zusammen.

In Meilenstein 18 hatten die Figuren in der Gegenwart (Rahmenhandlung) einen gemeinsamen Moment der Liebe, in der sie sich vollkommen geöffnet haben. Dann aber schlägt die Demenz bei Allie wieder zu und sie »stirbt« metaphorisch, denn sie stößt Noah weg und erkennt ihn nicht mehr. Die Schwestern und der Arzt kommen herbeigestürmt und Allie wird ein Beruhigungsmittel gegeben. Noah bricht das Herz (und uns beim Zuschauen ebenso).

Es werden Bilder von Allie und Noah eingeblendet, die ihre gemeinsame Zeit zeigen. Noah liegt im Bett und blättert durch das Notizbuch, in dem ihre Geschichte steht. Nun wird deutlich: Allie hat diese Geschichte aufgeschrieben, als sie an Demenz erkrankt ist. »Lies es mir vor und ich komme zurück zu dir« hat sie auf die erste Seite geschrieben.

Noah legt sich schlafen und erleidet einen Herzanfall. Er wird ins Krankenhaus gebracht.

Aufgabe: Planen Sie das Happy End, bittersüßes Ende oder tragisches Ende.

Planen Sie Meilenstein 20 (optional)

Der Epilog ist optional, wird aber in vielen Liebesromanen eingefügt, weil er einen befriedigenden Abschluss der langen Reise darstellt – oder einen emotionalen.

Passen Sie nur auf, nicht in die Perfektionsfalle zu treten. Ihre Figuren haben sich nicht plötzlich in Stanford-Mütter verwandelt, nur weil sie die Liebe ihres Lebens gefunden haben. Ein Schuft bleibt ein Schuft, nur eben ein glücklicher. Zeigen Sie deshalb unbedingt die Charaktere so, wie man sie von Beginn an kennt, nur eben nun mit der »geheilten Wunde«. Ihre Persönlichkeit hat sich dadurch aber nicht vollkommen verändert. Ein bisschen Neckerei ist durchaus angebracht.

Wie Sie das machen, überlassen Sie Ihrer Fantasie. Haben Sie eine Szene aus Akt 1 oder 2, an die Sie anschließen können? Das nennt man eine »Spiegelszene«: Im Grunde erinnert alles an eine Szene vom Anfang des Romans, aber jetzt haben wir es mit geheilten, glücklichen Figuren zu tun. Wie sieht das aus?

Praxisbeispiel Happy End: *Die Schöne und das Biest*

Belle und »das Biest« leben zusammen mit den wieder in Menschen verwandelten Bediensteten im Schloss. Belle trägt ihr Ballkleid und die beiden tanzen. Das Hauptlied ertönt, das Bild wird stilisiert, sodass es zum Beginn des Films passt (als erzählt wurde, wie das Biest verwandelt wurde) und es wird ausgeblendet.

Praxisbeispiel bittersüßes Ende: *Wie ein einziger Tag*

Noah wird nach seinem Herzinfarkt (der bereits absehbar war) ins Krankenhaus eingeliefert. Allie wird in die Demenzstation übersiedelt, wo die Menschen in Rollstühlen vor sich hin vegetieren.

Noah kommt zurück ins Seniorenheim und schleicht in Richtung Demenzstation. Die Schwester hält ihn auf und sagt ihm, dass sie ihn nicht zu ihr lassen darf. Dann verkündet sie, sich jetzt einen Kaffee zu holen und deshalb kurz nicht für ihn da sein zu können.

Noah versteht den Wink mit dem Zaunpfahl und geht zur schlafenden Allie. Sie wacht auf und erkennt ihn als Noah. Sie hat Angst, sich irgendwann nicht mehr an ihn zu erinnern, und er sagt, er wird immer für sie da sein.

Allie fragt: »Glaubst du, dass unsere Liebe uns woanders hinbringen kann?«

Noah: »Ich glaube, dass unsere Liebe alles tun kann, was wir wollen.«

Er legt sich zu ihr ins Bett. Beide sterben in dieser Nacht Händchen haltend und sind vereint im Jenseits, wo es keine Krankheiten gibt (so die Interpretation).

Es folgen Bilder von fliegenden Vögeln als Symbol für die Freiheit.

Brainstorming zu möglichen Abschlussszenen

- ✔ Am Anfang war P1 alleine bei einem Fest, jetzt sind sie zu zweit da.
- ✔ Am Anfang wurde P1 von der Familie auf ihr/sein Singledasein angesprochen, jetzt kommen sie zusammen zur nächsten Familienfeier.
- ✔ Am Anfang war P1 Trauzeuge/Trauzeugin, jetzt heiraten P1 und P2 selbst.
- ✔ Am Anfang hat P1 eine bestimmte Sache gehasst, jetzt erleben sie das Gleiche zusammen und P1 hasst es immer noch.

Herzlichen Glückwunsch zu diesem großen Schritt: Sie haben einen ganzen Roman geplant! Nun folgt die letzte Hürde auf dem Weg zum ersten Entwurf: Schreiben Sie diesen Roman!

Teil III

Schreiben Sie Ihren Roman

IN DIESEM TEIL …

- Bevor Sie nun Ihren Roman schreiben, legen Sie noch die Erzählperspektive, Tonalität und Stimmung Ihrer Geschichte fest.
- Sollten Sie beim Schreiben des Entwurfs auf Schwierigkeiten stoßen, finden Sie in diesem Teil Tipps, wie Sie tiefe Gefühle auslösen, spannende Szenen schreiben und Ihren Schreibstil verbessern können.
- Außerdem lernen Sie, wann Sie aufhören sollten mit der Recherche.

IN DIESEM KAPITEL

Welche Rollen Sie beim Schreiben einnehmen

Welche Erzählperspektive sich für Ihre Geschichte eignet

Kapitel 14

Wer hat das gesagt? Die Erzählperspektive

Sicherlich wollen Sie sofort mit dem Schreiben loslegen, sobald Ihre Planung abgeschlossen ist. Tun Sie, was Sie wollen, wir leben in einem freien Land!

Wenn Sie sich vor dem ersten Satz noch die folgenden Fragen beantworten, fällt Ihnen der Einstieg jedoch leichter.

Die Wahl der richtigen Erzählperspektive

Aus welcher Perspektive wird Ihre Geschichte eigentlich erzählt? Man unterscheidet hier zwischen der Frage nach der Erzählperspektive und der Perspektivfiguren:

- ✔ Erzählperspektive: Form des Erzählens (Ich-Erzähler, personaler oder auktorialer Erzähler)
- ✔ Perspektivfigur: Durch wessen Augen erleben wir die Szene?

Bevor Sie sich entscheiden, lassen Sie uns klären, welche Möglichkeiten zur Verfügung stehen:

Ihre multiplen Persönlichkeiten beim Schreiben

Als Autorin oder Autor decken Sie gleich mehrere Rollen gleichzeitig ab. Manchmal sind Sie parallel mehrere Persönlichkeiten, manchmal nur eine – es wird nie langweilig.

In der Regel schlüpfen Sie parallel in zwei Rollen:

1) Das Schreibgenie – also Sie selbst!

Das ist die Person, die das Buch schreibt und dafür verantwortlich ist, eine gute Geschichte vorzubereiten. Sie kümmern sich um den Aufbau, um spannende Szenen, einen guten Stil und die große Geschichte, die allem zugrunde liegt. Sie wägen ab, welche Worte Sie für Ihre Beschreibungen verwenden, überlegen, wie Sie romantische Gefühle erzeugen könnten, obwohl Sie selbst gerade einen riesigen Streit hatten, weil Sie »nur noch Augen für dieses Buch haben«. Nebenbei jonglieren Sie noch Selbstzweifel und Kaffeetassen, dafür vernachlässigen Sie den Haushalt. Eine ganz normale Autorentätigkeit eben.

2) Die Figur, durch deren Augen wir blicken (»Perspektivfigur«)

Die Perspektivfigur wird von den Leserinnen und Lesern ein Stück des Weges begleitet – sei es für ein Kapitel oder den gesamten Roman. Durch ihre Augen erleben wir die Geschichte. Wer diese Figur ist, entscheidet, welche Informationen die Lesenden erhalten.

In Liebesromanen der 2020er-Jahre wechseln sich die Perspektiven der Liebenden meistens ab, sodass wir als Leserinnen in die Gefühlswelt von beiden Einblick erhalten.

Um es noch ein bisschen komplizierter zu machen, gibt es auch Geschichten, in denen Sie nicht nur Genie und Perspektivfigur sind, sondern auch noch:

3) »Der Erzähler«

Der Erzähler erzählt die Geschichte (hätten Sie das gedacht?!) und führt die Leserinnen und Leser durch die Irrungen und Wirrungen der Handlung. In modernen Liebesromanen ist der Erzähler oft deckungsgleich mit der Perspektivfigur, das heißt, man kann beim Lesen kaum einen Unterschied zwischen einem Erzähler und der eigentlichen Figur herauslesen.

Merke: »Der Erzähler« ist nicht der Autor oder die Autorin!

Natürlich kann es mal zu Überschneidungen kommen. Die Diskussion darüber, ob man »Autor/in« und »Werk« trennen sollte oder nicht, ist schon häufig geführt worden.

4) Die Hauptfigur

Die Hauptfigur(en) des Romans ist oft auch die Figur, durch deren Augen die Geschichte erzählt wird (also die Perspektivfigur) – aber das ist keine Pflicht. In den *Sherlock Holmes*-Kurzgeschichten von Sir Arthur Conan Doyle berichtet der Sidekick, Dr. Watson, von den Abenteuern seines Freundes und erzählt die Kriminalfälle aus der Sicht eines durchschnittlich begabten Menschen. Warum hat der Autor die Variante gewählt? Für uns Leserinnen und Leser ist es spannender, ein Genie beim Denken zu beobachten und vor einem vermeintlich unlösbaren Fall zu stehen, als den komplizierten und langatmigen Gedanken zu folgen, die Holmes durch den Kopf gehen.

Aufgabe: Falls noch nicht geschehen, legen Sie fest, wer Ihre Geschichte erzählen soll.

Übersicht über Erzählperspektiven

Bevor wir ans Eingemachte gehen, hier eine kleine Rundreise durch die gängigsten Erzählperspektiven.

Der Ich-Erzähler / Die Ich-Erzählerin – Näher geht es nicht

Die Perspektivfigur berichtet die Geschichte aus eigener Sicht. Wir sind im Kopf der Figur und wissen, was sie denkt, fühlt, sieht und wie sie die Welt erlebt.

Für viele Neu-Autorinnen und Neu-Autoren ist diese Wahl eine gute Übung, um die Gedanken und Gefühle von Figuren kennenzulernen. Texte aus der Ich-Perspektive fühlen sich nah, emotional und persönlich an, weil sie die geringste Distanz zur Figur haben.

Beispiel: Auszug aus »Zurück ins Leben geliebt« von Colleen Hoover:

> *»Oh, oh. Sie hat man wohl erdolcht, Mädchen.«*
> *Irritiert drehe ich mich zu dem alten Herrn um, der neben mir steht und gerade den Aufzugsknopf gedrückt hat. »Wie bitte?«*
> *Er deutet lächelnd auf meinen Hals. »Das Muttermal.«*
> *Ich hebe instinktiv die Hand und berühre den dunklen, etwa Zehn-Cent-Stück großen Fleck direkt unter meinem Ohr.*
> *»Mein Großvater hat immer gesagt, Muttermale markieren die Stelle, an denen man in einem früheren Leben eine tödliche Verletzung davongetragen hat«, erklärt er freundlich. (…)*
> *Ich lache, obwohl ich die Bemerkung wahrscheinlich eher beängstigend als lustig finden sollte.*

Vorteile dieser Perspektive:

- ✔ Leserinnen und Leser sitzen direkt im Kopf der Figur: hohe Identifikation!
- ✔ Spannung durch begrenzte Informationen. Man weiß nur, was die Figur weiß.
- ✔ Für viele Autorinnen und Autoren intuitiv zu schreiben
- ✔ Einfaches Stilmittel, um schnell eine emotionale Verbindung zwischen Leser/innen und Figur herzustellen

Nachteile dieser Perspektive:

- ✔ Sehr limitierte Sicht: Die Figur kann nur das beschreiben, was sie erlebt und denkt.
- ✔ Nicht alle Leserinnen und Leser mögen es, so tief in jede Figur eintauchen zu müssen (das Problem haben wir allerdings im Liebesroman eher selten).

Bis vor ein paar Jahren galt noch die Regel, man sollte möglichst nur eine Ich-Perspektive im Roman nutzen. Bei zwei erzählenden Figuren wurde man dazu angehalten, für beide den personalen Erzähler zu nehmen. Heutzutage ist diese Regel – nicht zuletzt durch das Selfpublishing – aufgeweicht worden und Sie können auch Romane mit zwei oder drei Ich-Perspektiven schreiben.

Der personale Erzähler – altbekannt und beliebt

Die Leserinnen und Leser begleiten eine Figur und erhalten Einblick in ihre Gedanken – jedoch mit etwas mehr Distanz als beim Ich-Erzähler, da die Figur auch von außen beschrieben wird.

Sie legen dabei fest, wie »nah« die Leserinnen und Leser der Figur kommen dürfen. Kleiner Tipp: Im Liebesroman wollen wir die Figuren mit Haut und Haar verschlingen, also lassen Sie uns so nah wie möglich ran!

Der häufigste Fehler, den ich bei dieser Perspektive sehe: Man verzichtet auf Gedanken und Gefühle. Auch beim personalen Erzähler können (und sollten) Sie die Innenschau zeigen! Lassen Sie uns an den Gedanken und Gefühlen der Figuren teilhaben.

Der obige Textabschnitt von Colleen Hoover könnte in der personalen Erzählweise so klingen:

»Oh, oh. Sie hat man wohl erdolcht, Mädchen.«
Irritiert dreht Tate sich zu dem alten Herrn um, der neben ihr steht und gerade den Aufzugsknopf gedrückt hat. »Wie bitte?«
Er deutet lächelnd auf ihren Hals. »Das Muttermal.«
Instinktiv hebt sie die Hand und berührt den dunklen, etwa Zehn-Cent-Stück großen Fleck direkt unter ihrem Ohr.
»Mein Großvater hat immer gesagt, Muttermale markieren die Stelle, an denen man in einem früheren Leben eine tödliche Verletzung davongetragen hat«, erklärt er freundlich. (…)
Sie lacht, obwohl sie die Bemerkung wahrscheinlich eher beängstigend als lustig finden sollte.

Wie Sie sehen, können Sie auch mit der personalen Erzählweise Nahbarkeit erzeugen und Gedanken, Gefühle und Interpretation der Figuren deutlich machen. Zusätzlich dazu können Sie aber auch »von außen« auf die Figur sehen.

Der Ich-Erzähler wirkt eher, als würde er persönlich die Geschichte erzählen. Der Stil ist oft umgangssprachlich geprägt und sehr direkt, häufig stark subjektiv gefärbt.

Der personale Erzähler wirkt etwas »literarischer« und eher, als würde man als Leserin und Leser auf der Schulter der Figur sitzen und alles mit ihr zusammen beobachten und erleben.

Vorteile dieser Perspektive:

- ✔ Emotionale Nähe, aber dennoch Spielraum für Erzählinformationen
- ✔ Hohe Spannung durch begrenztes Wissen der Figur
- ✔ Einfaches Stilmittel, um »literarischer« zu schreiben

Nachteile dieser Perspektive:

- ✔ Man ist auf das Wissen der Erzählfigur beschränkt.
- ✔ Perspektivfehler sind häufig.

Der auktoriale Erzähler – allwissend und distanziert

In meiner Zusammenarbeit mit Autorinnen und Autoren sehe ich häufig auktoriale Erzähler, die eigentlich gar nicht absichtlich gewählt worden sind. Es scheint anfangs schwierig zu sein, zwischen dem, was man als Autor/in weiß, und dem, was die Figur wissen kann, zu unterscheiden.

Der auktoriale (allwissende) Erzähler kennt alle Figuren, Gedanken, Vergangenheit und Zukunft.

Beispiel aus »Anna Karenina« von Leo Tolstoi (übersetzt von Hermann Röhl):

Alle glücklichen Familien sind einander ähnlich, aber jede unglückliche Familie ist auf ihre besondere Art unglücklich. Der ganze Haushalt der Familie Oblonski war in Unordnung geraten. Die Hausfrau hatte erfahren, dass ihr Mann mit einer französischen Gouvernante, die sie früher im Haus gehabt hatten, ein Verhältnis unterhielt, und hatte ihm erklärt, sie könne nicht länger mit ihm unter einem Dach wohnen. Drei Tage schon währte nun dieser Zustand, und er wurde sowohl von den Ehegatten selbst wie auch von den übrigen Familienmitgliedern und dem Hausgesinde als eine Qual empfunden. Alle Familienmitglieder und das Hausgesinde hatten das Gefühl, dass ihr Zusammenleben gar keinen Sinn mehr habe und dass in jeder Herberge die Leute, die sich dort zufällig zusammenfänden, in engerer Beziehung untereinander stünden als sie, die Mitglieder und das Gesinde der Familie Oblonski.

Vorteile dieser Erzählweise:

- ✔ Maximale Erzählfreiheit: Sie bestimmen, was man wann erfährt.
- ✔ Möglichkeit, unabhängig von den Figuren Zusammenhänge zu schildern
- ✔ Erklärende Zusätze sind möglich.

Nachteile:

- ✔ Distanzierter als andere Perspektiven
- ✔ Gefahr, zu viel zu »erzählen« statt zu »zeigen«

Du-, Wir-, Ihr- und Sie-Erzähler

Die übrigen Perspektiven fasse ich hier zusammen, da sie fast nie genutzt werden. Dennoch ist es eine Überlegung wert, sie auszuprobieren und Ihr Buch so von anderen abzuheben – allerdings würde ich das eher empfehlen, wenn Sie bereits Schreiberfahrung mitbringen.

Viele sogenannte »Spielbücher« sind in der Du-Perspektive geschrieben (»Du läuft den Korridor entlang, der sich nach links und rechts aufteilt. Welchen Weg nimmst du?«). Im vorliegenden Buch werde ich mich mit diesem sehr speziellen Konzept eines Spielbuchs nicht weiter beschäftigen, aber natürlich hätten Sie theoretisch die Möglichkeit, ein solches als Liebesroman zu konzipieren.

Es macht Spaß, sich in unüblichen Perspektiven auszuprobieren. Diese kreativen Fingerübungen eignen sich insbesondere für Kurzgeschichten, in denen Sie sich ausprobieren wollen. Für unseren Liebesroman verzichte ich an dieser Stelle jedoch auf solche Experimente, die die Erwartungshaltung der Leserschaft herausfordert.

So wählen Sie die passende Perspektive

Nun wissen Sie, welche Auswahl am Buffet der Erzählperspektiven auf Sie wartet, aber womit füllen Sie Ihren Teller? Das hängt davon ab, wie Sie die folgenden Fragen für sich beantworten:

Wie nah sollen die Lesenden der Hauptfigur sein?

Möchten Sie eine intensive emotionale Verbindung zwischen der Leserschaft und der Hauptfigur herstellen? Dann könnte der *Ich-Erzähler* ideal sein. Er vermittelt persönliche Gedanken und Gefühle unmittelbar und sehr subjektiv. Diese Perspektive wird überdurchschnittlich häufig im Bereich der reinen Unterhaltungsromane (zum Beispiel im Subgenre »New Adult«) gewählt.

Falls Sie eine persönliche, aber etwas flexiblere Perspektive bevorzugen, bietet sich der personale Erzähler an. In der dritten Person geschrieben, erlaubt er es, sich tief in eine Figur hineinzuversetzen, ohne auf die sprachlichen Möglichkeiten eines neutraleren Stils zu verzichten.

Wie viele Perspektivfiguren gibt es?

Wenn Ihre Geschichte hauptsächlich aus einer Perspektive geschildert wird, ist der Ich-Erzähler oder ein enger personaler Erzähler ideal.

Bei mehreren erzählenden Figuren können Sie auch variieren und beispielsweise die beiden Liebenden aus der Ich-Perspektive erzählen, aber die Perspektive des Antagonisten als personalen Erzähler.

Im Zweifel: Testen Sie verschiedene Perspektiven!

Sie wären nicht die erste Person, die einen Roman mehrere Male unterschiedlich beginnt, um zu erspüren, welche Variante sich am besten eignet.

Grau ist alle Theorie – setzen Sie sich an den Schreibtisch, öffnen Sie Ihr Notizbuch oder ein leeres Dokument auf dem Computer und versetzen Sie sich in Ihre erste Hauptfigur. Schreiben Sie eine Szene aus der Ich-Perspektive (eine Seite reicht aus), dann die gleiche Szene aus der personalen Sicht. Welche gefällt Ihnen besser?

Zusammengefasst:

- ✔ Sie können eine Geschichte als Ich-Erzähler, personaler Erzähler oder auktorialer Erzähler schreiben.
- ✔ Jede Erzählperspektive bietet Vor- und Nachteile.
- ✔ Bleiben Sie beim Schreiben konsequent in einer Erzählperspektive.
- ✔ Die Erzählperspektive kann sich beim Wechsel der Perspektivfigur ändern.

IN DIESEM KAPITEL

Was die »Tonalität« einer Geschichte ist

Wie Sie die passende Tonalität festlegen

Kapitel 15
Legen Sie die Tonalität fest

Stellen Sie sich vor, sie wären auf einer Party. Im Hintergrund läuft Jazzmusik, Sie tauschen sich interessiert mit einem lokalen Künstler aus und trinken gemütlich ein Glas Wein – als plötzlich eine schwarz gekleidete, vollkommen gepiercte und tätowierte Frau schreiend den Couchtisch umschmeißt, auf die Couch springt und auf Death Metal umstellt. Die Wände beben, Ihr Weinglas vibriert in Ihren Händen und Sie verstehen kein Wort mehr. Der Künstler neben Ihnen fängt prompt zu jodeln an.

Diese Party würde sich seltsam anfühlen und ein solches Gefühl entsteht auch, wenn wir beim Schreiben verschiedene Tonalitäten unbedacht miteinander vermischen. Sebastian Fitzek bezeichnet es als den »Sound« der Geschichte, oft ist auch vom »Ton« oder der »Atmosphäre« die Rede. Es gibt dabei Unterschiede zwischen Sound, Stimmung, Atmosphäre, Ton und Tonalität, aber das würde an dieser Stelle zu weit führen. Einigen wir uns darauf, dass es darum gehen soll, wie sich Ihre Geschichte insgesamt anfühlt, also welche grundsätzliche Stimmung mitschwingt.

Welchen »Soundtrack« soll Ihr Roman haben?

Leicht, verspielt und eher humorvoll? Oder düster, melancholisch und schwer? Indem Sie die grundsätzliche Stimmung schon im Vorfeld festlegen, bereiten Sie den Weg für Ihre Figuren und eine Handlung, die wie »aus einem Guss« erscheint.

Was die Tonalität betrifft, können wir uns von der Musik inspirieren lassen. Viele Autorinnen und Autoren hören beim Schreiben passende Musik, die die Stimmung aufgreift, die sie in die Szene einfließen lassen wollen. So wie ein Film einen Soundtrack hat, der die Stimmung des Films in sich vereint, können Sie auch über einen »Soundtrack« für Ihren Roman nachdenken. Tatsächlich kenne ich sogar viele Romance-Autorinnen, die den Soundtrack ihres Buches ganz öffentlich mitteilen und im Buch eine zur Geschichte passende Playlist abdrucken, die oftmals die Lieder enthält, die die Autorin beim Schreiben gehört hat.

Falls es Ihnen schwerfällt, das zu benennen, komme hier ein paar **typische Grundstimmungen in Liebesromanen**:

- ✔ Locker und leicht
- ✔ Verträumt, fantastisch
- ✔ Nostalgisch und/oder melancholisch
- ✔ Prickelnd und sinnlich
- ✔ Warm und gemütlich
- ✔ Düster und dramatisch
- ✔ Verboten und gefährlich
- ✔ Schmerzhaft und intensiv
- ✔ Majestätisch und elegant
- ✔ Mysteriös und geheimnisvoll
- ✔ Romantisch und künstlerisch
- ✔ Gefährlich und leidenschaftlich
- ✔ Humorvoll und freundlich
- ✔ Magisch und verzaubert
- ✔ Episch und heldenhaft

Um passende Lieder zu finden, gehen Sie wie folgt vor:

1. Entscheiden Sie sich für eine grundsätzliche Stimmung.
2. Überlegen Sie, welche Art Musik dazu passen könnte. Viele Musikstreaming-Dienste bieten Lieder sortiert nach Stimmungen an, durch die Sie sich klicken können.

   Grundsätzlich sorgen schnelle, poppige Lieder eher für eine lockere, fröhliche Stimmung, während langsame Stücke eher emotional oder traurig wirken können.

3. Entscheiden Sie sich lieber für Instrumentalmusik, das lenkt beim Schreiben weniger ab, als wenn Sie Songtexte hören (selbst wenn Sie sie nicht verstehen).

Probieren Sie auch aus, schon vorhandene Soundtracks zu nutzen. Immerhin haben sich vor Ihnen bereits professionelle Musikleute die Frage gestellt, wie ein Lied eine bestimmte Grundstimmung einfangen kann – warum nicht darauf aufbauen?

Wenn Sie nach »Soundtrack« suchen, erhalten Sie in den Streamingdiensten in der Regel die Playlists zu allen Liedern des Films. Versuchen Sie auch die Suchanfrage »Main Theme« für einzelne Songs. Testen Sie englische und deutsche Schreibweisen der Filme.

Ich lasse gerne Lieder laufen, die alle in etwa die gleiche Stimmung haben, ohne mich auf ein einziges, spezielles Lied festzulegen. Finden Sie den für Sie passenden Weg.

Muss jede Szene diesen »Ton« haben?

Nein, nicht jede Szene in einer romantischen Komödie ist locker, leicht und humorvoll. Nicht alle Szenen in einer Dark Romance sind dramatisch, gefährlich oder mysteriös. Ein Roman braucht Abwechslung in der Stimmung, um nicht monoton zu werden, deshalb hören Sie auf Ihr Bauchgefühl und erzwingen Sie keine Stimmung, wenn es eigentlich nicht passt.

Solange Sie die Grundstimmung im Hinterkopf behalten, merkt Ihre Leserschaft, dass Sie grundsätzlich wissen, auf welchem Pfad Sie die Geschichte entlangführen.

Die richtige Stimmung bei schmerzhaften Gefühlen

Viele Liebesromane legen spätestens in der zweiten Romanhälfte schmerzhafte Gefühle frei, wie man sie sich bei einer offenen Herz-OP ohne Narkose vorstellen würde. Da besteht, bei zu vielen zerschmetternden Szenen, die Gefahr der emotionalen Überladung. Sorgen Sie deshalb gerade bei düsteren oder sehr schmerzhaften Romanen immer wieder für humorvolle Auflockerung, um Ihren Leserinnen und Leser nicht zu viel zuzumuten.

Eine kurzfristige Lockerung bringen:

- ✔ Sarkasmus und schwarzer Humor
- ✔ »Komische« Figuren (siehe Kapitel »Zusammenspiel verschiedener Figuren«)
- ✔ Ein unerwartetes Missgeschick

Allerdings sollten Sie diese schmerzhaften Gefühle auch zulassen. Manchmal neigen wir beim Schreiben dazu, aus Angst vor unseren eigenen tiefen Gefühlen unseren Figuren nicht zu viel zumuten zu wollen. Finden Sie den Punkt, der für Ihre Geschichte passend ist. Möglicherweise müssen Sie eine Szene dafür mehrere Male umschreiben.

Stimmungsvolle Wörter finden

Welche Atmosphäre Sie auch immer erzeugen wollen, Sie können neben dem klassischen »Show, don't tell« und den Sinneseindrücken (was sieht, hört, schmeckt, fühlt oder riecht die Figur?) auch darauf achten, welche Stimmung durch die Wahl der einzelnen Wörter ausgedrückt wird.

Wenn Sie auf der ersten Seite bereits Wörter *Schmerz, Verlust, Entsetzen, schockiert, hämmern* und *panisch* lesen, dann wird das andere Gefühle – und damit eine andere Stimmung – auslösen als Wörter wie *gemütlich, Wolldecke, Kerzenschein, liebkosen, Blümchen* und *Kräutertee.*

Für einen weihnachtlichen Roman habe ich mir eine lange Liste mit Begriffen erstellt, die ich mit Weihnachten verbinde, angefangen von dem, was ich sehen kann (Lichter, Kerzen, Tannenbaum, …) über meinen Hörsinn (Glöckchen, Weihnachtslieder) bis hin zu dem Geschmack von Zimtkeksen. Beim Schreiben war sie immer griffbereit und ich konnte so schnell in die Stimmung der Szenen finden, die das Gefühl von Weihnachten auslösen sollten.

Beispiele verschiedener Stimmungen

Damit Sie eine Idee davon kriegen, wie man bereits mit wenigen Sätzen eine bestimmte Grundstimmung erzeugt, hier ein paar Beispiele aus der Literatur:

»Frag nicht nach Sonnenschein« von Sophie Kinsella (übersetzt von Jörg Ingwersen), Romantische Komödie:

Erstens: Es könnte schlimmer sein. Dieses ewige Pendeln zur Arbeit könnte erheblich schlimmer sein – ich muss es mir nur immer wieder sagen. Zweitens: Es ist den Aufwand wert. Ich will in London leben, ich will es einfach, und das Pendeln gehört nun mal dazu. Es gehört zum Abenteuer London wie die Tate Modern Gallery. (Wobei es allerdings ganz anders ist als die Tate Modern Gallery. Schlechtes Beispiel.)

»Darkside: Du bist meine Obsession« von Katelyn Erikson, Dark Romance

Tränen liefen mir über die Wangen. Die Dunkelheit hüllte mich ein. Ich wagte es nicht, auch nur einen Laut von mir zu geben. Stattdessen saß ich da. Starrte ins Nichts. Lauschte meinem hektischen Herzschlag, während ich betete. Ich war nicht gläubig. War es nie gewesen. Doch heute, hier und jetzt, flehte ich zu Gott. Bat um Hilfe. Hoffte, dass er mich hören würde. Mich retten würde. Mir irgendjemanden schickte, der diesen Albtraum beendete.

»Bridgerton – Der Duke und ich« von Julia Quinn, Regency Romance

»In den hohen Rängen der Gesellschaft sind die Bridgertons bei Weitem die fruchtbarste Familie. Man kann den diesbezüglichen Eifer der Viscountess und des verstorbenen Viscount nur lobpreisen – und gleichwohl die Namensgebung äußerst banal finden: Anthony, Benedict, Colin, Daphne, Eloise, Francesca, Gregory und Hyacinth. Natürlich ist Ordnung in allen Lebensbereichen segensreich, aber intelligente Eltern sollten doch wohl dazu imstande sein, ihren Nachwuchs auch ohne alphabetische Reihenfolge der Namen auseinanderzuhalten.«

Sehen Sie, wie nicht nur die Wahl der ersten Szene einen Hinweis auf die anstehende Geschichte gibt, sondern auch die Sprache?

Aufgabe 1: Legen Sie die gewünschte Grundstimmung Ihrer Geschichte fest.

Aufgabe 2: Finden Sie Romane mit dieser Stimmung (die Buchhandlung/Bücherei Ihres Vertrauens ist da sicherlich gern behilflich) und analysieren Sie, wie diese Autorinnen und Autoren ihre Stimmung erzeugen.

Aufgabe 3: Legen Sie Listen für häufig genutzte Stimmungen an, die Sie für jedes Projekt wieder variieren und ergänzen.

Zusammengefasst:

- ✔ Die Wahl Ihrer Worte erzeugt Stimmung.
- ✔ Trauen Sie sich, Gefühle auszulösen.
- ✔ Eine Liste mit Wörtern, Begriffen, Gegenständen, Gerüchen und so weiter, die zu der gewünschten Stimmung passen, hilft Ihnen beim Schreiben.

IN DIESEM KAPITEL

Fünf Tipps, die Ihnen helfen, spannende Szenen zu schreiben

Welche Aufgaben jede einzelne Szene hat

Ihr Versprechen an die Leserschaft

Kapitel 16
So schreiben Sie eine Szene, die man gerne liest

Wissen Sie, was in einer Geschichte langweilig ist? Eine fehlende Gefühlsachterbahn. Mittlerweile ist Ihnen bekannt, dass Liebesromane keineswegs von rosaroten Zuckerwattewölkchen, Sonnenschein und Liebesschwüren handeln, sondern in erster Linie voller Hindernisse, Konflikte und Gefahren sein sollten.

Ohne Schreiberfahrung fällt es schwer, zu entscheiden, was alles in eine Szene gehören könnte, was Sie weglassen sollten und wie eine Szene spannend wird. Deshalb möchte ich Ihnen fünf einfach umzusetzende Tipps an die Hand geben:

Jede Szene bringt Veränderung

Eine Szene, in der sich für die Figur nichts verändert, ist überflüssig. Um das zu vermeiden, fügen Sie in jede Szene mindestens einen Konflikt ein. Jede Szene sollte Folgendes beinhalten:

- ✔ Ein Ziel oder einen Wunsch der Perspektivfigur
- ✔ Eine aktive Handlung
- ✔ Ein Problem (im Sinne einer Herausforderung, eines Hindernisses oder eines Konflikts)
- ✔ Eine weitere Handlung
- ✔ Eine Veränderung (der Figur, der Handlung, der Stimmung, der Beziehung untereinander, der Meinung der Leserschaft, …)

Sie kreieren im Grunde lauter Mini-Geschichten, die aneinandergereiht einen Roman ergeben.

Das Ziel in dieser Szene sollte mit dem übergeordneten Ziel verbunden sein. Dieses kleine Szenenziel ist einer von vielen Schritten auf dem langen Weg bis zum letzten Kapitel.

Wenn Sie die Szene streichen können, ohne dass das irgendwelche Auswirkungen auf die Story hat, dann sollte diese Szene gestrichen oder überarbeitet werden.

Eine Veränderung wird durch kleine Wendepunkte erreicht.

Veränderung durch Stimmung

Eine Szene kann entweder »positiv« oder »negativ« starten (theoretisch auch in neutraler Stimmung, aber das ist für die meisten Geschichten zu langweilig).

Und eine Szene kann positiv oder negativ enden (oder neutral, was wiederum nicht sonderlich spannend ist).

Denken Sie Ihre Szene dreiteilig:

1. Sie starten positiv oder negativ.
2. Etwas passiert.
3. Sie enden positiv oder negativ.

Beispiel »Romeo und Julia«: Die Bedienstete der Capulets treten auf einen öffentlichen Platz und behaupten, sie wollen niemanden provozieren. Stimmung: leicht positiv. Nur eine Begegnung mit den Montagues könnte sie streitlustig stimmen, sagen sie. Und natürlich kommt es dazu: Zwei Menschen aus dem Hause der Montagues treten auf, und die beiden Erstgenannten brechen einen Streit vom Zaun.

Wie startet diese Szene? Welcher Wendepunkt geschieht? Wie endet diese Szene? Behalten Sie diese Fragen im Hinterkopf, wenn Sie schreiben.

Veränderung durch Wendungen

Eine Wendung ist ein Ereignis, bei dem etwas anderes passiert als das, was man erwartet hat. »Man« kann dabei die Figur oder die Leserschaft sein – idealerweise überraschen Sie beide. Dabei reicht es für eine Szene bereits aus, kleine Wendungen einzuführen:

- ✔ Ihre Figur erwartet einen ruhigen Abend, aber dann gibt es eine Überraschungsfeier für sie.
- ✔ Ihre Figur möchte zu einem Vorstellungsgespräch fahren, aber der Bus kommt nicht.
- ✔ Ihre Figur hat sich aus den Diensten des Königs verabschiedet und merkt, wie sehr ihr das Gefühl fehlt, gebraucht zu werden.

Um diesen Tipp umsetzen zu können, sollten Sie das Anfangsziel Ihrer Figur für diese Szene kennen.

Machen und halten Sie Ihre Versprechen

Sobald Sie als Leserin oder Leser ein Buch aufschlagen, gehen Sie einen Pakt mit der Autorin oder dem Autor ein: Sie schenken ihrer/seiner Geschichte Zeit und Aufmerksamkeit, dafür erhalten Sie eine spannende, bereichernde und unterhaltsame Reise, ohne sich aus dem Haus zu begeben. Sie werden mitfiebern, nachdenken, Abenteuer bestehen und/oder Ihrem Alltag entfliehen.

Als Autorin oder Autor ist es Ihre Pflicht, dieses Versprechen zu halten. Sie leiten Ihre Leserschaft durch die Geschichte, die Sie sich überlegt haben, und zwar Treppenstufe für Treppenstufe – Szene für Szene.

Schon beim Lesen der ersten Szene machen Sie ein Versprechen: »So, wie wir beginnen, wird es weitergehen.« Ihre Wortwahl, Ihr Aufbau, Ihre Dialoge … Alles gibt den Ton an, auf den wir uns als Leserinnen und Leser für die nächsten Hunderte von Seiten einstellen dürfen.

Diese Versprechen gelten auch für den Verbund mehrerer Szenen. Wenn »Anna« in einer Szene eine verräterische Nachricht an eine gewisse »Chrissi« auf dem Handy ihres Ehemanns entdeckt, wollen wir später eine Szene haben, in der Anna ihren Mann darauf anspricht. Sie bauen in der einen Szene also eine Minigeschichte auf, die Sie irgendwann auch auflösen sollten.

Machen Sie sich also bewusst, aus welcher Gefühlslage Ihre Figur gerade kommt. Was ist unmittelbar vor dieser Szene passiert? Manchmal wissen das nur Sie, weil die Szene nicht Teil des Romans ist. Es könnte beispielsweise morgens sein und das Erste, was wir als Leserschaft mitbekommen, ist, wie sich die Figur ihren Kaffee zubereitet:

Elisa schlurfte noch im Nachthemd zur Kaffeemaschine und drückte auf den kleinen Knopf, der das Gerät zum Leben erweckte.

Sie als Gott dieser Geschichte wissen aber schon, wie die Figur geschlafen hat, ob sie wach war, was sie geträumt hat, womit sie sich gedanklich herumschlägt, was sie an diesem Tag vorhat und was ihr passieren wird. Indem Sie sich das bewusst machen, bringen Sie Lebendigkeit und Glaubhaftigkeit in Ihre Figur – und die Szene wird spannender:

Ihr Kopf fühlte sich an, als hätte jemand ihn über Nacht mit Beton gefüllt. Elisa schlurfte noch im Nachthemd zur Kaffeemaschine und drückte auf den kleinen Knopf, der das Gerät zum Leben erweckte. Sie kämpfte gegen die Müdigkeit an, konnte ihre Augen aber kaum offenhalten. Natürlich hatte sie gewusst, dass Neugeborene in der Anfangszeit oft nachts wach wurden, aber sie hatte die Folgen völlig unterschätzt. Schlafentzug war eine Foltermethode. Das sagte schon alles.

Schreiben Sie, wenn Sie schreiben

Da ich weiß, wie hoch der Druck sein kann, wenn Sie Tipp 2 umsetzen wollen, hier gleich ein weiterer Trick: Schreiben Sie den ersten Entwurf Ihres Romans ohne Tipp 2.

Ich meine, der Tipp hat schon seine Berechtigung und ich möchte Sie bitten, ihn zu berücksichtigen, aber in Ihrem allerersten Entwurf ist es erlaubt, sich nicht zu sehr über die Struktur den Kopf zu zerbrechen.

Wenn Sie schreiben und kreativ sind, arbeiten in Ihrem Gehirn andere Areale als während der analytischen Überarbeitung. Ein häufiges Wechseln zwischen den Bereichen ist anstrengend für das Gehirn und verlangsamt Sie.

Wiederholen Sie daher Mantra-artig diese beiden Sätze:

Wenn ich schreibe, schreibe ich. Das Überarbeiten kommt später.

Sie kommen immer wieder in die Versuchung, im Text zu springen und Anpassungen vorzunehmen. Ich habe im Laufe der Zeit für mich herausgefunden, wie viel langsamer ich Bücher schreibe, wenn ich während der Schreibphase überarbeite. Es gibt aber auch Autorinnen und Autoren, die zuerst den Text überarbeiten, den sie am Vortag geschrieben haben, bevor sie mit dem Schreiben weitermachen.

Testen Sie verschiedene Varianten im Laufe der Romane und finden Sie heraus, was für Sie persönlich gut funktioniert.

Zeigen Sie Ihre Figuren

Eine Szene hat im Normalfall drei Aufgaben:

1. Die Geschichte durch einen Konflikt vorantreiben
2. Eine (weitere) Ebene der Figur(en) freilegen
3. Ein Gefühl auslösen (aufseiten der Leserschaft)

Die Kunst beim Schreiben ist, nicht nur einen Tipp umzusetzen, sondern Szenen zu kreieren, in denen wir als Leserschaft die Figur näher kennenlernen, die Geschichte durch Konflikte miterleben und dabei etwas fühlen. Die Charaktereigenschaften, inneren Konflikte, Meinungen, Erfahrungen und Eigenarten Ihrer Figuren können Sie dabei nicht nur erklären (»Er war neugierig.«), sondern zeigen (»Als sie den Raum verlassen hatte, öffnete er jede Schublade, um zu sehen, was sich darin verbarg.«).

Bleiben Sie beim Schreiben aber in der Perspektivfigur. Selbst wenn Sie als Autorin oder Autor wissen, wie aufgewühlt eine andere Figur gerade ist, dürfen Sie nicht mitten in der Szene in deren Kopf springen. Sie bleiben bei Ihrer Perspektivfigur und zeigen, wie sich die andere Figur benimmt, was sie sagt und wie sie wirkt – gefärbt durch die Brille Ihrer Perspektivfigur.

Passen Sie Zeit und Setting an

Manchmal hilft es, das Setting oder schlicht die Tageszeit anzupassen, um alles spannender zu machen.

Ich habe vor einigen Jahren mal bei einer Theateraufführung mitgewirkt und von den Produzenten Folgendes erfahren: Ursprünglich hatte es nur eine Ansammlung an unzusammenhängenden Szenen gegeben. Um sie zu verbinden, hat man sich eine »Rahmengeschichte« überlegt. Dazu hat man sich eine Gruppe von drei Menschen ausgedacht, die sich in einem Museum unterschiedliche Bilder ansehen – und jedes Bild führte zu einer Szene. Voilà! Eine gute Geschichte!

Oder nicht?

Dieser Rahmen war leider keine Geschichte, sondern höchstens eine *Kulisse* (»drei Menschen sehen sich Bilder an«).

Das unerfahrene Team holte sich Hilfe von einem Regisseur, der verschiedene Änderungen vorschlug, unter anderem:

- ✔ Die drei Figuren bekommen Persönlichkeit und konkurrierende Ziele.
- ✔ Die Figuren entwickeln sich im Laufe des Stücks.
- ✔ Das Setting bleibt, aber die Zeit ändert sich von Tag auf Nacht.

Aus den anonymen Menschen wurde eine dreiköpfige Einbrecherbande, die **nachts** ins Museum eindringt und nach einem bestimmten Gemälde sucht, wobei sie dann natürlich ebenfalls verschiedene Bilder betrachten. Die voneinander relativ unabhängigen Szenen wurden so miteinander verbunden, was ja auch der ursprüngliche Wunsch gewesen war – aber dieses Mal gab es eine spannende Rahmengeschichte, inklusive Zeitdruck.

Alleine die Änderung der Tageszeit dieser Geschichte war ein Unterschied – Sie können es sich denken – wie Tag und Nacht.

Wie im Kapitel »Das Setting: Lebendig wie eine Figur« beschrieben, hat die Wahl der Orte, der Zeit und sogar des Wetters starke Auswirkungen auf Ihre Geschichte. Nutzen Sie das zu Ihrem Vorteil.

So wie die Tageszeit hat natürlich auch das Wetter einen entscheidenden Einfluss auf eine Szene!

Zusammengefasst:

- ✔ Jede Szene bringt eine Veränderung mit sich.
- ✔ Sie geben Ihrer Leserschaft ein Versprechen ab – halten Sie es!
- ✔ Ändern Sie Zeit, Wetter oder das Setting, um mehr Spannung zu erzeugen.

IN DIESEM KAPITEL

Welche Gefühle gibt es?

Spielen Sie auf der Klaviatur der Gefühle

Kapitel 17
Wie löst man tiefe Gefühle aus?

Wenn es um Liebesromane geht, dann müssen wir uns mit Gefühlen auseinandersetzen. Aber welche gibt es? Wie unterscheiden sie sich? Und wie erzeugt man sie? Das klären wir nun.

Welchen Tipp hat Anne Freytag dazu? Sie sagt:

> *[Mein Tipp, um Gefühle auszulösen, ist] dass man sie in seine eigene Gefühlswelt übersetzt. Damit gemeint ist, dass jeder von uns Gefühle wie Trauer, Wut, Verzweiflung, Liebe, Freude und so weiter kennt. Man kann diese Emotionen übertragen, sich genau überlegen, was man fühlt, wie es sich anfühlt, was man körperlich wahrnimmt, was im Gesicht geschieht, was man sieht und was nicht. Wie man sie verbergen kann oder auch nicht – Tränen, die einen überkommen, Wut, die man zurückhält. All das kann man verbalisieren. Oft ist jedoch weniger mehr. Viele Autorinnen und Autoren neigen gerade anfangs dazu, alle Adjektive, die sie finden können, in der Situation zu verwenden. Trauer kann sehr reduziert sein.*
>
> *Was mir außerdem hilft, ist Musik. Wenn ich beispielsweise sehr gut gelaunt bin und eine herzzerreißende Szene schreiben muss, weiß ich, welche Musik mich in die entsprechende Stimmung bringt.*

Welche Gefühle gibt es überhaupt?

Kennen Sie den Pixar-Film *Alles steht Kopf*? Ich liebe die Grundidee dahinter, die sich mit den Erkenntnissen der Psychologie deckt: Gefühle steuern unser Handeln. Im Film geht es um die elfjährige Riley und die Basisemotionen in ihrem Kopf: Freude, Kummer, Angst, Wut und Ekel. Im zweiten Teil des Films treten noch Zweifel, Neid, »Ennui« (Langeweile) und »Peinlich« (Scham) hinzu. Indem diese Figuren miteinander agieren und auf ihre Umwelt reagieren, entsteht eine spannende Dynamik.

Die Wahl dieser Gefühle weicht nur wenig von den von Forscher Paul Ekman festgelegten Basisemotionen ab, die da lauten:

- ✔ Freude
- ✔ Trauer
- ✔ Wut
- ✔ Angst
- ✔ Überraschung
- ✔ Ekel
- ✔ Verachtung

Diese sieben Grundgefühle finden sich bei allen Menschen in den verschiedensten Kulturen. Sie könnten sich vor den Spiegel stellen und diese Gefühle imitieren, da sie eng mit bestimmten Gesichtsausdrücken verbunden sind. Das ist gut für uns, denn mit diesem Wissen können wir ein Gefühl andeuten, ohne es konkret zu benennen:

Seine Augen leuchteten und das anfängliche Lächeln verwandelte sich in ein breites Grinsen. Mit ausgestreckten Armen winkte er seiner Oma zu, als wolle er abheben und zu ihr fliegen.

Was ist der Unterschied zwischen Gefühlen und Emotionen?

Gefühle sind ein Teil von Emotionen, auch wenn beide Begriffe im Alltag gern synonym verwendet werden. Eine Emotion besteht aus einem Gefühl, einer körperlichen Reaktion und einem Denkprozess. »Freude« ist ein Gefühl; Freude, Lachen und die Erinnerung an einen schönen Moment lösen gemeinsam eine Emotion aus.

Aber welche Gefühle gibt es eigentlich? Im Internet finden Sie diverse Listen mit weit über 200 Gefühlen, die Sie heranziehen können, wenn Sie so gar keine Idee davon haben, was Ihre Figuren gerade fühlen sollen. Um Sie nicht zu erschlagen, stelle ich Ihnen im Folgenden eine Liste zusammen, die der Psychologe Robert Plutchik ins Leben gerufen hat. Er bezieht sich dabei auf die eben genannten Grundemotionen und fügt noch das Gefühl von Akzeptanz hinzu. Danach fächert er die einzelnen Gefühle weiter auf, je nach Intensität. Ähnliche Gefühle liegen dabei nebeneinander, konträre Gefühle stehen sich gegenüber:

Adriana Popescu:

> *Klingt doof, aber wir alle haben ähnliche Gefühle. Haben schon ähnliche Dinge erlebt, wenn auch ganz anders. Aber wir alle waren mit unseren Familien im Urlaub, kennen den Geruch von Sonnenmilch und den Geschmack von Wassermelonen, während die Sonne auf die Haut brennt. Wo diese Urlaube waren, ist egal, aber wenn man mit Worten dieses*

Gefühl weckt, fühlen wir alle diese Erinnerung eines Sommerurlaubs, auch wenn wir nie am selben Ort waren. So ist es auch mit Liebe. Wir alle hatten diesen ersten Schwarm, den einen Menschen, an den man manchmal noch denkt, oder den einen, den man nie wiedersehen will.

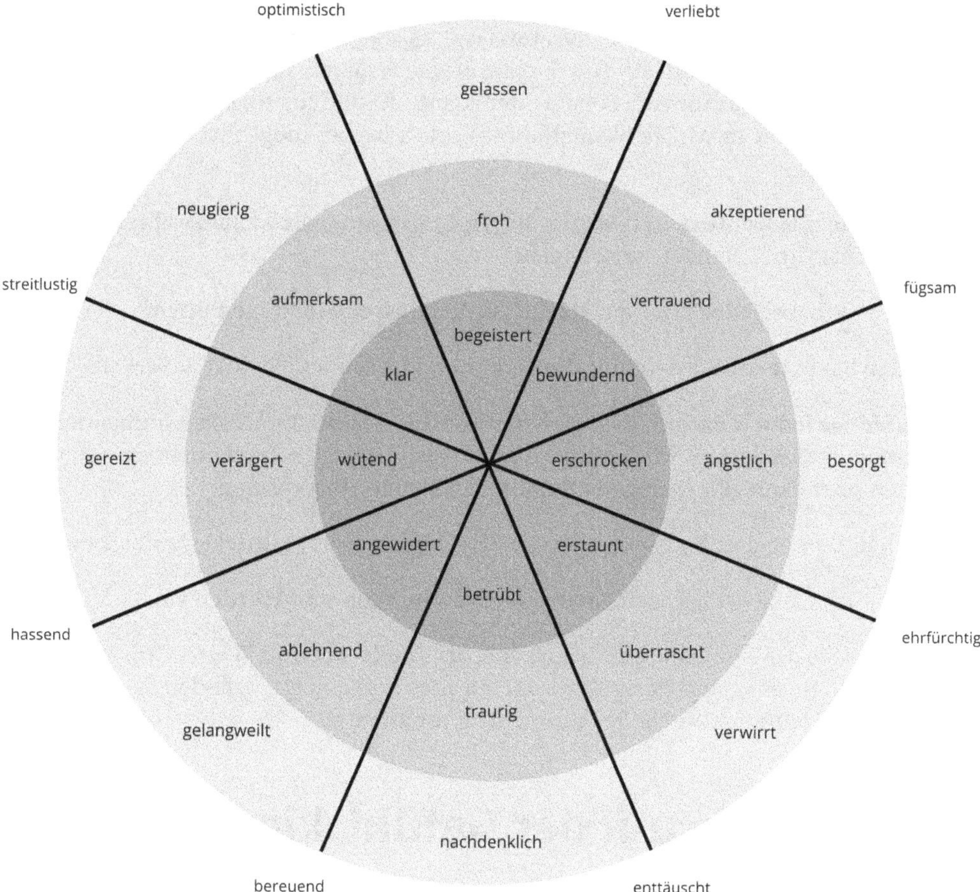

Abbildung 17.1: Gefühlsrad

Wenn Sie aus unerfindlichen Gründen bisher nichts in diesem Buch markiert haben, dann sollten Sie es spätestens jetzt tun. Holen Sie sich einen Haftstreifen oder machen Sie ein Eselsohr in diese Seite (ich verrate es auch nicht weiter). Oder, wenn Sie digital lesen, markieren Sie die Stelle und fügen Sie sie Ihren Notizen hinzu.

Es ist wichtig, Ihre Figuren eindeutige Gefühle spüren zu lassen. Ist Ihre Hauptfigur in dieser Szene erschrocken, ängstlich oder besorgt? Oder vielleicht zuerst erschrocken und dann besorgt? Oder erst besorgt und später erschrocken? Indem Sie überlegen, welche Gefühle in Ihrer Szene vorherrschen sollen und wie sie sich gegebenenfalls verändern, schaffen Sie Bewegung. Das können Sie natürlich auch erst beim Überarbeiten nachpflegen.

»Interesse« und »Neugierde« sind unsere Antriebskräfte beim Geschichtenerzählen

Warum lesen wir Romane? Natürlich, um der ätzenden Welt zu entkommen, aber ich meine: Warum lesen wir ausgerechnet Ihre Geschichte? Die Antwort klingt simpel: aus Neugierde. Sie stellen uns eine Figur vor, die etwas will, es aber nicht bekommt. Neugierde und Interesse an Ihren Figuren und der Geschichte, die Sie erzählen, halten uns Leserinnen und Leser bei der Stange. Was für eine Person interessant ist, ist es für eine andere jedoch nicht. Glücklicherweise gibt es Möglichkeiten, dieses Interesse bei möglichst vielen Menschen hervorzurufen:

- ✔ **Geben Sie uns Kontext.** »Er weinte« berührt uns kaum, »Er weinte, während er seine tote Tochter im Arm hielt« schon mehr.
- ✔ Zeigen Sie dabei jedoch nur das Wichtigste und **lassen Sie Fragen offen.**
- ✔ **Stellen Sie in jeder Szene einen Konflikt her,** sei es innerlich oder äußerlich.
- ✔ **Achten Sie jedoch darauf, dass sich die Konflikte ändern** und nicht immer der gleiche Konflikt wiederholt wird. Manche Konflikte dürfen sich durch mehrere Kapitel ziehen, aber dann gibt es in anderen Konfliktebenen Abwechslung!
- ✔ Machen Sie sich darüber Gedanken, wie Ihre **Figur interessant(er)** werden kann.
- ✔ Bauen Sie in langweilige Szene mehr **Überraschungen und Hürden** ein.
- ✔ Erzählen Sie das Mondäne auf Ihre eigene, **originelle Art und Weise.** Bringen Sie beispielsweise eine neue Perspektive auf ein altes Problem ein, erfinden Sie ungewöhnliche Figuren, werden Sie in Ihrer Struktur kreativ.

So spielen Sie auf der Gefühlsklaviatur

Wissen Sie, was der Unterschied zwischen einer Pianistin und mir ist, die ich kein Klavier spiele? Die Pianistin nutzt bei ihrer Arbeit alle achtundachtzig Tasten – die ganze Klaviatur –, während ich bei »Alle meine Entchen« gerade mal sechs Tasten nacheinander drücke. Und der Unterschied zwischen einer Pianistin und einem ungeübten Kleinkind? Beide spielen auf allen Tasten, aber die Pianistin weiß, wann sie welche Tasten in welcher Kombination miteinander spielen sollte, um den Effekt zu erzielen, den sie sich wünscht.

Sie spielen beim Schreiben auf der Klaviatur der deutschen Sprache, um Gefühle auszulösen. Die Kombination verschiedenster Aspekte führt dabei zu Bewegung – im Roman, aber auch bei Ihrer Leserschaft. Ein richtig guter Roman fesselt Ihre Leserinnen und Leser so sehr, dass sie lieber weiterlesen, als schlafen zu gehen.

Machen Sie sich bewusst, wer beim Lesen Ihres Romans emotional wie beeinflusst wird:

Die Gefühle der Figuren

Jede Ihrer Figuren erlebt auf ihrer Reise verschiedene Gefühle (außer vielleicht sehr spezielle Figuren (»Mr. Spock«), um die es jetzt nicht geht). Manchmal decken sie sich mit denen der Leserinnen und Leser, manchmal aber auch nicht.

Wenn P1 nach einem Streit mit einem Blumenstrauß vor der Tür steht und P2 um Entschuldigung bittet, aber P2 knallt die Tür zu, dann sind da viele Gefühle im Spiel:

- ✔ P1 empfindet Schuld oder Reue am Anfang der Szene. Als die Tür knallt, fühlt die Figur vielleicht zusätzlich noch Ablehnung oder Scham, vielleicht auch Wut.
- ✔ P2 ist am Anfang der Szene wütend und verletzt. Als P1 auftaucht, verstärken sich diese Gefühle, vielleicht tritt Empörung hinzu oder Enttäuschung (wir wissen als Lesende bisher ja nicht, warum P2 die Tür zugeschlagen hat).

In Ihren Szenen geht es nicht nur darum, Ihre Figuren von A nach B zu bringen und Konflikte um der Geschichte willen zu erzeugen, sondern auch um emotionale Aktionen und Reaktionen: Jemand tut etwas und es folgt eine Reaktion.

Eine Szene besteht aus mehreren kleinen Elementen, »Beats« (»Schläge«) genannt. Jeder Beat darf dabei ein anderes Gefühl oder wenigstens eine andere Schattierung des Gefühls auslösen. Sehen wir uns das am Beispiel von *Die Bucht der Träume* von Elena Sonnberg an:

Die Ich-Erzählerin Sara Kramer lässt uns in der ersten Szene des ersten Kapitels wissen, dass sie seit Kurzem geschieden ist und jetzt wieder ihren Mädchennamen angenommen hat, was allerdings wie eine frische Wunde für sie ist, die gerade erst zu heilen beginnt. Ihr Gefühl: verletzt, aber zuversichtlich. Mutig vielleicht, und motiviert. Das Telefon klingelt und es meldet sich ein Anwalt, der über den Nachlass ihres Vaters sprechen möchte.

Nachlass? Ein Wort, eine schallende Ohrfeige. »Wie bitte?«

Sofort verändert sich die Stimmung, nur durch diese Zeile. Sara ist vor den Kopf gestoßen, verwundert, irritiert.

Ich lehne mich von innen gegen die Tür und blicke in mein Büro, aufgeräumt und schick, so wie man es von einer erfolgreichen Eventmanagerin erwarten würde. Kein Staubkorn, kein unnötiger Kitsch, alles clean, fast schon kühl, und genauso fühle ich mich jetzt. Aller Emotionen beraubt. Die finden sich dafür gerade alle in meinem Inneren wieder.

Dann fragt sie sich, warum ihr niemand Bescheid gesagt hat, denn ihr Vater ist bereits seit einer Woche tot. Sie bricht das Telefonat ab und denkt an ihren Vater. Das Gefühl der Irritation weicht dem von Nostalgie, etwas Wut und Erschöpfung. Ihre Assistentin kommt herein und wird von Sara beauftragt, die Anwaltskanzlei zurückzurufen zwecks Terminvereinbarung für die Testamentseröffnung. Erst im letzten Satz erfahren wir, dass Sara und ihr Vater seit fünf Jahren nicht mehr miteinander gesprochen haben.

Der letzte Satz ist für die Leserschaft. Warum? Damit wir weiterlesen. Elena Sonnberg löst Neugierde in uns aus, denn wir möchten wissen, warum Sara und ihr Vater Funkstille hatten. Als Autorin oder Autor ist es also nicht nur wichtig, die Gefühle Ihrer Figuren zu kennen, sondern auch die der Leserschaft.

Die Gefühle beim Lesen

Nicht immer decken sich beim Lesen unsere Gefühle mit denen der Perspektivfigur. Wenn wir in Kapitel 1 die Figur P1 dabei beobachten, wie sie auf einer Party fremdgeht, und in Kapitel 2 sind wir in der Perspektive von P2, die/der ohne dieses Vorwissen eine romantische Überraschung für P1 plant, dann haben wir andere Gefühle als P2, weil wir mehr wissen als sie. Als Autorin oder Autor sollten Sie unbedingt verstehen, wie sich die Figuren mit ihrem aktuellen Wissen fühlen und was die Leserschaft zu diesem Zeitpunkt weiß. In der Regel wissen Sie als Schöpferin oder Schöpfer von allen am meisten – dosieren Sie dieses Wissen behutsam und vorsätzlich. Indem Sie immer nur so viel preisgeben, wie Figuren und Leserschaft gerade wissen müssen, um den Kontext zu verstehen und neugierig auf die Fortsetzung der Geschichte zu werden, erzeugen Sie Spannung, Interesse und Neugierde.

Offene Fragen als Wundermittel

Wenn es einer Szene, einem Kapitel oder gar – Gott bewahre – einem ganzen Akt an Spannung und verschiedenen Gefühlen fehlt, gibt es zwei Erste-Hilfe-Maßnahmen:

1. Einen frischen Kaffee und etwas Zeit

2. Offene Fragen

Fragen, die sich Ihre Leserinnen und Leser (und oft auch die Figuren) stellen, treiben die Geschichte voran und halten das Interesse hoch.

Dabei ist nicht einfach so etwas gemeint:

Elli rannte mit klopfendem Herzen aus dem Schlafzimmer. In welche Richtung sollte sie fliehen?

Vielmehr können Sie durch verschiedene Taktiken Fragen aufkommen lassen:

- ✔ Halten Sie, wie bei einem guten Witz, Informationen bis zur Auflösung zurück.
- ✔ Lassen Sie Ihre Leserschaft Lücken füllen durch eigenes Kombinieren. Statt ihnen »Das ergibt 4« zu sagen, sagen Sie metaphorisch: »Das hier sind 2 plus 2.«
- ✔ Stellen Sie Ihre Figuren immer wieder vor Entscheidungen.
- ✔ Bringen Sie Ihre Figuren immer wieder in Situationen, die außerhalb ihrer Kontrolle liegen.

Jeder Bereich in Ihrem Roman sollte Fragen aufwerfen: Es gibt eine Kernfrage, die sich durch alle Akte zieht (»Wird es das Biest schaffen, wahre Liebe zu finden, ehe die Rose verblüht?«), es gibt Fragen für jeden einzelnen Akt, für jedes Kapitel, für jeden Abschnitt (»Sequenz«), für jede Szene und, wenn Sie es ganz auf die Spitze treiben wollen, für jeden »Beat« in einer Szene.

Ziemlich viele Fragen, oder? Keine Sorge, die meisten dieser Fragen ergeben sich ganz automatisch, weil Sie eine Geschichte erzählen, in der Figuren Hindernisse überwinden und am

Ende eine Auflösung der Probleme hinkriegen. Alleine durch die Konzeptionierung Ihrer Geschichte liegen bereits etliche Fragen vor, die Ihnen noch gar nicht bewusst sind.

Die W-Fragen zu Beginn Ihres Romans

Im ersten Kapitel lerne ich als Ihre Leserin Ihre Figuren kennen. Um mich zu orientieren, stelle ich mir unbewusst folgende Fragen:

- ✔ Wo sind wir?
- ✔ Wann findet das statt? (Kontext der Geschichte)
- ✔ Wer sind diese Figuren?
- ✔ Was tun sie?
- ✔ Warum?
- ✔ Wie geht es weiter?

Nicht alle Fragen sollten sofort beantwortet werden. Es reicht aus, den groben Kontext anzureißen, damit man sich beim Lesen zurechtfindet.

Sehen wir uns die ersten Sätze verschiedener Liebesromane an, um ein Gefühl zu bekommen, wie hier Fragen aufgeworfen werden, die zum Weiterlesen anregen:

Das kleine Bücherdorf von Katharina Herzog, Smalltown Romance

»Fertig?«

Finley schüttelte den Kopf. Dann senkte er seinen brünetten Schopf wieder in Richtung des Blocks, der vor ihm auf dem Schreibtisch lag. Seine Zungenspitze schaute ein Stück zwischen seinen Lippen hervor, wie immer, wenn er sich konzentrierte. Seinen Arm hatte er so auf dem Schreibtisch platziert, dass Graham nicht erkennen konnte, was er schrieb. Er sah nur die ersten beiden Zeilen: »Liebe Mama! Ich weiß, dass Du jetzt im Himmel wohnst, aber ich hoffe trotzdem, dass Du meinen Brief bekommst …«

Dieser Einstieg macht gleich neugierig. Wer sind Finley und Graham? Was ist mit Finleys Mutter passiert? Warum schreibt Finley diesen Brief und warum ist ihm das wichtig? Wir können sofort Vermutungen anstellen: Vielleicht sind es zwei Klassenkameraden oder zwei Brüder. Von der Art und Weise, wie der Brief formuliert ist, kann man Rückschlüsse auf das Alter von Finley ziehen. Auch die kleine Zungenspitze passt zu dem gedanklichen Bild eines braunhaarigen Jungen, der konzentriert einen wichtigen Brief schreibt.

Prologanfang aus *Haunting Adeline* von H. D. Carlton (übersetzt von Madlen Müller), Dark Romance

Die Fenster meines Hauses zittern unter der Wucht des Donners, der über den Himmel rollt. Ein Blitz schlägt in der Ferne ein und erhellt die Nacht. In diesem winzigen Moment zeigen die wenigen Sekunden blendenden Lichts den Mann, der vor meinem Fenster steht. Er beobachtet mich. Er beobachtet mich immer.

Ich folge meiner Routine, so wie ich es normal tue. Mein Herz setzt einen Schlag lang aus und beginnt dann heftig zu rasen, meine Atmung wird flach und meine Hände werden feucht. Es spiel keine Rolle, wie oft ich ihn sehe, er löst immer die gleiche Reaktion in mir aus.

Furcht.

Und Aufregung.

Wer ist dieser Mann? Warum beobachtet er den Ich-Erzähler oder die Ich-Erzählerin? Es scheint schon oft vorgekommen zu sein – was steckt dahinter? Und warum schwingt auch Aufregung (im Original *excitement*, also eine positive Erregung, fast wie Vorfreude) mit? Wir sind beim Lesen gespannt und voller Fragen. Schon jetzt nehmen wir an, dass wir es hier mit einem Roman zu tun haben, in dem die Spannung herrscht, die wir aus Thrillern kennen.

Als Kontrast dazu hier ein Beispiel einer romantischen Komödie:

Das Leben ist kein Strandurlaub von Sophie Kinsella (Übersetzung nicht angegeben), romantische Komödie

Es sind nicht die E-Mails, die mich in Panik versetzen.

Es sind nicht einmal die »Nachfrage«-Mails. (»Ich frage mich, ob Sie meine letzte Mail eigentlich bekommen haben, weil Sie mir gar nicht antworten.«)

Es sind die »Nachfrage nach der Nachfrage«-Mails. Die mit den beiden roten Ausrufezeichen. Die Mails, die entweder genervt klingen – »Wie bereits in meinen ZWEI vorherigen E-Mails erwähnt« – oder auch leicht sarkastisch Sorge heucheln – »Sind Sie vielleicht in einen Brunnen gefallen oder so???«.

Das sind die Mails, bei denen ich so einen Druck auf der Brust spüre und mein linkes Auge zu zucken anfängt. Mein Leben wird bestimmt von rot markierten E-Mails, mein ganzes Leben. Leider habe ich vor einer Weile vergessen, eine wichtige Mail zu markieren, und deshalb ist mein Kollege jetzt genervt von mir, wenn er es auch nett formuliert: »Alles okay bei dir, Sasha?«

Hier haben wir kaum Anhaltspunkte für den Kontext, können aber davon ausgehen, es mit einer arbeitenden Frau namens Sasha zu tun zu haben. Warum hat sie Probleme mit ihren E-Mails? Ist sie unorganisiert oder überfordert? Oder kann sie nichts dafür, weil sie neu im Job ist oder die Arbeit von anderen übernehmen muss? Was für eine wichtige Mail hat sie vergessen? Wie wird sie damit umgehen? Was sagt sie ihrem Kollegen? All das sind Fragen, die uns zum Weiterlesen bringen.

Wichtig: Beantworten Sie aufgeworfene Fragen auch im Laufe der Geschichte! Bei Fortsetzungen dürfen Fragen offenbleiben, bis die Serie abgeschlossen ist, aber achten Sie darauf, die wichtigsten Fragen dieses Romans auch zu beantworten!

Fragen unbeantwortet zu lassen, ist wie ein gebrochenes Versprechen. Sie spielen mit der wichtigsten Währung Ihrer Leserschaft: Vertrauen. Verspielen Sie es nicht.

Behalten Sie den alten Ratschlag von Autor Anton Chekhov im Ohr: Wenn Sie ein Gewehr an der Wand zeigen, dann sollte dieses Gewehr auch im Laufe der Geschichte benutzt werden – sei es zum Abfeuern oder als charakterisierendes Element, Metapher oder Symbol.

Erwartungen schüren und damit spielen

Sie wissen bereits, wie wichtig Ziele für Ihre Figuren sind. Das gilt nicht nur für die Charakterentwicklung, sondern auch für die Steuerung der Gefühle Ihrer Leserschaft. Wenn wir Ihre Figuren kennenlernen, dann erfahren wir (hoffentlich) auch von ihren Zielen.

Sagen wir, Ihre Hauptfigur ist in die hübsche Bäckerin verliebt und wir als Leserinnen wissen das. Morgen möchte sie sich ein Herz nehmen und sie um ein Date bitten – das schürt die Erwartungshaltung. Die Figur betritt die Bäckerei; die Bäckerin lächelt sie an. Wenn die beiden jetzt nur Small Talk machen, ist das dennoch spannend, denn wir wollen wissen, ob unsere Figur sich traut, die Bäckerin um das Date zu bitten.

Ebenso effektiv wie Ziele sind konkrete Pläne, diese zu erreichen. Sie müssen die Pläne dabei nicht unbedingt offenlegen. Ich erinnere mich an die Folge *Benjamin Blümchen auf dem Bauernhof*, die ich als Kind gehört habe. Benjamin fällt die Lösung für ein dringendes Problem ein, aber statt davon zu erzählen, flüstert er Otto ins Ohr. Der Erzähler kommentiert das Ganze mit genau der Verzweiflung, die ich auch gespürt habe – aber es hat mich auch dazu gebracht, der Geschichte weiter zuzuhören, weil ich erfahren wollte, wie Benjamin seinen Plan umsetzt und was die Lösung des Problems ist.

Der Rhythmus: Konflikt und Entspannung

Früher habe ich mich gefragt, warum nicht alle Krimis in jeder Szene nervenzerreißende Spannung haben. Heute weiß ich, wie viel effektiver eine Geschichte ist, in der sich Spannung und Entspannung abwechseln.

Spannung nutzt sich ab, wenn sie zu exzessiv gebraucht wird. Nach viel Drama brauchen nicht nur die Figuren Ruhe, sondern auch wir als Leserschaft. Aus diesem Grund gibt es Figuren, die als »Comic Relief« agieren und an der richtigen Stelle einen Witz machen.

Gleichzeitig sollten Szenen ohne Konflikt nur spärlich vorhanden sein. Der Trick:

Kontraste bringen Interesse

Wie Sie schon aus der Figurenentwicklung wissen, ist es wertvoll, unterschiedliche Sichtweisen, Einstellungen, Ziele und Charaktereigenschaften in eine Szene zu werfen und zu schauen, was passiert. Wenn Bella in *Twilight* ein männerfressender Vamp gewesen wäre, die sich in einen Vampir verliebt, wäre der Kontrast zwischen den beiden viel geringer gewesen, als es die Autorin Stephenie Meyer konstruiert hat. Bella ist eher unscheinbar, geht in der Masse unter – und ist für Edward vor allem deshalb interessant, weil sie der einzige Mensch ist, dessen Gedanken er nicht lesen kann.

Aber nicht nur die Figuren können kontrastreich sein, auch die Struktur darf es sein. Wenn Sie gerade aus einer actiongeladenen Szene kommen, darf es jetzt ruhig werden. Meisterhaft umgesetzt wird das in den japanischen Animes vom »Studio Ghibli«, die für Filme wie *Chihiros Reise ins Zauberland* verantwortlich zeichnen. In einer denkwürdigen Szene steigt Chihiro gegen Ende des Films in einen Zug ein und mehrere Minuten lang passiert ... nichts. Zuggäste steigen aus, das Abteil leert sich, aber es gibt keine Handlung. Dennoch gilt diese Szene als meisterhaft, weil sie die nötige Ruhe erlaubt, um darüber nachzudenken, was Chihiro alles passiert ist. Wir haben, gemeinsam mit der Figur, Zeit zum Durchatmen. Davon abgesehen hat diese Szene viel Symbolik inne, deren Ausdeutung hier aber wohl den Rahmen sprengen würde.

Trotz fehlender Handlung und kaum vorhandener Konflikte bietet diese Szene einen Kontrast zu dem Erlebten. Gerade dadurch wird paradoxerweise Spannung erzeugt, da wir uns sicher sind, ob die nächste spannende Wendung schon zum Greifen nahe ist.

Diese »Ruhe vor dem Sturm« wird übrigens häufig eingefügt, bevor es in den finalen Showdown geht, also etwa in Meilenstein 17 bis 18.

Show, don't tell

Wörtlich übersetzt heißt dieser Hinweis: »Zeigen Sie es, statt es zu erzählen.« Natürlich erzählen Sie eine Geschichte immer – gemeint ist hier, dass Sie das bildhaft tun. Beim Lesen können durch »Show« Bilder im Kopf entstehen, die im »Tell« abstrakt sind:

»Ella war eine überfürsorgliche Mutter.«

Das ist ein klassisches »Tell«, also ein Erzählen. Wir erfahren etwas über die Figur, gefärbt durch die Person, die uns das erzählt. Mitdenken müssen wir kaum, vielmehr sollen wir die Information einfach hinnehmen.

Sie könnten uns Ella aber auch als überfürsorgliche Mutter zeigen, ohne diese Eigenschaft zu benennen. Überlegen Sie mal, wie Sie diesen Charakterzug in einem Film darstellen würden, wenn Sie nichts erzählen oder erklären können.

»Hast du alles?« Ella warf einen Blick über die Schulter und beobachtete ihre Tochter, deren Reißverschluss hakte.

»Ja.«

»Pausenbrot?«

»Ich kauf mir was.«

Ella wandte sich vom Schneidebrett ab, war in drei Schritten bei Mara und fummelte an der Jacke herum. »Alle Hausaufgaben gemacht?«

»Selbstverständlich.«

»Wenn du Hilfe brauchst, ruf mich an.«

»Mama, wenn du mir gleich auch noch den Hintern abwischen willst, bleibe ich über Nacht bei Lynn. Bist du jetzt fertig?« Ruckartig drehte Mara sich weg und ließ die Jacke offen.

Ella seufzte innerlich und knetete den Zipfel ihrer Strickjacke. Wann war aus ihrem kleinen Mädchen eine so große, junge Frau geworden? »Schreib mir, wenn du gut angekommen bist, ja?«

Genervt rollte Mara mit den Augen.

Ella ist fürsorglich – vielleicht überfürsorglich. Wir erfahren es nicht durch eine Behauptung, sondern durch die Handlung, die Sprache, die Dynamik zwischen den beiden Figuren. Dabei wissen wir nicht genau, wie alt die Tochter ist. Sie könnte zwölf sein, aber auch sechzehn. Und genau das ist der Punkt: Sie als Leserin oder Leser bilden sich selbst eine Meinung, statt eine serviert zu bekommen, und werden auf den nächsten Seiten Ausschau nach weiteren Informationen halten, um Ihr Puzzlebild von Mara und Ella zu vervollständigen.

Warum »zeigen« besser ist als »erklären«

Wenn Sie Szenen zeigen, anstatt Ergebnisse zu behaupten, hat das mehrere Vorteile:

- ✔ *Ihre Leserschaft denkt mit.* Sie werden Teil der Geschichte, dürfen selbst kombinieren und erleben ein Gefühl von Aktivität statt Konsum.
- ✔ *Subtext entsteht wie nebenbei.* In der Szene oben erfahren wir nicht nur, dass Ella überfürsorglich ist – wir bekommen auch Hinweise auf die Mutter-Tochter-Beziehung, das Alter des Kindes, die Situation und die Stimmung zwischen beiden.
- ✔ *Charakterzüge verdeutlichen sich durch Handlung.* Wir erleben Ella nicht durch die Brille eines allwissenden Erzählers, sondern durch ihr Verhalten. Das wirkt viel lebendiger – und oft auch glaubwürdiger.
- ✔ *Sie können mit Erwartungen spielen.* Wenn Sie zeigen, statt zu erklären, lassen sich gezielt falsche Fährten legen – weil man beim Lesen eigene Schlüsse zieht, die sich später als unzutreffend entpuppen.

Informationen sind kein Buffet – servieren Sie häppchenweise

Ein häufiger Anfängerfehler besteht darin, Leserinnen und Leser mit Hintergrundwissen zu überschütten, insbesondere in den Subgenres »Romantasy« und »historischer Liebesroman«. Ganze Seiten voller Weltgeschichte, Familienverhältnissen oder Magiesystemen gleich zu Beginn wirken nicht nur einschüchternd und überfordern schnell. Sie nehmen auch die Spannung raus. Vor dem eigentlichen Kapitelbeginn seitenlang Pflanzenwelt, Geschichte und Völker zu erläutern, war bei Tolkiens zwar noch en vogue, aber der Geschmack ändert sich im Laufe der Zeit. Heute möchten viele Leserinnen und Leser sofort in die Handlung eintauchen. Natürlich kommt es immer auch darauf an, wer Ihre Zielgruppe ist. Niemand verbietet Ihnen, im Stile von Tolkien oder Liebesklassikern zu schreiben. Aber selbst hier gibt es Informationen Stück für Stück.

Vertrauen Sie darauf, dass Ihre Leserschaft mitdenkt. Geben Sie immer nur so viele Informationen preis, wie für das Verständnis der jeweiligen Szene nötig sind. Der Rest darf warten.

Zu viele noch nicht benötigte Informationen auf einer Seite nennt man »Infodump«. So kann das aussehen:

Madlen Siemens presste die Lippen aufeinander, um den Schrei zu unterdrücken. Sie stand wie festgefroren im abgedunkelten Kinderzimmer. In diesen Lichtverhältnissen sah die rosafarbene Tapete grau und traurig aus. Aus dem Regal lachte ihr der Teddy entgegen, den Oma Greta ihrer Amelie zum ersten Geburtstag geschenkt hatte. Durch das Fenster daneben konnte man den Mond sehen, der gerade ausreichend Licht spendete, um nicht über die liegen gelassenen Puppen, Bauklötze und Stifte zu stolpern. Als Madlen selbst noch ein Kind gewesen war, hatte ihre Mutter darauf bestanden, jeden Abend mit ihr das Zimmer aufzuräumen. Ein Ritual, das Madlen so gehasst hat, dass sie es mit ihrer Tochter nicht wiederholte. Ein wenig bereute sie es, denn sie liebte aufgeräumte Zimmer; da war das Kinderzimmer keine Ausnahme.

Wir erfahren im obigen Absatz zwar einiges über den Raum und über die Hauptfigur, aber diese Informationen sind auf der ersten Seite nicht unbedingt wichtig.

Der erste Satz baut Spannung auf, die dann aber fallen gelassen wird. Madlen steht im Zimmer und »denkt« über die Einrichtung und ein Ritual aus ihrer Kindheit nach. Wenn sie dafür Zeit hat, kann das, was anfangs einen Schrei ausgelöst hat, nicht wirklich beängstigend sein.

Fragen Sie sich beim Schreiben: Was muss meine Leserin, mein Leser jetzt unbedingt wissen? Was kann ich später einbringen?

Was müssen wir beim Lesen dieser ersten Seite wirklich wissen?

1. Wer ist die Perspektivfigur? (Madlen)

2. Wie ist der Kontext der Szene? (Sie geht ins Kinderzimmer, wo ihre Tochter schläft)

3. Welches Gefühl hat die Figur? (Ekel und Angst)

Hier eine überarbeitete Version:

Madlen Siemens presste die Lippen aufeinander, um den plötzlichen Schrei zu unterdrücken. Bloß kein Laut. Bloß Amelie nicht wecken. Sie stand wie vereist neben dem Gitterbettchen im halbdunklen Kinderzimmer. Das Mondlicht malte blasse Streifen auf den Teppich, zwischen denen zerkaute Malstifte und eine einzelne, auf links gedrehte Kindersocke lagen. Und direkt neben der Socke saß es und starrte sie an. Nur nicht bewegen. Madlens Blick klebte an dem kleinen, grauen Schatten, der dort wie ein lebendiges Stück Nacht auf dem Boden saß. Eine Maus.

Sie schluckte den Schrei herunter. Ihr Herz pochte, jeder Schlag ein Vorschlaghammer gegen ihre Selbstbeherrschung. Amelie schnaufte leise im Gitterbett, vollkommen ahnungslos gegenüber dem Albtraum auf vier Pfoten, der sich eine Armlänge von ihr entfernt aufhielt. Selbst das sanfte Heben und Senken ihres Brustkorbs fühlte sich zu laut an. Madlens nackte Beine prickelten vor Nervosität, als hätten sie selbst längst bemerkt, dass sie in nichts weiter als einem T-Shirt und Panties dastand – ausgeliefert, bar jeder Rüstung. Was, wenn das Vieh an ihr hochkrabbelte? Oder, schlimmer noch: zu Amelie?

Ist es wichtig, dass Madlen früher ihr Zimmer aufräumen musste? Nicht für diese Szene. Wenn wir dieses Detail enthüllen wollen, wäre es passend, das in einem angemessenen Kontext zu tun, beispielsweise, wenn Madlen ihre Tochter ins Bett bringt und dabei auf einen spitzen Bauklotz tritt.

Spannung entsteht auch durch Nichtwissen

Die großen Offenbarungen gehören ans Ende. Wie bei einem gut erzählten Witz sollten Sie die Auflösungen der Fragen wohl dosieren. Den obigen Text könnten Sie auch beginnen mit »Madlen starrte der Maus direkt in die Augen.« Das wäre absolut möglich, aber da Sie vorher keinen Kontext aufgebaut haben – wir befinden uns in einem Kinderzimmer und wollen die schlafende Tochter nicht wecken –, könnten wir den Grad der Spannung noch nicht einschätzen. Erst durch die Reaktion der Figur und die indirekte Beschreibung des Konflikts entsteht ein Gefühl von Spannung.

Zusammengefasst:

- ✔ Die Grundemotionen sind bei allen Menschen gleich.
- ✔ Die Bilder in unserem Kopf erzeugen Gefühle, ganz besonders, wenn Erinnerungen daran geknüpft sind.
- ✔ Zeigen Sie, statt zu erklären.

IN DIESEM KAPITEL

Wie Sie mit Recherche starten können

Wie Sie die Balance zwischen »zu wenig«, »zu viel« und »genau richtig« finden

Kapitel 18
Wie viel Recherche ist notwendig?

Lassen Sie mich ehrlich sein: Ich mag Recherche nicht besonders. Das mag mich in den Augen vieler Menschen zu einer schlechten Autorin machen, weil sie glauben, dass ich deshalb nicht oder schlecht recherchiere. Natürlich recherchiere ich die Fakten, die ich wissen muss, um eine Geschichte authentisch erzählen zu können, aber gleichzeitig konzipiere ich meine Geschichten auch so, dass wenig Recherche notwendig ist.

Wenn ich mir also selbst die Frage stelle, wie viel Recherche beim Schreiben notwendig ist, sage ich mir: so wenig wie möglich, aber so viel wie nötig.

Andere Autorinnen und Autoren arbeiten anders. Insbesondere diejenigen, die aus dem Journalismus kommen oder Menschenfreunde sind, sehen eine fundierte Recherche als Grundvoraussetzung einer guten Geschichte an. Vielleicht können Sie schon spontan einschätzen, zu welcher Fraktion Sie am ehesten gehören.

Recherche bringt Fakten zum Leben

Ein besonders schöner Vorteil unseres Berufs ist die Möglichkeit, Recherchereisen zu unternehmen. Wenn Sie den Ort, über den Sie schreiben, besuchen können, kitzeln und schärfen Sie all Ihre Sinne: Sie beschreiben die Landschaft, die Bauwerke und die Menschen anders. Sie hören Gesprächsfetzen, Sprachmelodien, neue Klänge. Wenn Sie für Ihre Ostsee-Romanze am Meer stehen, sich den Wind durch die Haare wehen lassen und die Sandkörner beobachten, die über den Strand getragen werden, das Kreischen der Möwen hören und sich vorstellen, wie sich Ihre Figuren an genau diese Stelle begeben werden, schreiben Sie die Szene einfach anders.

Sie nehmen durch Recherchen Details wahr, die Sie nicht erfahren können, wenn Sie an Ihrem Schreibtisch sitzen und Fakten aus dem Internet ziehen. Als Mensch erfahren Sie die

Umwelt mit allen Sinnen. Es ist etwas anderes, selbst in einer kleinen Berghütte Kakao zu trinken oder nur davon zu lesen, zu hören oder sich ein Video im Internet anzusehen.

Wann und wie startet man am besten?

Leider gibt es keine Regel, die besagt, wann Sie am besten mit Ihrer Recherche starten. Mein Tipp ist: Tun Sie es vor dem Schreiben Ihres ersten Entwurfs. Ihr Manuskript wird von der Recherche beeinflusst und es wäre schade, wenn Ihre Handlung den Fakten nicht standhält und völlig neu konzipiert werden müsste, weil Sie im Vorfeld die wichtigsten Fakten vernachlässigt haben.

Hier finden Sie Material für Ihr erstes Brainstorming:

- ✔ **Zeitungen:** Online-Archive bieten oft eine lange Rückschau. Lesen Sie Artikel aus der Zeit, in der Sie schreiben wollen, um sich in den Zeitgeist, die Sprache und die Themen dieser Zeit einzufühlen.
- ✔ **Bücher:** Über die meisten Zeitepochen und wichtigen Ereignisse wurden Bücher geschrieben. Sie müssen nicht alle lesen, aber überfliegen Sie wenigstens die Inhalte, um danach konkreter zu suchen.
- ✔ **YouTube und Streamingdienste:** Unzählige Menschen beschäftigen sich mit fast jedem Thema, das es gibt. Für meinen Roman *Nur noch bis morgen* habe ich mir wochenlang Erfahrungsberichte von Menschen mit der seltenen »Creutzfeldt-Jakob«-Krankheit und ihren Angehörigen angesehen, da ich niemanden gefunden habe, mit dem ich aus erster Hand hätte darüber sprechen können.
- ✔ **Persönliche Gespräche:** Am effektivsten sind Gespräche mit Expertinnen und Experten, Betroffenen, Fachleuten, Historikerinnen und Historikern, Zeitzeugen und so weiter. Sie können Sie mit Details versorgen, die eher unbekannt sind und die Ihre Texte zum Leben erwecken.

Die Gefahr: Wann recherchieren Sie zu viel?

So hilfreich Recherche ist, ihr wohnt auch eine Gefahr inne: Man weiß nie, wann es genug ist. Natürlich bringen Sie nicht all Ihr neu erworbenes Wissen in Ihre Geschichte ein – aber Sie werden dennoch versucht sein, es zu tun. Mit der Recherche ist es wie mit Schokolade: Selbst wenn Sie sich mit zu viel davon vollgestopft haben, können Sie am nächsten Tag weitermachen und werden nie ein Ende finden, wenn Sie Ihren Verstand nicht irgendwann einschalten, der Ihnen sagt, dass es jetzt reicht.

Von all dem, was Sie über Ihr Thema erfahren, verwenden Sie nur einen kleinen Teil in Ihrem Roman, aber beim Lesen wird man spüren, ob Sie sauber recherchiert haben. Haben Sie mal einen Vortrag über ein Thema gehalten, mit dem Sie sich auskannten? In einem Vortrag würden Sie niemals Ihr ganzes Wissen aus der jahrelangen Arbeit wiedergeben. Sie wenden Ihr Wissen an und wählen je nach Kontext die passenden Informationen aus. Genau so gehen Sie mit den Ergebnissen Ihrer Recherche vor.

Haben Sie Mut zur Lücke

Recherchieren Sie ausreichend, um sich zu 80 Prozent sicher zu fühlen. Beim Schreiben treten mit Sicherheit neue Fragen auf. Notieren Sie sie und schreiben Sie weiter, als wäre diese Sache bereits geklärt. Das gilt auch für Formulierungen, die Ihnen nicht einfallen wollen, oder für spontane Fragen. Welche Blumen blühen auf einer Wiese im Mai? Welches Geräusch macht ein Kanarienvogel und was genau frisst er? Wie sieht das Büro meiner Protagonistin aus, wenn sie im Schulamt des Landkreises arbeitet? Welches Betriebssystem nutzt sie dann?

All das können Fakten sein, die Sie recherchieren müssen, um Ihre Geschichte glaubhaft zu erzählen, aber sie sind nicht zwingend für den ersten Entwurf notwendig. Ich schreibe an diese Stelle einfach »XXX« und markiere sie zusätzlich gelb, dann schreibe ich weiter, um im Fluss zu bleiben. Während der Überarbeitung suche ich gezielt nach »XXX« und recherchiere die Antworten.

Zusammengefasst:

- ✔ Eine solide Recherche macht Ihren Roman lebendiger.
- ✔ Verlieren Sie sich nicht in Recherche, um das Schreiben hinauszuzögern.
- ✔ Haben Sie Mut zur Lücke und recherchieren Sie später.

Teil IV
Schreiben heißt Umschreiben – so wird Ihre Geschichte noch besser

IN DIESEM TEIL ...

- ✔ Gut gemeinter Tipp: Schreiben Sie den ersten Entwurf Ihres Romans, bevor Sie sich mit den Kleinigkeiten aus Teil IV beschäftigen. Es geht im Folgenden um die Überarbeitung Ihres Textes – und eine weiße Seite kann man nicht überarbeiten. Schreiben Sie also und kommen Sie dann wieder.
- ✔ Bereit? Wenn Sie wirklich gewartet haben: Herzlichen Glückwunsch zu Ihrem ersten Buch! Aber wahrscheinlich blättern Sie aus lauter Neugierde schon vorher durch die Seiten und finden heraus, wie Sie bessere Dialoge schreiben und Ihre eigene Schreibstimme finden.
- ✔ Außerdem widme ich mich ein Kapitel lang der schönsten Nebensache der Welt und überlege, wie man das Unsagbare in Worte fassen könnte.
- ✔ Zum Schluss gibt es Tipps bei Schreibblockaden und eine Zusammenstellung der besten Tricks beim Überarbeiten Ihres Romans.

IN DIESEM KAPITEL

Was guter Dialog ist

Korrekte Zeichensetzung

Wofür Dialog gut ist

Wie Sie mit Subtext im Dialog Ungesagtes erzählen

Kapitel 19
Bessere Dialoge schreiben

Als ich mit dem Schreiben begonnen habe, dachte ich, dass Dialog einfach nur eine Unterhaltung zwischen Figuren ist. Dabei gehe es, so meinte ich, in erster Linie um den Austausch von Informationen. Was den einen Dialog interessant und den anderen langweilig macht, müsse dann wohl eher eine Frage der richtigen Wortwahl sein.

Ich lag falsch. Nicht vollkommen falsch, denn Dialog ist natürlich auch Informationsübermittlung, aber in Wahrheit steckt viel mehr dahinter, als es den Anschein macht.

Was guter Dialog im Roman ist – und was nicht

Ein guter Dialog tut nie nur eines. Er transportiert nicht einfach nur Information. Er enthüllt, verbirgt, lenkt ab, verführt, manipuliert – und tut dabei so, als wäre er ganz harmlos. Er ist kein Interview mit offenen Karten, sondern ein Verhandlungstango mit gelegentlichen Tritten auf die Zehen.

Ein guter Dialog …

- ✔ treibt die Handlung voran
- ✔ zeigt Charaktereigenschaften, Beziehungen, Motivationen
- ✔ enthält Konflikt (auch subtilen)
- ✔ ist rhythmisch, präzise und pointiert
- ✔ spart sich das Überflüssige – und das Offensichtliche

Ein schlechter Dialog hingegen …

- ✔ klingt wie ein Protokoll
- ✔ wiederholt, was der Leser schon weiß
- ✔ lässt Figuren zu Puppen werden
- ✔ erklärt alles – inklusive der Gefühle
- ✔ sagt, was er auch zeigen könnte

Dialoge lassen sich einfacher schreiben, wenn Sie gute Vorarbeit bei Ihren Figuren geleistet haben. Stellen Sie sich beispielsweise vor, wie zwei Figuren miteinander sprechen, die voreinander Geheimnisse haben und tunlichst darauf achten, nicht zu viel zu verraten. Aus scheinbar belanglosen Gesprächen wird so ein spannendes Element, das die Handlung voranbringt.

Ein Wort zur Zeichensetzung

Da ich immer wieder falsche Grammatik in Manuskripten entdecke, lassen Sie uns das vorab klären:

»Ich liebe dich noch immer«, sagte er.

Ein Aussagesatz wird von Anführungsstrichen umrandet. **Der Punkt am Satzende entfällt, wenn eine sogenannte *Inquit-Formel* folgt** (»sagte er«, »meinte sie«, …).

»Ich liebe dich noch immer.« Mit zitternder Stimme wartete er auf ihre Reaktion.

Folgt der Aussage keine Inquit-Formel, sondern ein eigenständiger Satz, bleibt der Punkt am Satzende bestehen und wir haben zwei eigenständige Aussagesätze.

»Liebst du mich noch immer?«, fragte sie.

»Aber natürlich!«, antwortete er.

Bei Frage- und Ausrufesätzen mit Inquit-Formel folgt ein Komma nach den Anführungsstrichen.

»Liebst du mich noch immer?« Sie hatte Angst vor seiner Antwort.

»Aber natürlich!« Er breitete die Arme aus.

Ohne Inquit-Formel brauchen wir auch kein Komma.

»Weißt du«, fragte sie zögerlich, »wie lange ich schon auf diese Antwort gewartet habe?«

Wird ein eigenständiger Satz durch eine Inquit-Formel unterbrochen, trennen Sie sie mit Kommas ab.

»Schon lange«, gab er zu. »Aber jetzt kann ich es endlich sagen.«

Häufig finden wir in Romanen diese Konstellation, in der die Inquit-Formel zum ersten Satz gehört und ein zweiter, eigenständiger Satz angeschlossen wird.

Sie seufzte und sagte: »Endlich ist das alles vorbei.«

Theoretisch gibt es natürlich auch diesen klassischen Satzbau, den Sie aus der Grundschule kennen. In Romanen findet man die Konstellation mit Doppelpunkt jedoch eher selten. Das »und sagte« fällt in der Regel weg, weil es als redundant angesehen wird.

Welche Anführungszeichen verwendet werden, hängt vom Buchsatz ab – und ist damit etwas, mit dem Sie sich beim Schreiben des Entwurfs eigentlich nicht zu befassen brauchen. Aber zur Information: Sowohl „diese“ als auch die »französischen« Chevrons sind korrekt. In der deutschen Schweiz sind auch die nach außen gerichteten «Guillemets» üblich.

Sie mögen die Chevrons? Auf einem Mac erhalten Sie die Chevrons mit der Tastenkombination *option* + *q* und *option* + *Shift* + *q*.

Unter Windows können Sie die Kombinationen *ALT* + *0171* (auf einem Nummernpad) für « und *ALT* + *0187* für » eingeben. Ich persönlich habe, wenn ich Manuskripte mit »Microsoft Word« geschrieben habe, eine automatische Textersetzung eingerichtet, sodass jedes Mal, wenn ich die deutschen „“ benutzt habe, diese durch »« ersetzt wurden.

Die harte Arbeit von Dialogen

Gespräche in Romanen dienen nicht nur der Informationsvermittlung, sondern haben vielfältige Aufgaben:

- ✔ Dialog erweitert, vertieft, organisiert und intensiviert die Handlung (den Plot).
- ✔ Dialog offenbart: Hintergründe, Motivationen, Gedanken, Pläne, …
- ✔ Dialog verstärkt die Genre-Erwartung.

Der letzte Punkt ruft beim ersten Lesen sicherlich Fragen auf. Dialoge helfen uns Leserinnen und Lesern dabei, uns zurechtzufinden, und das gilt auch für das Genre. Ordnen Sie doch mal die folgenden Aussagen einem Genre zu (mit »Genre« ist hier gemeint: Krimi, Liebesroman, Science-Fiction, Fantasy, …):

1. »Aus dem Weg, Bruder, oder ich blas dir das Hirn weg!«

   »Wenn du sie töten willst, musst du zuerst mich töten.«

2. »Natürlich liebe ich dich, Anna. Schon immer. Aber denk doch an Charlotte.«

   »Sie hat nichts, was ich dir nicht auch geben könnte!«

3. »Was führt euch zu uns, Fremder?«

»Zwerge! Sie haben mich im Tal der Tränen überrascht. Ein Wunder, dass ich noch lebe.«

»Am Fuße des Drachenberges geschehen ständig Wunder. Hier, trinkt das. Es erfrischt die Geister und stärkt den Körper.«

Sie sehen: Schon die Wortwahl hat Auswirkungen darauf, wie Ihre Geschichte wahrgenommen wird. Der gleiche Aufbau kann allein durch den Dialog eine völlig andere Stimmung erzeugen:

Moni wusch mit viel zu heißem Wasser die Gläser ab, die von der gestrigen Party noch neben der Küchenspüle standen. »Das war eine wirklich schöne Feier gestern.«

Ole sah von seiner Zeitung auf. »Tatsächlich? Du hattest doch nur Augen für diesen neuen Nachbarn.«

Als hätte sie die Bemerkung überhört, fuhr Moni fort. »Wir sollten das bald wiederholen, meinst du nicht? Es ist einfach zu langweilig geworden in unserem Leben.«

Ihr Mann legte die Zeitung zur Seite und stand auf. Langsam trat er hinter sie. »Keine Sorge«, flüsterte er, »das wird sich bald ändern.«

Ändern Sie die Sätze, ändert sich der Sinn:

Moni wusch mit viel zu heißem Wasser die Gläser ab, die von der gestrigen Party noch neben der Küchenspüle standen. »Ich liebe es, dass sich die ganze Nachbarschaft bei uns trifft. Hast du gesehen, wie unsere Nachbarin ihren Mann mit ihren Blicken ausgezogen hat?«

Ole sah von seiner Zeitung auf. »Ich würde dich auch gerne ausziehen.«

Als hätte sie die Bemerkung überhört, fuhr Moni fort. »Sie konnten die Finger gar nicht voneinander lassen.«

Ihr Mann legte die Zeitung zur Seite und stand auf. Langsam trat er hinter sie. »So wie ich«, flüsterte er. »Und ich verspreche dir, dass du in ein paar Minuten keinen einzigen Gedanken mehr an die beiden verschwenden wirst. Lass mich mal nachsehen, ob du heute ein Höschen trägst.«

Natürlich beeinflussen die gesagten Sätze auch die Handlung. Alles greift ineinander.

Dialoge sind nicht realitätsnah

Leider sind Dialoge in der echten Welt sehr langweilig. Sie strotzen vor Wiederholungen, Ähms, abgebrochenen und oft grammatikalisch falschen Sätzen und führen nicht selten dazu, dass sich das Gegenüber langweilt.

Stellen wir uns das in einem Roman vor:

Das Handy klingelt. Flo bindet sich schnell sein Handtuch um, hechtet aus der Dusche und nimmt ab, ohne draufzuschauen.

»Hallo?«

»Moin, Flo, hier ist Jan. Was geht?«

»Bin gerad duschen.« Er rubbelt sich mit einem zweiten Handtuch den Kopf ab.

»Schwimm nicht zu weit raus.« Jan lacht auf. »Ich wollte fragen, ob du heute Abend mitkommst.«

»Wohin?«

»Na, zum Konzert. Da spielt doch diese … hier, wie heißt die noch? Die Blonde von neulich. Weißt schon.«

Flo nickt und macht ein zustimmendes Geräusch. »Ja, die. Stimmt ja. Und die spielt heute?«

»Sag ich doch. Kommst du mit?«

»Ach, na gut … dann komm ich halt mit. Acht?«

»Acht ist gut. Bis später.«

Sie können sich zwar an der Realität orientieren, aber spätestens beim Überarbeiten sollten Sie den Dialog einer intensiven Prüfung unterziehen, ob er wirklich spannend ist.

Dialog charakterisiert die Figuren

Wie spricht die Figur? Gibt es Unterschiede zwischen den Figuren, die durch ihre Wortwahl deutlich werden?

In der englischen Fassung von *Harry Potter* hat Hagrid eine sehr abgehackte, eher von einem niedrigen Bildungsniveau herrührende Sprache, die zu seinem Charakter passt:

»Well, yeh might've bent a few rules, Harry, bu' yeh're all righ' really, aren' you?«

(Aus *Harry Potter und der Gefangene von Askaban*)

Hagrid spricht sehr umgangssprachlich, im Gegensatz zu den anderen Charakteren, die alle pflichtgemäß ihre Worte beenden. Durch die Wahl der Sprache wird Hagrid immerzu charakterisiert und wir bilden uns eine Meinung über ihn. Es ist nicht verwunderlich, dass Figuren wie die traditionsreiche Malfoy-Familie geradezu angewidert sind, wenn sie Hagrid reden hören, da sie selbst großen Wert auf eine gepflegte Sprache legen.

Auch Dialoge brauchen Konflikt

Kaum etwas ist langweiliger als Dialoge ohne Konflikte. Zwar sagt man manchmal scherzhaft, jemand könne »auch das Telefonbuch vorlesen und es wäre nicht langweilig«, aber die Wahrheit ist: Doch, es wäre langweilig. Spätestens, wenn man beim Buchstaben E ankommt, hat man keine Lust mehr, zuzuhören.

Konflikte im Dialog speisen sich aus verschiedenen Ebenen:

- ✔ unterschiedliche Absichten
- ✔ unterschiedliche Gefühle, zum Beispiel Angst
- ✔ Lügen
- ✔ gemeinsame Erfahrungen
- ✔ Träume, Pläne
- ✔ Subtext

Unterschiedliche Absichten der Figuren

Zwei Figuren, die sich über das Wetter unterhalten, sind langweilig.

Zwei Figuren, die sich über das Wetter unterhalten, weil eine davon ein »Stormchaser« ist (Menschen, die gezielt starke Gewitter suchen) und die andere ein Angsthase, sind schon viel spannender.

Figuren sollten in einer Szene ein Ziel verfolgen und am spannendsten ist das, wenn sich diese Ziele voneinander unterscheiden oder sogar konträr gegeneinander verlaufen.

Was möchte jede Ihrer Figuren in dem Dialog, den Sie schreiben oder überarbeiten? Welche Absicht steckt hinter dem Gespräch?

Will sie jemanden von etwas überzeugen?

Haben die Figuren unterschiedliche Ansichten und eine möchte die andere von ihrer Sichtweise überzeugen? Vielleicht geht es darum, einen Plan zu schmieden, um den Feind zu überrumpeln. Oder die Tochter will die Eltern überreden, ein bestimmtes College auszusuchen. Oder P1 will P2 versichern, wie vertrauenswürdig er/sie ist.

Will sie etwas verheimlichen?

Wenn Sie Ihre Figuren gut ausgearbeitet haben, hat jede ein Geheimnis zu verbergen. Sie wissen davon, die Leserschaft möglicherweise auch – vielleicht aber auch nicht. Wie kann Ihre Figur den Dialog nutzen, um ihr Wissen zu schützen? Was kann sie sagen, was nicht? Überlegen Sie auch, was nonverbal alles passiert, wenn jemand lügt.

Will sie Informationen herausfinden?

Sehr oft sprechen Figuren miteinander, um Informationen zu erhalten. Was ist wirklich in der Vergangenheit des Gegenübers passiert? Warum scheint diese Figur ein Geheimnis zu haben? Wie kann man sie zum Reden bringen?

Die Konstellation von Geheimnis und Entdeckung ist nicht nur spannend, sondern vertieft oder ruiniert die Beziehung der Figuren zueinander.

Will sie sich offenbaren?

Insbesondere in Liebesromanen stellen Figuren auch über den Dialog eine Beziehung zueinander her und können sich durch kleine, sinnvoll gesetzte Sätze annähern. Ein schlichtes »Ich hätte nie gedacht, dass ich mich mal freuen würde, morgens nicht alleine zu sein« kann schon ausreichen, um ein Knistern zu entfachen.

Natürlich funktioniert das auch in die andere Richtung: »Hätte ich dich doch niemals gerettet!«

Praxistipp: Machen Sie sich beim Schreiben des ersten Entwurfs nicht zu viele Gedanken über die richtige Wortwahl, sondern schreiben Sie zunächst nach Ihrem Gefühl. Erst in der Überarbeitungsphase können Sie sich dann in Ruhe ansehen, was Sie geschrieben haben und ob jeder Dialog Konflikt hat und notwendig ist. Oft schreiben wir viele Dialoge, weil wir die Figuren dadurch erst richtig kennenlernen. Streichen Sie im Nachhinein, was die Geschichte nicht voranbringt.

Oben haben wir das eher langweilige Gespräch zwischen Flo und Jan. Nehmen wir uns mal nur diese Passage vor:

»Ich wollte fragen, ob du heute Abend mitkommst.«

»Wohin?«

»Na, zum Konzert. Da spielt doch diese … hier, wie heißt die noch? Die Blonde von neulich. Weißt schon.«

Flo nickt und macht ein zustimmendes Geräusch. »Ja, die. Stimmt ja. Und die spielt heute?«

»Sag ich doch.«

Nicht besonders spannend. Wie könnte man Konflikt in die Sache bringen? Indem man die Hintergründe der Figuren, ihre Vergangenheit und ihre Persönlichkeit einsetzt und einen Konflikt kreiert, beispielsweise durch ein Aufblitzen der Absichten:

»Heute Abend spielt doch diese Blondine beim Konzert«, sagte Jan.

»Stimmt ja! So wie die ihr Gitarrensolo spielt, darf die auch mal auf mir spielen.«

Jan zögert einen Moment. »Du weißt, dass ich ein Auge auf sie geworfen habe.«

Flo lacht. »Sorry, Kumpel, aber ich kann das Tier in mir nicht zähmen, wenn es plötzlich Beute wittert.«

Nun sieht die Ausgangslage zwischen den beiden Freunden schon anders aus und wir erfahren zudem mehr über die Figuren und ihre Hintergründe. Flo scheint jemand zu sein, der nichts anbrennen lässt, selbst wenn er ahnt, dass sein Freund auf die gleiche Frau steht.

Subtext: Die Botschaft zwischen den Zeilen

Beim Subtext sagen die Figuren nicht das, was sie wirklich denken oder fühlen. Der eigentliche Gehalt eines Gesprächs liegt zwischen den Zeilen, im Ungesagten.

Ein Dialog ohne absichtlich eingebauten Subtext könnte so klingen:

Anna kam in die Küche. »Guten Morgen.«

»Morgen.« Tom sah nicht einmal auf, als sie den Raum betrat.

Sie gähnte. »Gut geschlafen?«

Er schüttelte den Kopf. »Im Gegenteil. Ich hatte einen furchtbaren Albtraum. Von Einbrechern, die mich aus dem Haus zerren und verprügeln wollten.«

Anna strich ihm mitfühlend über den nackten Arm. »Du Armer. Zum Glück war es nur ein Traum.«

Dieser kurze Dialog hat keinen Konflikt und ist deshalb nicht spannend. Er sagt nichts weiter aus als die Information über den Albtraum und dass wir hier zwei Figuren haben, die sich offenbar gut kennen. Vielleicht müssen wir als Leserinnen und Leser über den Albtraum Bescheid wissen, um eine spätere Szene zu verstehen und in einen Kontext zu bringen. Wie können Sie diese notwendige Information indirekter einbauen?

Hier eine Idee:

Anna kam in die Küche. »Morgen.«

Tom sah nicht einmal auf, als sie den Raum betrat.

Sie stutzte. »Habe ich was verpasst? Fällt Weihnachten aus?«

»Wenn es nur das wäre«, sagte er seufzend. »Der ganze Geschenkezirkus kann mir gerne gestohlen bleiben.«

»Deine gute Laune ist geradezu ansteckend.«

»Sei froh, dass ich noch lebe! Heute Nacht hat mich ein Einbrecher aus dem Haus gezerrt und fast zu Tode geprügelt.«

Anna zog eine Augenbraue hoch. »Ein Einbrecher.«

Tom nickte. »Er sah seltsamerweise aus wie Eddie Murphy, warum auch immer.«

»Mein armer Schatz«, sagte Anna, setzte sich neben ihn und drückte ihm einen Kuss auf die Wange. »Dein Chef wird sich freuen, dass du es trotzdem pünktlich zur Arbeit schaffst.«

Nun merken wir die Beziehung der beiden Figuren zueinander noch stärker. Der Albtraum wird nur suggeriert – von Annas Reaktion können wir ableiten, dass niemand tatsächlich eingebrochen ist.

Nicht jeder Dialog braucht Subtext, aber es bietet sich oft an.

Subtext bietet sich an, wenn die Figuren …

- ✔ … nicht sagen dürfen, was sie wollen
- ✔ … nicht sagen können, was sie sagen müssten
- ✔ … nicht sagen wollen, was sie denken oder wissen
- ✔ … jemanden schützen, manipulieren oder indirekt informieren wollen

Wichtig ist: Die Figur sagt etwas anderes als das, was gemeint ist. Es gibt Interpretationsspielraum, der manchmal nur genutzt werden kann, wenn man den passenden Kontext kennt.

Statt zu sagen »Ich bin eifersüchtig, wenn ich dich mit ihm sehe!«, würde die Figur vielleicht sagen: »Euer Meeting gestern sah ja sehr … entspannt aus. Du hast die ganze Zeit über seine Witze gelacht.«

Statt »Ich vermisse dich« zu sagen, was vielleicht nicht zum Charakter der Figur passt, könnte sie so etwas sagen wie: »Mein Kaffee ist viel zu schwach, seit du ihn nicht mehr machst.« Erst durch den Kontext können wir beim Lesen einschätzen, ob das ein egoistischer Satz ist oder ein liebevoller. Lassen Sie beim Schreiben genug Raum zur Interpretation.

Zusammengefasst:

- ✔ Ein guter Dialog treibt die Handlung voran, zeigt Charaktereigenschaften, enthält Konflikt und ist rhythmisch.
- ✔ Lesen Sie Ihre Dialoge vor, als würden Sie ein Hörbuch einsprechen, um Schwachstellen ausfindig zu machen.
- ✔ Mit Subtext übermitteln Sie Informationen, ohne sie konkret zu benennen.

IN DIESEM KAPITEL

- Es geht gar nicht um Sex
- Grenzen des Vertretbaren
- Über Einvernehmlichkeit und Verhütung
- Wie Sie mit jemandem in zwölf Schritten intim werden können
- So schreiben Sie Sexszenen ästhetisch

Kapitel 20
Let's talk about Sex, Baby

Die allermeisten Liebesromane beinhalten mindestens eine Sexszene, viele sogar mehrere. Grund genug, sich damit in einem eigenen Kapitel zu befassen, denn kaum etwas scheint herausfordernder zu sein, als über die »schönste Nebensache der Welt« zu schreiben.

In Sexszenen geht es gar nicht um Sex

Ich möchte gleich zu Beginn ein Missverständnis aufklären: Eine gute Sexszene handelt eigentlich nicht wirklich von Sex. Wenn es nur darum geht, die Körperlichkeit zu beschreiben und Lust der einzig treibende Faktor ist, landen wir im Bereich der Pornografie. Im Liebesroman geht es um Gefühle. Eine Figur kann Sex haben und dabei wütend, traurig, glücklich, überrascht, abgelenkt, ängstlich oder erregt sein.

Sie steuern, inwieweit Ihre Figuren in diesen Szenen die Mauern einreißen, die sie für die Außenwelt aufgebaut haben. Die Managerin, die sich ihrer Belegschaft gegenüber stets als toughe, gefühlskalte Chefin zeigt, kann in einer Sexszene zärtlich, einfühlsam oder sogar schüchtern werden, wodurch neue, tiefgründigere Facetten ihres Charakters offenbar werden. Natürlich lassen sich auch schon bekannte Eigenschaften verstärken, indem wir die Figur in einer intimen Situation erleben.

Auch hier: Spannung durch Konflikte

Eine Sexszene muss, wie jede andere Szene auch, eine Veränderung in der Geschichte bewirken. Sie verändert die Beziehung der Figuren zueinander, manchmal sogar drastisch. Häufig wird Sex als Abschluss einer längeren Annäherung eingesetzt, um zu zeigen, dass die Verbindung der beiden Figuren nun eine neue Stufe erreicht hat.

Wenn Sie also eine Sexszene einplanen, dann sollte diese Szene etwas verändern.

Außerdem darf es auch in dieser Szene Spannung und Konflikt geben. Überlegen Sie sich, wie der Sex zwischen den Figuren den Kontext verändert: Kommen sich hier zwei Krieger näher, die vor der epischen Final-Schlacht einen letzten Abend in Idylle und Frieden verbringen wollen? Dann haben Sie einen starken äußeren Konflikt, weil eine greifbare Bedrohung über den Figuren liegt. Sie, die Figuren und die Leserschaft wissen: Vielleicht war es das letzte Mal, dass die beiden sich gesehen haben. Wie schläft man in diesem Wissen miteinander? Die Angst der Figuren darf gedanklich mitschwingen.

Oder aber es herrscht ein Konflikt zwischen den Figuren: P1 will mehr, P2 nicht. Oder P1 will es sanft, P2 härter. Oder anders. Vielleicht ist es für eine Figur das erste Mal (insbesondere bei Jugendromanen und New Adult kommt das vor, wenn die Figuren noch recht jung sind) und die Erwartungen sind hoch. Autorin Colleen Hoover lässt in *Nächstes Jahr am selben Tag* ihre Protagonistin auf Seite 182 und 183 darüber nachdenken, wie es wohl ist, Sex zu haben, und dass ihr erstes Mal sie umhauen soll. Fünf Seiten später hat sie ihr erstes Mal und es ist für sie genau so, wie sie es sich erträumt hat. Doch wir haben noch fast zweihundert Seiten vor uns und ahnen bereits, dass diese Schwelle, die die beiden überschritten haben, Auswirkungen haben wird.

Es gibt Grenzen!

Wie explizit die Leibesszenen in Ihrem Roman ausfallen, hängt nicht nur von Ihrem Geschmack, sondern auch von den Genre-Erwartungen ab. Ein drittes, teils vernachlässigtes Element ist der kulturelle Raum, in dem Ihr Werk veröffentlicht wird. Insbesondere seit der »MeToo«-Bewegung gibt es in vielen Kreisen eine erhöhte Sensibilität, was Einvernehmen und Grenzwahrung betrifft. Gleichzeitig hat die Proklamation toxischer Beziehungsmodelle zugenommen. Was in einem »Dark Romance«-Roman zum »guten Ton« gehört, kann in einer »New Adult«-Veröffentlichung zum Shitstorm führen. Machen Sie sich daher unbedingt mit den Gepflogenheiten Ihres Subgenres bekannt, wenn Sie Sexszenen schreiben wollen.

Gewaltverherrlichung, Genuss am sexuellen Missbrauch, Pädophilie und Vergewaltigungen haben nichts in Ihrem Liebesroman zu suchen (auch wenn man Vergewaltigung in Dark-Romance-Romanen häufig finden kann). Sex mit nichteinwilligungsfähigen Lebewesen (Kindern, Tieren, unzurechnungsfähige Menschen, …) sind nicht nur moralisch verwerflich, sondern auch rechtlich verboten.

Muss es immer einvernehmlich sein?

Viele Liebesromane beinhalten Verhaltensweisen, in denen die Figuren ein »Nein« ihres Gegenübers schlichtweg überhören oder sogar verhöhnen. Derartige Szenen sollten Sie stets kritisch überdenken und sich im Zweifel die Meinung von Profis einholen. Schreiben Sie eine Triggerwarnung an den Anfang, damit alle (vor allem Minderjährige), die zum ersten Mal ein Buch dieser Art in den Händen halten, abschätzen können, ob sie sich darauf einlassen möchten. Bei Minderjährigen dienen die Warnungen eher zur Einschätzung der Eltern – auch wenn in der Praxis vielleicht selten ein Elternteil zurate gezogen wird.

Es spricht nichts dagegen, dass sich eine Figur vorab mit einer anderen darauf einigt, dass ihr »Nein« in einem bestimmten Rahmen ignoriert werden darf. Genau für diesen Fall wurde das »Safeword« erfunden, ein Codewort, von dem nur die beiden Figuren wissen. Wenn eine der Figuren dieses Wort sagt, bedeutet es, dass eine Grenze überschritten wurde, die nicht überschritten werden darf, und das Techtelmechtel wird abgebrochen.

Mit oder ohne Verhütungsmittel?

Je nachdem, wie explizit Sie die Szene beschreiben, stellt sich die Frage nach Verhütungsmitteln. Immer mehr Romane erwähnen in einem Nebensatz, dass ein Kondom verwendet wird, insbesondere wenn es um Sex zwischen Figuren geht, die noch nicht in einer langen Beziehung sind.

Ich erhebe mich schnell, streife meinen Slip von den Beinen und hole ein Kondom aus meiner Tasche. Vorsichtig packe ich es aus, nehme es, ohne es zu zerreißen, zwischen die Zähne und Lippen und streife es ihm gekonnt über. (*Sehnsüchtig – Verfallen* von D. C. Odesza, Kapitel 2)

Bedenken Sie auch hier den Kontext, Ihre Zielgruppe, das Genre und gesellschaftliche Konventionen, wenn Sie sich dafür oder dagegen entscheiden.

Die zwölf Schritte der Intimität nach Desmond Morris

In den 1970er-Jahren hat der Verhaltensforscher Desmond Morris ein Modell der menschlichen Intimität entwickelt, das in zwölf Phasen abläuft. Diese können Sie als Grundlage für die Gestaltung Ihrer Sexszenen nehmen. Morris wollte zeigen, wie sich Intimität bei Menschen schrittweise über Berührung entwickelt, ähnlich wie bei anderen Primaten, aber nicht zwingend sexuell, sondern auch emotional und sozial. Seine Beobachtungen galten dem »Annäherungsverhalten« zwischen zwei Menschen, das von neutralem Kontakt zu sexueller Intimität führt. Ich unterscheide dabei zwischen der »körperlichen« und der »emotionalen« Intimität. Je jünger Ihr Publikum, desto weniger genital sollte der intime Kontakt werden.

Hier eine Übersicht:

Stufe	Emotionale Intimität	Sexuelle Intimität
1	Betrachten	Betrachten
2	Blickkontakt	Blickkontakt
3	Erste Worte	Erste Worte
4	Berührung der Hände	Berührung der Hände
5	Arm um die Schulter	Arm/Schulter berühren
6	Arm um Taille/Rücken	Arm um Taille/Rücken
7	Berührung im Gesicht	Erster Kuss
8	Berührung der Haare	Berührung im Gesicht
9	Berührung des Oberkörpers (auf der Kleidung)	Berührung nackter Haut, Berührung auf Kleidung
10	Erster Kuss	Küsse am Körper
11	Berührung erogener Zonen ohne Penetration	Berührung der Intimzonen
12	Emotionale, gegebenenfalls auch körperliche Verschmelzung	Geschlechtsverkehr

Je nach Roman können sich diese Phasen dabei über den gesamten Roman erstrecken – und der Sex findet im Finale statt – oder Sie können die Phasen in einer einzigen Szene unterbringen. An dieser Stelle müssen Sie selbst abschätzen, wie es auf Ihre Geschichte am besten passt.

Diese Phasen müssen nicht zwingend der Reihenfolge nach abgearbeitet werden. Sie können Phasen zusammenfassen oder vertauschen, wenn das in Ihrem Roman die bessere Variante ist.

Als grobe Orientierung können Sie die folgende Anleitung nehmen:

Schritt 1: Abchecken (»eye to body«)

Die Figuren begegnen sich irgendwie. Wenn Sie nach der Girlandenmethode vorgehen, wird das um den dritten Meilenstein herum passieren (»Meet Cute«-Szene). In der Regel befinden sich die Figuren im gleichen Raum und eine beobachtet die andere.

Normalerweise mache ich mir nichts aus den Geschäftsleuten, die auf der Messe hin und her eilen wie fleißige Ameisen, doch dann bleibt mein Blick an einem Eckstand hängen. Oder vielmehr: an einem Hoodie-Träger, der so gar nicht ins Bild passen will. Seine Bartstoppel wirken unrasiert und die blonden Haare sind auf einer Seite platt gelegen, als hätte er stundenlang in der U-Bahn mit dem Kopf am Fenster gelehnt. Aus unerfindlichen Gründen ist gerade das besonders anziehend an ihm. Als wäre ihm sein Äußeres egal, obwohl er, wie ich mir eingestehen muss, verdammt hübsch ist.

Schritt 2: Blickkontakt (»eye to eye«)

Aus der ersten losen Beobachtung wird mehr, als auch die andere Figur aufmerksam wird. Dieser erste Blickkontakt kann bereits andeuten, in welche Richtung sich die Verbindung entwickeln wird: Checkt das Gegenüber unsere Perspektivfigur ebenfalls ab? Dann scheint Interesse vorhanden zu sein.

Wenn nicht, ist das noch kein Grund zur Entmutigung. Wer flirten will, kann auch zu Schritt 3 gehen, ohne Schritt 2 abgewartet zu haben.

Dann hebt er den Kopf und sah in meine Richtung, ganz so, als hätte ich ihn gerufen. Sein Blick scannt meinen Körper und findet wieder meine Augen. Ich kann nicht wegsehen, obwohl mir klar ist, dass ich ihn anstarre. Wahrscheinlich hält er mich für eine Verrückte.

Schritt 3: Die ersten Worte (»voice to voice«)

Nach dem Schauen kommt ein Wortwechsel. Das kann nur ein Satz sein, ein schlichtes »Hi« oder ein mehr oder weniger ausgefallener Anmachspruch. Vielleicht begrüßen sie sich, stellen sich vor oder lassen einen Kommentar fallen. Wichtig ist: Ihr Kontakt geht über das Anschauen hinaus.

Wie bereits erwähnt, muss das nicht in der gleichen Szene passieren, kann aber.

Meine Smartwatch vibriert. Eine Nachricht meiner Mutter. Die lese ich später. Als ich wieder hochblicke, sehe ich, wie der Typ direkt auf mich zukommt. Mein Herz schlägt schneller.

»Guten Morgen«, sagt er mit einer Stimme, die viel tiefer ist, als ich angenommen hatte. »Da drüben am Stand gibt es ein Sektfrühstück. Darf ich Ihnen etwas ausgeben?«

Ich lächle. »Meine Mutter sagt, ich soll nicht mit Fremden mitgehen.«

Schritt 4: Berührung der Hände (»hand to hand«)

Lernen sich die Figuren neu kennen und stammen aus dem passenden Kulturkreis, geben sie sich womöglich zur Begrüßung die Hand. Aber auch zufällige Berührungen oder vorgeblich zufällige sind hier möglich. Wichtig ist, dass es zu einer ersten Berührung kommt.

Der Mann erwidert mein Lächeln. »Ich bin Ian.« Er hält mir seine Hand hin. »Senior Key Consulting Manager bei Maidenhouse.*«*

»Liz Bloom.« Ich schüttele seine Hand. Ein kurzer, fester Händedruck. Für den Bruchteil eines Augenblicks stelle ich mir vor, wie sich seine Finger unter meiner Bluse anfühlen würden. »Ich bin die Geschäftsführerin von Blooming Tales.*«*

»Freut mich, dich kennenzulernen. Und schon sind wir keine Fremden mehr. Darf es jetzt ein Sekt sein?«

Schritt 5: Berührung der Arme oder Schultern (»arm to shoulder«)

Die Nähe der Figuren wächst. In einer Situation legt eine Figur der anderen den Arm um die Schulter oder berührt zumindest den Oberarm. Es ist eine Geste, die freundschaftlich interpretiert werden kann, oder – wie in der klassischen »Ich gähne im Kino und lege den Arm um ihre Schultern«-Szene – als weiteren Schritt in Richtung Intimität.

»Du hast da was.« Ian stellt das Sektglas zur Seite und gleitet mit seinen Fingern über den Seidenstoff meiner Bluse.

»Das nennt man Schulter«, sage ich und überspiele das Gänsehautgefühl.

Er lacht leise auf. »Da war ein dicker Fussel. Ich dachte erst, es sei eine Spinne.«

»Gott bewahre! Dann hätte ich so laut geschrien, dass sie vor Schreck auf dich gesprungen wäre.« Spielerisch lasse ich meine Hand seinen Arm hochkrabbeln und setze die imaginäre Spinne auf seine Schulter.

Schritt 6: Den Arm um die Hüfte legen (»arm to waist«)

Wenngleich Schritt 5 nicht in allen Romanen erwähnt wird, habe ich diesen Punkt bei all meinen Stichproben wiedergefunden. Ein um die Taille gelegter Arm oder auch eine Hand am Hinterteil der anderen Figur lässt sich kaum noch freundschaftlich deuten. Vielleicht tanzen beide Figuren und die Hand der führenden Figur rutscht immer weiter den Rücken hinab.

Wir haben die Messe hinter uns gelassen und stehen vor dem Aufzug eines Hotels, in dem ich mir eine Übernachtung trotz meines Top-Gehalts nicht leisten würde. Ich fasse mir an den verspannten Nacken, wie immer, wenn ich irgendwo warte. Ian legt seine Hand auf meine. »Verspannt?«, fragt er und beginnt mit sanft kreisenden Bewegungen mich zu massieren. (…) Als sich die Fahrstuhltür öffnet, legt er seine Hand an meine Hüfte und schiebt mich in den Metallkasten. Meinen Körper überzieht eine Gänsehaut.

Schritt 7: Der erste Kuss

Es gibt Romane (und Filme), in denen der erste Kuss bereits das Finale der Intimität darstellt, wie oben beschrieben. Wir gehen davon aus, dass Ihre Figuren sich auf Geschlechtsverkehr einlassen und an dieser Stelle eine erste wichtige Schwelle überschreiten, nämlich den (ersten oder wiederholten) Kuss.

Ich sehe Ian an. Der Aufzug setzt sich in Bewegung. Mein Herz schlägt so heftig gegen meine Brust, dass er es bestimmt sehen kann. Seine Lippen ziehen mich magisch an. Ich lasse meine Hände seinen Nacken entlanggleiten, verringere die Distanz zwischen uns und stelle mich auf die Zehenspitzen. Ich spüre seinen Atem auf meiner Haut. Dann küssen wir uns.

Schritt 8: Berührung im Gesicht / am Kopf

Eine Hand, die durch die Haare fährt, Berührungen am Nacken, Hinterkopf oder eine Figur, die gleich das Gesicht der anderen mit beiden Händen umfasst wie einen kostbaren Schatz: All das steigert die Intimität.

Mit beiden Händen umfasst er mein Gesicht, als würde er mich festhalten und nie wieder gehen lassen wollen. Ich vergrabe meine Finger in seinen Haaren.

Schritt 9: Berührungen nackter Haut oder eindeutiger Körperteile (nicht-genital)

Die Hände wandern vom Kopf auf den restlichen Körper, sparen die Genitalzonen aber aus. Erogene Bereiche wie der Rücken, Fingerspitzen oder die Brust können gestreichelt werden. Die Hände gleiten vermehrt unter die Kleidung.

Ians Finger wandern mein Schlüsselbein entlang, was eine neue Welle Gänsehaut auslöst. Ich spüre, dass sich meine Nippel unter der Seidenbluse aufrichten. Zentimeter für Zentimeter fährt er am Stoff entlang, öffnet den ersten Knopf, den zweiten. Als er mit beiden Daumen gleichzeitig über meine Brüste streichelt, ziehe ich scharf die Luft ein.

Schritt 10: Küsse am Körper

Der Mund folgt den Händen. Die Figuren entkleiden sich, wenn es zur Szene passt. In dieser Phase entscheidet sich, wie explizit Sie beim Schreiben werden wollen. Sie können die Szene an dieser Stelle ausblenden oder noch einen Schritt weiter gehen.

Seine Lippen folgen den Händen. »Du riechst so gut«, murmelt er und sein Atem kribbelt auf meiner Haut. Statt zu antworten, seufze ich. Wie soll ich mich auf ein Gespräch konzentrieren, wenn meine Gedanken ausgelöscht sind? Ians Zunge wandert zu meinen Brüsten.

Schritt 11: Berührung der Intimzonen

Die Hüllen fallen und nun trauen sich die Figuren auch, ihre Genitalien anzufassen. Die Lust ist groß, rationale Gedanken werden weiter minimiert. An diesem Punkt gibt es fast kein Zurück mehr. Achten Sie beim Schreiben darauf, nicht nur mechanisch zu beschreiben, wer wie wen wo anfasst, sondern insbesondere, welche Gefühle es auslöst.

Ich dränge mich zwischen seine Beine, wo ich seine Erektion deutlich spüre. Es ist viel zu lange her, dass ich mich auf einen Mann eingelassen habe. Am liebsten würde ich ihm sofort das Hemd vom Leib reißen, aber er hält meine Hände über meinem Kopf fest. Dieses Gefühl, ihm ausgeliefert zu sein, erregt mich. Ausnahmsweise überlasse ich ihm vollkommen die Führung. Mit einer Hand hält er mich sanft in Schach, aber die andere sucht sich ihren Weg bis in meine Hose.

»Gott, Liz … ich kann mich kaum zurückhalten«, murmelt er, seine Lippen an meinem Hals.

»Dann lass es.«

Seine Hand sinkt tiefer in meine Hose. Ich ziehe den Bauch ein, halte die Luft an. Ich zerfließe förmlich, obwohl er mich noch gar nicht dort be…

Mir entfährt ein lautes Stöhnen, als er seinen Finger in mich schiebt.

Wie schon im echten Leben gilt auch bei Sexszenen: Vorbereitung ist die halbe Miete. Wenn die Figuren sich, wie in diesem konstruierten Beispiel, gerade erst kennengelernt haben und sofort zur Sache kommen, wirkt die Szene weniger intim und weltbewegend, als wenn die beiden sich mehrere Seiten Zeit für ein Vorspiel nehmen, um sich aufzuheizen.

Schritt 12: Geschlechtsverkehr

Der Höhepunkt der Annäherung ist abgeschlossen und die Figuren schlafen miteinander.

Seine Augen fixieren mich. Ich fühle mich wie verhext. Nur vage nehme ich das Geräusch zerreißender Folie wahr. Dieser Blick ist gleichzeitig einnehmend und sanft, als würde er mich gegen jedes Übel verteidigen, aber mir selbst nie etwas zuleide tun. Ich lächle.

»Was?«, fragt er und wirkt leicht verunsichert.

»Nichts. Nur Vorfreude.«

Nun lächelt er auch. Als er in mich eindringt, hält er den Blickkontakt. (...)

So wird Ihre Sexszene ästhetisch

Das Schwierige beim Schreiben »guter« Liebesszenen ist die Balance zwischen körperlicher Beschreibung, Gefühlen, Stimmung, Konflikten und Sinneseindrücken. Je nach Subgenre soll explizit erwähnt werden, wie der Sex abläuft – oder eben nicht. Gleichzeitig soll es (in der Regel) ästhetisch wirken und positive Gefühle hervorrufen, jedenfalls gilt das für die meisten Liebesromane. Halten Sie sich an folgende Tipps, um die Liebesszenen zu einem Genuss zu machen:

Sprechen Sie drei der fünf Sinne an

Häufig beschränken sich Autorinnen und Autoren auf einen oder zwei, aber drei führen zu besserer Mehrdimensionalität, ohne den Leser oder die Leserin zu überfrachten.

Im Wald war es bereits so dunkel, dass sie den Pfad vor ihren Füßen kaum sehen konnten. Hin und wieder blitzte das Mondlicht durch das Dächerblatt und verwandelte die Äste in Finger, die gierig nach ihnen zu greifen schienen. Sie hörte Ivy atmen, während sie eine kleine Anhöhe hinaufstiegen. Und sie roch sie: die frische Erde in ihren Haaren, den getrockneten Staub ihrer Schuhe und eine zarte Note von süßem Schweiß, wie sie ihn bereits bei ihrem ersten Mal wahrgenommen hatte. Ivy atmete etwas schwerer und stöhnte dann auf, als hätte ich sie mit einem plötzlichen Kuss überrascht. Schon der Gedanken daran ließ meinen Schoß kribbeln.

Nutzen Sie Dialog

Dialoge helfen bei der Einordnung der Geschehnisse. Durch die Äußerungen der Figuren können wir beim Lesen einschätzen, wie sich die Beteiligten fühlen, welche Probleme sie haben, welche Einstellungen, Charakterzüge und so weiter.

Ich spüre, dass der Wagen hält. Verdammt, mit dieser Augenbinde bin ich absolut blind. Warum habe ich diesem Spiel noch gleich zugestimmt? Mir bleibt keine Zeit zum Nachdenken. Einer der beiden Menschen hilft mir beim Aussteigen. Ich spüre eine sanfte Brise auf meinen Wangen. Die Luft riecht rein, wie in der Nähe des Meeres.»Wo sind wir?«, frage ich. Meine Stimme klingt seltsam rau.

Sofort klatscht mir jemand schmerzhaft auf den Hintern. »Ich stelle hier die Fragen«, tönt eine sinnliche Frauenstimme wenige Zentimeter von meinem Ohr entfernt.

Meine Aufregung steigt.

Beziehen Sie das Spiel von Macht ein

Beim Sex geht es nicht immer nur darum, sich dem anderen emotional zu öffnen und aus lauter Liebe und Vertrauen die letzte Mauer der Intimität abzubauen. Oft geht es um

Machtgefüge, wie wir leider wissen, wenn wir uns die Menschheit und ihre Gräueltaten ansehen. Selbst in stabilen Beziehungen kann Sex in einem Machtkampf enden, etwa wenn damit stellvertretend eine Meinungsverschiedenheit ausgetragen wird.

Die Balance von Kontrolle und Abhängigkeit kann ihre eigene Spannung erzeugen. Eine Figur, die eher schüchtern ist, kann in einem intimen Rollenspiel die Führung übernehmen und über sich hinauswachsen. Ebenso kann eine eher dominante Figur sich knurrend unterordnen, weil es die abgemachten Spielregeln so vorgeben.

Machen Sie sich kurz Gedanken darüber, welches Machtgefüge zwischen den Figuren besteht und wie Sie damit in einer Liebesszene spielen können.

Lassen Sie nicht alles glatt laufen

Natürlich ist es schön, zu lesen, wenn das erste Mal der beiden Teenagerfiguren reibungslos verläuft und beide eine wunderbare Erfahrung machen. In der Realität gibt es jedoch vielerlei Missverständnisse, Fehltritte, Unfälle oder falsche Interpretationen. Seufzen und Stöhnen können missinterpretiert werden, ebenso Körpersprache, Worte und so weiter. Der innere Konflikt einer Figur darf für die Lesenden klar werden:

Was, zum Teufel, tat ich hier? Ich sollte ihn wegschieben, aber stattdessen zog ich ihn noch näher an meinen Körper.

Gerade dieser Konflikt zwischen körperlicher Lust einerseits und vernunftmäßigem Denken andererseits darf sich auch in der Szene zeigen.

Spiegeln Sie die Beziehung der Figuren wider

Hat sich die Perspektivfigur emotional zurückgezogen? Dann können Sie das signalisieren, indem Sie wenig Gefühle beim Sex beschreiben und sich mehr auf die körperlichen Darstellungen konzentrieren. Oder, im Gegenteil: Wenn Ihre Figur bis über beide Ohren verliebt ist, räumen Sie ihren Gedanken und Gefühlen viel mehr Raum ein.

Prüfen Sie in der Überarbeitungsphase, wie die Figuren nach der Liebesszene miteinander umgehen und inwieweit sich ihre Beziehung zueinander verändert hat.

Variieren Sie!

Sollten Sie mehr als eine Sexszene in Ihrem Roman integrieren, variieren Sie sie. Es lässt sich fast jeder Aspekt einer Szene anpassen:

- ✔ Ungewöhnliches Setting
- ✔ Länge des Geschlechtsakts
- ✔ Anzahl der Beteiligten
- ✔ Emotionaler Zustand der Figuren

- ✔ Veränderte Machtverhältnisse
- ✔ Motivation: Warum landen die beiden (heute) im Bett (oder auf dem Esstisch, in der Umkleidekabine, im Auto, im Kino, ...)?

»Show, don't tell« gilt insbesondere für Liebesszenen

Nicht nur, aber gerade bei dieser Art von Szenen sollten Sie darauf achten, mehrere Dimensionen anzusprechen:

- ✔ Handlung: Was tut die Figur mit ihrem Körper?
- ✔ Wahrnehmung: Drei von fünf Sinneseindrücken sollten klar werden.
- ✔ Dialog: Was sagen die Figuren? Meinen sie, was sie sagen, oder gibt es Subtext?
- ✔ Kontext und Einordnung: Wie denken die Figuren über dieses und jenes? Welche Erinnerungen, Meinungen und Ängste färben ihre Erfahrung?

Zusammengefasst:

- ✔ Legen Sie Grenzen für Ihre Geschichte fest, die zu den Genrekonventionen passen.
- ✔ Halten Sie sich im Zweifelsfall an die zwölf Schritte der Intimität, um eine glaubhafte Sexszene zu schreiben.
- ✔ Mit Dialog, Konflikt, Missverständnissen und Bilderkino wird die Szene ästhetischer und echter.

IN DIESEM KAPITEL

Was ist ein »guter Stil«?

Wie legen Sie Ihre einzigartige Stimme frei?

Wie Sie mit Rückblenden umgehen sollten

Vermeiden Sie Zufälle

Wie Sie mit Bildern schreiben

Liste mit möglichen Stilmitteln für einen »besseren« Text

Kapitel 21
Entdecken Sie Ihre Stimme und Ihren eigenen Stil

Was ist ein »guter Schreibstil«?

Sobald es um Stil geht, scheiden sich die Geister. Die einen vertreten die Ansicht, guter Stil sei eine klare, schnörkellose Sprache, die präzise auf den Punkt bringt, was gemeint ist. Andere wiederum betonen, dass gerade bildhafte, kreative Formulierungen den besonderen Reiz eines guten Stils ausmachen. *Stil ist etwas sehr Persönliches.* Sie schreiben anders als Ihre Kollegin – und das ist auch gut so. Dennoch gibt es einige grundlegende Kriterien, die einen professionellen Stil von einem Anfängertext unterscheiden.

Ein Buch mit »gutem Schreibstil« holt Ihre Leserschaft dort ab, wo sie steht. Er reißt sie mit, berührt sie, nimmt sie mit auf eine Reise – und lässt sie am Ende zufrieden zurück. Dabei kann der Schreibstil unauffällig und elegant im Hintergrund wirken oder kraftvoll und energetisch – je nachdem, was Ihre Geschichte verlangt.

Sichere Rechtschreibung

Ein Text voller Fehler wirkt unprofessionell, ganz gleich, wie gut die Handlung ist. Als Autorin oder Autor ist Sprache Ihr wichtigstes Werkzeug. Lernen Sie, wie Sie damit umgehen und welche Regeln es gibt. Im Internet gibt es unzählige Angebote dafür. Wenn Sie eine

Lese-Rechtschreib-Schwäche haben, ist das kein Grund zur Sorge: Lassen Sie Ihre Szenen zunächst von einem Programm auf Rechtschreibung und Grammatik testen und suchen Sie sich helfende Hände, die danach den Text gegenlesen und verbessern. Lassen Sie sich erklären, warum bestimmte Änderungen vorgenommen wurden (auch ohne Lese-Rechtschreib-Schwäche).

Brechen Sie nicht zu viele Regeln auf einmal

Gerade zu Beginn empfiehlt es sich, möglichst viele bewährte Empfehlungen zu befolgen, aber ein präzise gesetzter Regelbruch bringt andererseits erst richtig Einzigartigkeit in Ihren Text. Wählen Sie gezielt eine Regel, die Sie brechen wollen, und halten Sie sich an die übrigen. Seien Sie in der Lage, den Regelbruch zu erklären (erst dann wissen Sie wirklich, warum Sie an dieser Stelle die Regeln brechen).

Achten Sie auf die Verständlichkeit für Ihre Zielgruppe

Ein Text kann noch so kunstvoll geschrieben sein – wenn er seine Leserinnen und Leser nicht erreicht, verfehlt er sein Ziel. Fragen Sie sich beim Schreiben: Würde meine Leserin, mein Leser das verstehen? Erwarten sie diesen Stil?

Auch hier: Verbiegen Sie sich nicht, sondern treffen Sie bewusste Entscheidungen. Vielleicht ist Ihre »echte« Zielgruppe ein andere, als Sie angenommen hatten?

So finden Sie Ihre unverwechselbare Stimme

Warum lesen wir immer wieder die Bücher bestimmter Autorinnen und Autoren? Wegen der Charaktere? Der Handlung? Sicherlich auch. Aber sehr oft ist es der Stil – die unverkennbare Stimme –, die uns fesselt. Die eigene Stimme zu finden, ist ein Prozess. Hier sind einige bewährte Wege, wie Sie ihr näherkommen:

Schreiben Sie. Viel.

Eine Musikerin oder ein Musiker wird nicht durch bloße Musiktheorie zum Profi, sondern durch tägliches Üben. Dem Pianisten Ignaz Josef Paderewski wird das Zitat zugeschrieben: »Wenn ich einen Tag nicht übe, merke ich es. Übe ich zwei Tage lange nicht, merken es meine Kritiker. Wenn ich drei Tage aussetze, merkt es das Publikum.«

Auch Schreiben ist ein Handwerk. Je öfter Sie schreiben, desto klarer wird Ihr Stil. Und desto besser wird Ihre Technik.

Unterscheiden Sie dabei bewusst zwischen *Schreib-Übungen*, bei denen Sie gezielt neue Stilmittel ausprobieren, zum Beispiel eine Szene überarbeiten oder das Schreiben mit Bildern trainieren, und dem *freien Schreiben*, bei dem Sie ohne Anspruch auf Perfektion einfach nur schreiben, um Ihre Geschichte voranzubringen.

Imitieren Sie Ihre Vorbilder

Früher war es in der Kunst völlig normal, »ein Schüler von ...« zu sein und von einem Meister seines Handwerks zu lernen. In der Literatur ist das eher unüblich. Dennoch können Sie gezielt von Ihren Vorbildern lernen.

Was fasziniert Sie an Ihren Lieblingsautorinnen und -autoren? Analysieren Sie, was den Ton, die Wortwahl, den Rhythmus ausmacht. Schreiben Sie bewusst eine Szene »wie diese Person« – so entwickeln Sie ein Gefühl dafür, was Ihnen liegt und was nicht, woran Sie arbeiten wollen und was Ihnen für Ihre eigene Stimme wichtig ist.

Natürlich möchten Sie dabei keine Kopie werden, sondern verschiedenste Techniken und Herangehensweisen erlernen, um Ihre eigene Stimme zu formen.

Schreiben Sie ab – nur für sich

Das klingt zunächst ungewöhnlich, ist aber eine effektive Methode. Abschreiben – wohlgemerkt nicht zur Veröffentlichung – hilft Ihnen, bewusst wahrzunehmen, wie Sprache funktioniert. Spüren Sie den Klang, die Satzstruktur, die Bildsprache. Nehmen Sie sich einen Absatz vor, der so geschrieben ist, wie Sie gerne schreiben würden, und schreiben Sie ihn ab.

Vertrauen Sie Ihrer Intuition

Manche Sätze entstehen fast von selbst – und Sie spüren: Das bin ich. Diese Passagen verraten Ihnen viel über Ihren Stil. Wenn Sie später überarbeiten, erkennen Sie so, welche Formulierungen Ihnen wirklich entsprechen – und wo externe Eingriffe Ihren Stil vielleicht verwässern würden.

So variieren Sie das Erzähltempo

Es kann bisweilen vorkommen, dass Romane langatmig werden. In Rezensionen liest man dann Aussagen wie »liest sich zäh« oder »die Geschichte zog sich hin«. Vielleicht haben Sie auch schon selbst Romane gelesen und dachten: »Kommt zum Punkt!« oder »Wann passiert denn endlich etwas?«

In solchen Fällen kann es hilfreich sein, ein paar Techniken aus dem Journalismus anzuwenden, um die Spannung und das Tempo in Ihrem Roman aufrechtzuerhalten.

Auch beim Tempo geht es um Rhythmus

Ich habe bereits erwähnt, dass Geschichten unterschiedliche Rhythmik brauchen, um spannend zu sein. Der Anfang wirkt mitunter gemächlich, nach dem »auslösenden Moment« zieht das Tempo an, bis die Schwelle zum zweiten Akt überschritten wird. Während der Orientierungsphase in diesem Akt kann das Tempo variieren, und vor dem großen Showdown gibt es fast immer die »Ruhe vor dem Sturm«, in dem alle noch mal ihre Kräfte sammeln, sich Liebende voneinander verabschieden oder die Verbündeten ein letztes gemeinsames Abendessen einnehmen, bevor sie am nächsten Tag auf Leben und Tod kämpfen.

Im Finale ist das Tempo in der Regel am höchsten und fällt dann zum Ende hin wieder ab.

Kurze (Ab-)Sätze

Im Journalismus lernt man ziemlich früh, lange Sätze in kurze umzuschreiben, um das Lesetempo zu erhöhen. Diesen Effekt können wir uns auch in unseren Romanen zu eigen machen. Behalten Sie dabei im Hinterkopf, dass es zu Ihrem Schreibstil und Subgenre passen sollte: Viele Liebesthriller leben von kurzen Sätzen, wohingegen Romantasy-Romane vielleicht längere Sätze und Beschreibungen benutzen.

Hier ein Beispiel für gemäßigtes Tempo:

Noch ehe Mel die Zimmertür geschlossen hatte, durch die sie auf der Flucht vor dem unheimlichen Mann gesprungen war, wusste sie, dass sie in der Falle saß. Es war ein Mädchenzimmer ganz in Rosa, mit Plüschtieren auf dem Kinderbett und selbst gemalten Bildern an der Wand. Mel ging ans Fenster und sah hinaus in den akkurat gepflegten Garten, in der Hoffnung, über das Fenster eine neue Fluchtmöglichkeit zu finden. Doch vergebens: Die Wand zeigte steil nach unten und Mel würde nirgends einen Halt finden, wenn sie jetzt versuchte, über das Fenster abzuhauen.

So richtig dringend klingt es nicht. Warum nicht? Weil offensichtlich genug Zeit ist, um ausführliche Haupt- und Nebensätze zu formulieren. Versuchen wir es abgehackter:

Mel rannte durch die rechte Tür und schlug sie krachend zu. Verdammt! Sie saß in der Falle. Dies war ein Kinderzimmer – rosa Plüschtiere, selbst gemalte Bilder – und es gab keine Fluchtmöglichkeit. Sie hechtete zum Fenster. Die Wand fiel steil nach unten ab. Unmöglich, hier lebend herauszukommen!

Die Schritte näherten sich.

»Melli, wo bist du?«, hörte sie seine Singsang-Stimme nur wenige Meter entfernt.

Sie musste sich etwas einfallen lassen.

Je langsamer das Tempo, desto ausführlicher und blumiger die Sätze.

Je schneller, desto kürzer.

Das gilt auch für unser *Show, don't tell*: Wenn das Tempo gerade hoch ist, hat die Figur in der Regel keine Zeit, sich genau umzusehen, und es wird mehr »erzählt« als gezeigt.

Streichen ganzer Szenen

Nicht nur Sätze können gekürzt werden, sondern gleich ganze Szenen oder Kapitel. Eine schmerzvolle Erfahrung für jede/n Kreative/n, denn Sie haben sehr viel Mühe, Schweiß, Zeit und Nerven in diese Texte investiert. Und dann kommt eine Lektorin und sagt: »Du, die Szene mit der Mutter streichen wir am besten.«

Das passiert insbesondere dann, wenn in einer Szene (neue) Konflikte fehlen oder bereits Bekanntes wiederholt wird. Manchmal hilft es der Geschichte, ein Kapitel aufzuteilen und das Wichtigste davon woanders unterzubringen.

Orts- und Figurenwechsel nach Cliffhanger

Sie können ruhig mal den »Hass« Ihrer Leserschaft auf sich ziehen, weil Sie ein Kapitel an einer extrem spannenden Stelle abbrechen und ganz woanders weitermachen – wo es allerdings ebenso spannend ist. Besonders beliebt ist diese Methode in Romanen, die aus der Sicht mehrerer Figuren erzählt werden.

…

»Was ist los? Du bist schon den ganzen Tag so schweigsam.« Es hatte keinen Zweck mehr: Der Zeitpunkt der Wahrheit war gekommen. Sein Herz pochte lautstark, als er Andrews Hand in die seine nahm. »Ich war nicht ganz ehrlich«, hauchte er kaum hörbar. »Es gibt da ein Geheimnis, von dem ich dir schon lange hätte erzählen sollen.«

— Kapitel 11: Liza. —

Straight Flush. Liza überprüfte die Karten abermals: 5-6-7-8-9, alles Herz. Sie zwang sich, nicht zu blinzeln, sich nicht zu kratzen oder nach dem Glas zu greifen. Endlich hatte sie mal die Oberhand.

Natürlich ist das auch eine Stilfrage in sich selbst: Nicht jeder beendet seine Kapitel gerne mit einem Cliffhanger. Wenn Sie sich das aber vorstellen können, ist es eine effektive Methode für Tempo und Spannung.

Apropos:

Überprüfen Sie Ihre Kapitelenden

Wenn ich abends einen Roman lese, nehme ich mir oft vor, nur noch das aktuelle Kapitel zu Ende zu lesen. Manchmal gelingt es mir. Das Kapitel endet rund, ich lege das Buch weg und freue mich, bei nächster Gelegenheit weiterzulesen.

Als Autorin möchte ich aber, dass sich meine Leserinnen die Nächte um die Ohren schlagen und morgens völlig übermüdet erzählen, wie mein Buch sie wachgehalten hat.

Das erreichen Sie unter anderem durch Kapitelenden, die eben nicht »rund« enden, sondern abrupt:

- ✔ mit einem Cliffhanger,
- ✔ einem Twist,
- ✔ einer Vorahnung oder
- ✔ einer drohenden Gefahr.

Setzen Sie Rückblenden korrekt ein

Es gibt meiner Erfahrung nach zwei typische Reaktionen bei Lektorinnen und Lektoren, wenn Autorinnen oder Autoren sagen, dass sie eine Rückblende eingefügt haben: Entweder zucken sie zusammen – oder ihnen bricht der Schweiß aus. Warum ist das so? Eine Rückblende ist doch eine tolle Möglichkeit, um die Figur und ihre Hintergrundgeschichte besser kennenzulernen, oder nicht?

Nachteile von Rückblenden

»Wer Rückblenden verwendet, war zu faul, die wichtigen Informationen kunstvoll in die laufende Handlung einzuweben«, lautet das Vorurteil vieler Lektorinnen und Lektoren, wenn sie hören, dass jemand viele Rückblenden eingebaut hat, ohne richtig den Sinn dahinter erklären zu können. Und es ist nicht ganz von der Hand zu weisen. Rückblenden werden häufig verwendet, um vergangene Ereignisse zu erklären, die für die aktuelle Handlung relevant sind. Das ist eine einfache Möglichkeit – aber sie bringt einige Nachteile mit sich:

Rückblenden verlangsamen das Tempo

Stellen Sie sich vor, Sie befinden sich mitten in einem spannenden Liebesthriller. Eine Verfolgungsjagd. Der Protagonist kommt an einem gelben Haus vorbei. Plötzlich fällt ihm ein, dass er diese Straße schon als Kind entlanggelaufen ist – und die Geschichte springt in die Vergangenheit:

Unser Held, fünf Jahre alt, läuft mit seiner Schwester diese Straße entlang. Sie kicken einen Ball hin und her. Dann landet der Ball zwischen zwei Häusern – dort entdecken sie eine geheimnisvolle Luke.

Ende der Rückblende. Zurück in der Gegenwart. Der Protagonist biegt ab, reißt den Lukendeckel auf und entkommt seinen Verfolgern.

Der inhaltliche Kniff ist durchaus clever: Eine Erinnerung liefert die Lösung für ein akutes Problem. Doch handwerklich wurde es unsauber umgesetzt. Das Tempo wird mitten in der Action ausgebremst – und damit auch die Spannung. Besser wäre es gewesen, diese Luke bereits früher im Roman beiläufig einzuführen, ohne die Szene durch eine vollständige Rückblende zu unterbrechen.

Rückblenden zur Erklärung der Backstory

Sehr häufig werden Rückblenden genutzt, um Hintergründe, Motivationen, Fähigkeiten oder Gefühle der Figur zu erklären. Das ist zwar (möglicherweise) wichtig zu wissen, aber vielleicht nicht genau an dieser Stelle – oder nicht mit dieser Technik. Wenn Sie eine Backstory einflechten wollen, können Sie das eleganter tun (wie, erfahren Sie weiter unten).

Rückblenden als Prolog für Spannungsaufbau

Nicht wenige Romane beginnen mit einem Prolog, der in der Vergangenheit spielt – gefolgt von einem ersten Kapitel in der Gegenwart. Oder umgekehrt: Der Prolog spielt im Jetzt, Kapitel 1 springt dann in die Vergangenheit.

(Auch die Variante »Prolog zeigt eine Szene der Zukunft« kommt oft vor, hat aber jetzt nichts mit Rückblenden zu tun.)

Das ist grundsätzlich keine schlechte Herangehensweise. Fragen Sie sich: Muss ich unbedingt jetzt gerade einen Zeitsprung machen? Warum an genau dieser Stelle? Was ist der erzählerische Zweck?

Wenn Sie darauf eine klare Antwort haben, spricht nichts gegen den Zeitsprung.

Tipps für gelungene Rückblenden

Wählen Sie die Stelle mit Bedacht

Rückblenden dürfen verwendet werden – aber sie sollten genau dort eingebaut werden, wo sie unvermeidbar und dramaturgisch sinnvoll sind.

Stellen Sie erst eine Verbindung zur Figur her

Wenn Sie direkt nach einem spannenden ersten Absatz eine Rückblende einfügen, ist die Gefahr groß, dass Leserinnen und Leser aussteigen, weil sie noch keine emotionale Bindung zur Figur aufgebaut haben.

Rückblenden unterbrechen immer den Lesefluss. Und wer sich noch nicht für die Figur interessiert, wird weniger bereit sein, diesen Bruch zu akzeptieren.

Machen Sie den Zeitsprung deutlich

Wenn Sie eine Rückblende einbauen, sollten Sie unmissverständlich kennzeichnen, dass ein Zeitsprung stattfindet. Dafür eignen sich zum Beispiel *Kapitelüberschriften* wie »Zehn Jahre zuvor«. Auch ein *Zeilenumbruch* oder *Kapitelwechsel* kann dabei helfen.

Achten Sie auf die Zeitformen

Variante 1 (gleiche Zeitform):Wenn der Fließtext im Präsens geschrieben ist, können auch Rückblenden im Präsens erfolgen – das ist grammatikalisch nicht korrekt, aber weit verbreitet:

Ich schlendere über den Flur und bin plötzlich fünf Jahre jünger. Es ist dieser besondere Dienstag, der mein Leben verändert wird. Davon weiß ich allerdings noch nichts.

Das eignet sich besonders bei Romanen mit häufigen Rückblenden – es wirkt wie aus einem Guss.

Variante 2 (verschiedene Zeitformen): Wenn die Rückblende eine seltene Ausnahme ist, empfiehlt es sich, sie durch einen Wechsel der Zeitform hervorzuheben:

Ich schlendere über den Flur und fühle mich wie in die Vergangenheit zurückversetzt:

Es war an diesem besonderen Dienstag, der mein Leben verändern sollte. Doch davon wusste ich noch nichts.

Diese Variante macht den Zeitsprung deutlich, birgt aber die Gefahr, Leserinnen und Leser durch den Bruch zu verwirren. Wichtig: An dieser Stelle geht man beim Lesen davon aus, nun mindestens einen Absatz oder sogar eine ganze Szene in der Vergangenheit zu erleben.

Ist dem nicht so, nutzen Sie Variante 3: Kurze Rückblenden im Text.

Kurze Rückblenden innerhalb einer Szene folgen diesen Regeln:

- ✔ Präsens im Haupttext → Rückblende im Perfekt
- ✔ Präteritum im Haupttext → Rückblende im Plusquamperfekt

Ein Beispiel mit Perfekt:

Ich betrete die Küche. Alles ist still. Als Kind ***hat*** *meine Mutter mir immer das Frühstück* ***gemacht****.*

Beispiel mit Plusquamperfekt:

Ich betrat die Küche. Alles war still. Als Kind ***hatte*** *meine Mutter mir immer Frühstück* ***gemacht****.*

Aus stilistischen Gründen beginnen viele Autorinnen und Autoren im Plusquamperfekt – und wechseln dann ins normale Präteritum, sobald klar ist, dass es sich um eine Rückblende mit mehreren Sätzen handelt. Auch das ist legitim.

Rückblenden sind kein Tabu – aber sie sind ein sensibles Instrument. Setzen Sie sie gezielt ein, achten Sie auf den richtigen Moment, und machen Sie dem Publikum immer klar, was wann geschieht. Dann bereichern sie Ihre Geschichte, statt sie zu bremsen.

Selbstverständlich können Sie Ihren Roman generell in zwei Zeitebenen erzählen. Für jede Ebene erarbeiten Sie dafür eine eigene »Storyline« und erzählen quasi zwei Geschichten parallel, die erst im letzten Akt zusammentreffen.

So ein Zufall!

Im wahren Leben können uns Zufälle oft in wunderbare und auch unglaubliche Situationen bringen, aber in der Literatur versuchen wir tunlichst, Zufälle zu meiden.

Was ist ein literarischer Zufall?

Ein Zufall im literarischen Sinne ist ein Ereignis, das *weder durch die Handlungen der Figuren noch durch vorherige Hinweise im Text vorbereitet wurde,* sondern scheinbar willkürlich geschieht. Er fühlt sich konstruiert an, weil er nicht organisch aus der Geschichte hervorgeht.

Zufälle aus Faulheit

Die allermeisten Zufälle in Romanen geschehen aus Faulheit des Autors oder der Autorin heraus oder aus Unwissen. Es ist oft eine schnelle Lösung für ein Problem, über das man nicht länger nachdenken will. Zwei Figuren sollen sich irgendwie treffen, weil ich das für die Geschichte brauche, also lasse ich sie »rein zufällig« beim Shoppen, beim Reisen, bei der Autowäsche oder im Kino aufeinandertreffen.

Alles möglich, *aber in den meisten Situationen fehlt eine echte Motivation der Figuren, diese Handlung in erster Linie zu tun*. Wenn niemals im Roman die Rede davon ist, dass die Figur überhaupt ein Auto hat, warum sollte eine Autowäsche plötzlich wichtig werden? Anders sieht es aus, wenn die Figur in einer vorherigen Szene mit dem Auto über einen matschigen Waldweg gefahren ist.

Vermeiden Sie »Deus ex machina«

Eine Heldin oder ein Held ist in arger Bedrängnis, man weiß kaum, wie sie oder er jemals wieder aus der Situation herauskommen soll – beispielsweise ist sie oder er auf einem Fließband festgeschnallt und fährt auf eine Säge zu, wie man es aus Actionfilmen kennt –, aber plötzlich wird sie oder er doch gerettet, weil eine unverhoffte Figur auftritt und befreit oder weil zufällig Steine ins Triebwerk geraten und die Säge mit Fließband angehalten wird.

Diese zufälligen, von außen kommenden Konfliktlöser sind als »Deus ex machina« bekannt und sollten vermieden werden (außer in Kinderromanen, da ist das hier und da erlaubt).

Konflikte sollten »von sich aus« mithilfe der Figuren gelöst werden. Natürlich kann es mal notwendig sein, eine lange nicht gesehene Figur oder einen »zufälligen Steinschlag« zur Hilfe zu nehmen, aber diese Hilfsmittel müssen immer vorher in die Geschichte eingeführt werden. Beispielsweise könnte die Heldin oder der Held, bevor sie oder er vom Antagonisten bewältigt und auf das Fließband geschnallt wird, über die Felsen klettern, wobei einige Steine ins Rollen geraten. Wenn dann wenig später ein Stück Fels abbricht, hat sich die Figur durch die Kletterei quasi selbst gerettet.

Tipps für den Umgang mit Zufällen

Angenommen, Ihre Hauptfigur Julika ist Schülerin in einem Internat und soll »zufällig« in das Zimmer der Direktorin kommen und sie in flagranti dabei mit einem Lehrer erwischen, mit dem sie selbst ein Verhältnis angefangen hat. Welche Möglichkeiten haben Sie als Autorin/Autor, hierfür Szenen und Situationen zu kreieren, in denen der Zufall abgeschwächt wird?

So nicht:

Julika wacht nachts auf und weiß selbst nicht genau, warum. Hört sie da Lärm am Ende des Flurs? Sie steht auf und geht den langen Flur mit den Schlafsälen entlang. Hinter einer der Türen sind Lachen und Musik zu vernehmen. Sie klopft und tritt ein: eine Mitternachtsparty! Leider wollen die anderen sie nicht dabei haben, also beschließt Julika, die Gruppe zu verpetzen und geht zum Direktorenzimmer. Komisch, dass hinter der Tür Licht brennt. Sie klopft und erwischt die Direktorin mit dem Lehrer.

Julika wacht ziemlich grundlos auf und geht auf Verdacht den Flur entlang. Zufällig stört sie eine Party. Wie wahrscheinlich ist das?

Wer *Hanni und Nanni* gelesen hat, weiß noch, dass Mitternachtspartys dort immer ein Highlight waren und die Mitglieder tunlichst darauf geachtet haben, dass niemand davon erfährt, und dennoch hat es immer jemand mitbekommen.

Alternative:

Julika und zwei ihrer Mitschülerinnen foppen sich beim Abendbrot und machen einen Wettbewerb, wer von ihnen schneller einen Liter Wasser trinken kann. Julika gewinnt, ist aber trotzdem sauer, denn sie merkt, dass die anderen die ganze Zeit tuscheln und irgendetwas aushecken.

Nachts wird sie wach, weil das Wasser wieder rauswill. Sie steht auf, geht auf Toilette und will gerade wieder zurück zum Schlafzimmer, als sie leise Musik hört. Sie folgt den Geräuschen und entdeckt die Mitternachtsparty.

Variante 1: *Sie verpetzt die Gruppe, siehe oben.*

Variante 2: *Bevor sie die Party stören kann, hört sie Schritte. Das wird eine Lehrkraft sein, die kontrolliert, ob alle schlafen. Wenn man sie hier erwischt, wird sie nicht nur Ärger bekommen, sondern auch als Petze dastehen, weil die Gruppe glauben wird, sie hätte die Lehrkraft geholt. Das will Julika nicht riskieren. Schnell schleicht sie zu einem der Räume, um sich zu verstecken, aber der ist abgeschlossen. Der Weg zu ihrem Schlafsaal ist durch die Lehrkraft versperrt. Panisch hechtet sie den Flur entlang und rennt ins Direktorinnenzimmer. Sie traut ihren Augen nicht.*

Was ist hier anders?

Die »Zufälle« sind begründet: Julika wacht auf, weil sie am Vorabend zu viel Wasser getrunken hat und jetzt zur Toilette muss. Ihre Mitschülerinnen haben sich komisch verhalten, weshalb es nicht verwunderlich ist, dass sie etwas wie eine Mitternachtsparty geplant haben. Julika flüchtet vor einem Lehrer und hechtet so in einen Raum, den sie normalerweise meiden würde – oder sie verpetzt die Gruppe. Je nachdem, wie Sie Julika charakterisieren, wie sich die Konflikte entwickeln sollen und was Sie geplant haben.

Zufälle sind besser, wenn sie zu Konflikten führen

Unzählige Male habe ich vor meinem Manuskript gesessen und mir gedacht, wie schön es wäre, wenn jetzt durch einen Zufall ein Problem meiner Figur gelöst werden könnte, für das ich selbst keine akute Lösung parat hatte. Es lohnt sich in diesen Fällen, über eine organische Lösung nachzudenken.

Wenn Sie trotzdem Zufälle einbauen wollen, dann sorgen Sie dafür, dass dadurch *mehr* Konflikte entstehen – nicht weniger: Vielleicht wollen Sie, dass P1 irgendwie auf P2 trifft, obwohl die beiden aktuell getrennte Wege gehen. P1 muss für die Arbeit etwas in der Stadtverwaltung klären, wo er/sie auf P2 trifft (Zufall). P2 ist dort, um eine Adressänderung vornehmen zu lassen (was in dem kleinen Kaff, in dem sie wohnen, nicht digital möglich ist – wie wir aus einem vorigen Kapitel wissen sollten!): P2 hat nämlich eine neue Liebe gefunden und die beiden sind zusammengezogen.

So hat der Zufall dafür gesorgt, dass P1 die Trennung noch mehr schmerzt, da er/sie feststellt, wie gut P2 ohne ihn/sie klarzukommen scheint.

Wann funktionieren Zufälle?

Ein Zufall kann funktional und glaubwürdig sein, wenn:

- ✔ er vorbereitet wurde
- ✔ er negative Konsequenzen nach sich zieht
- ✔ er emotional plausibel ist (zum Beispiel Figur handelt aus Panik oder Sehnsucht)
- ✔ er als Stilmittel im Genre funktioniert (zum Beispiel in Komödien oder Märchen)

Fragen für Zufallsbegegnungen

Wenn Sie beim Plotten spüren, dass ein Zufall nötig wäre, fragen Sie sich:

- ✔ Könnte ich den Zufall durch eine aktive Entscheidung der Figur ersetzen?
- ✔ Habe ich diesen »Zufall« bereits angekündigt oder kann ich ihn nachträglich einflechten?
- ✔ Gibt es eine Figur, die die Situation organisch auslöst, statt sie zufällig entstehen zu lassen?
- ✔ Könnte ein Dritter (unsichtbar im Hintergrund) das Zusammentreffen bewusst inszeniert haben?

Mit Bildern schreiben

Lesenswerte Bücher zeichnen sich neben starken Figuren, einer breiten Gefühlsklaviatur, guten Konflikten und überraschenden Wendungen auch durch gut überlegte, pointierte Sprache aus. Metaphern und Vergleiche sind dabei Hammer und Meißel (und schon haben wir eine Metapher verwendet!).

Ob und wie intensiv Sie sie einsetzen, formt Ihren Stil.

- ✔ Metapher: Bildhafte Übertragung einer Situation
- ✔ Vergleich: Gegenüberstellung zweier Dinge mit »wie«

Bekannte Beispiele für Metaphern, die bereits ausgelutscht sind und *nicht* verwendet werden sollten:

- ✔ der Deckmantel des Schweigens
- ✔ sein blaues Wunder erleben

- den Nagel auf den Kopf treffen / Nägel mit Köpfen machen
- an den Pranger stellen
- das Fass zum Überlaufen bringen
- ein Tropfen auf dem heißen Stein

Bekannte Beispiele für Vergleiche, die bereits ausgelutscht sind und *nicht* verwendet werden sollten:

- stur wie ein Esel
- flink wie ein Eichhörnchen
- stark wie ein Bär/Löwe
- wie ein Elefant im Porzellanladen
- dumm wie Brot
- das geht weg wie warme Semmeln
- glatt wie ein Aal
- launenhaft wie eine Diva
- schwitzen/essen/sich benehmen wie ein Schwein

Sicherlich sind Ihnen diese Ausdrücke auch schon oft begegnet. Natürlich dürfen Sie sporadisch die eine oder andere Metapher benutzen und auch mal einen althergebrachten Vergleich ziehen. Origineller wird Ihr Text aber durch Eigenschöpfungen.

Autorin Nina George macht in ihrem *Lavendelzimmer*[1] vor, wie das geht:

Zu zweit hatten die Generalinnen des Hauses No. 27 – Madame Bernard, die Besitzerin, und Madame Rosalette, die Concierge – Monsieur Perdu zwischen ihren gegenüberliegenden Parterrewohnungen in die Zange genommen.

»Dieser Le P. hat seine Frau ja schmählichst behandelt.«

»Schandhaft. Wie die Motte einen Brautschleier.«

»Manchen kann man's ja nicht verübeln, wenn man sich ihre Gattinnen so anschaut. Eiswürfelmaschinen in Chanel. Aber Männer? Alles Ungeheuer.«

»Meine Damen, ich weiß gerade nicht, was …«

»SIE natürlich nicht, Monsieur Perdu. Sie sind der Kaschmir unter den Stoffen, aus denen Männer gestrickt sind.«

---

[1] George, Nina, *Das Lavendelzimmer*, Knaur, 2013, S. 11

11 Sätze, 6 Vergleiche oder Metaphern. Schauen wir uns im Detail an, was die Autorin da getan hat:

Zu zweit hatten die ***Generalinnen*** *...*

Es ist schnell klar, dass die beiden Frauen keine echten Generalinnen sind, sondern vom Erzähler also solche hingestellt werden, weil sie »das Kommando« über das Haus Nummer 27 haben. Es ist eine Charakterisierung der Figuren mit nur einem Wort.

... in die Zange genommen ...

Eine Redensart, die man auch hätte vermeiden können, da sie bereits umgangssprachlich oft benutzt wird. Da sie ansonsten aber im zitierten Text ausschließlich eigene Ideen verwendet, kann das verschmerzt werden. Alternativ hätte sie auch schreiben können »Die beiden hatten ihn eingekreist« oder »bedrängten ihn«, aber das »in die Zange nehmen« erweckt ein konkretes Bild im Kopf der Lesenden.

Wie die Motte den Brautschleier.

Ein Vergleich. Motten fressen, wie wir wissen, Löcher in Kleidungsstücke, und gerade bei einem Brautschleier ist das besonders ärgerlich, aber auch nicht ungewöhnlich, da dieses Kleidungsstück ungetragen Jahrzehnte im Schrank wohnt, ohne je herausgenommen zu werden (außer vielleicht von Kindern, die ihn zum Verkleiden nutzen dürfen). Der Brautschleier symbolisiert auch gleichzeitig die Hochzeit der beiden Figuren, um die es geht (Monsieur Le P. und seine Frau). Mehr noch: Eine Motte gilt als Schädling, eine Braut als unschuldig und rein. In der Meta-Ebene wird aus Monsieur Le P. somit ein Ungeziefer, das die Reinheit und Unschuld der Braut zerfrisst.

Eiswürfelmaschinen in Chanel.

Eine witzige Metapher für gefühlskalte Ehefrauen von reichen Männern. Statt nur »Eiswürfel« zu nehmen, wählt die Autorin hier sogar das Wort »Eiswürfelmaschine«, also eine Gerätschaft, die nicht nur von innen kalt ist, sondern auch Kälte produziert.

Ungeheuer

Eine wohl selbsterklärende Metapher. Das Männerbild der Figur wird durch diesen Ausdruck beschrieben und man lernt beim Lesen zwischen den Zeilen, dass beide »Generalinnen« die meisten Männer verabscheuen.

... der Kaschmir unter den Stoffen, aus denen Männer gestrickt sind.

Dies ist eine überaus gelungene Kombination zweier Metaphern: Einerseits kennt man die Beschreibung »der Stoff, aus dem etwas gemacht ist«. Diesen Ausdruck spinnt die Autorin weiter: Stoff kann gewebt oder gestrickt sein. Der Stoff, aus dem Männer gestrickt sind, kann unterschiedliche Qualität haben – Monsieur Perdu wird als »Kaschmir« bezeichnet, ein teurer, sehr angenehm zu tragender Stoff.

Passende Metaphern und Vergleiche finden

Als Faustregel möchte ich Ihnen an die Hand geben, Metaphern häufiger als Vergleiche zu verwenden. Sie erzeugen in der Regel stärkere Bilder beim Lesen.

Ich arbeite Metaphern und Vergleiche zum Großteil erst in der Überarbeitung ein, weil mir selten spontan etwas Gutes einfällt, solange ich im Schreibfluss bin und die Geschichte aufschreiben will. Versuchen Sie nicht, gleich im ersten Schreibdurchgang stilistische Finessen einzuarbeiten. Das können Sie tun, wenn Sie sich sicher sind, dass Sie nichts mehr am Text ändern.

Tipp 1: Die Einsatzmöglichkeit erkennen

Nicht jeder Satz kann eine Metapher sein, aber oft lassen sie sich einmal pro Seite oder auf jeder zweiten Seite einfügen. Nehmen wir an, Sie haben im ersten Entwurf diesen Satz verfasst:

Sina rannte so schnell sie konnte die Straße entlang. Sie fühlte sich schuldig, dem Mädchen nicht geholfen zu haben.

In der Überarbeitung nehmen Sie sich diese beiden Sätze vor und überlegen, ob Sie das Schuldgefühl durch ein Bild ersetzen können:

Sina rannte so schnell sie konnte die Straße entlang. Die Schuld saß ihr im Nacken.

»Im Nacken sitzen« ist zwar eine sehr bekannte Metapher, aber an dieser Stelle deutlicher als das Erzählen (siehe »Show, don't tell« im Kapitel »Wie löst man tiefe Gefühle aus?«). Sie können aber auch noch weiter darüber nachdenken, wie sich diese Schuld anfühlt und was sie mit Sina macht:

Sina flog die Straße entlang, gehetzt vom Schatten der Schuld, den sie nicht loswerden konnte.

Tipp 2: Verschiedene Dinge probieren

Bei Metaphern und Vergleichen ist es wie mit dem Plotten: Die erste Idee ist nicht immer die Beste. Testen Sie verschiedene Ideen aus: Wie kann Schuld sein? Klebrig wie Honig? Klebrig wie ein nasses T-Shirt? Verfolgend wie ein Jäger? Nicht abzuschütteln? Einnehmend? Angsteinflößend? Wie überträgt man das in ein Bild? »Die Schuld verfolgte sie«, »die Schuld klebte an ihr wie Pech«, »die Schuld klebte an ihr wie ein durchgeschwitztes T-Shirt«, »ihre Schuldgefühle wurden zu Jägern«?

Entscheiden Sie sich dann für Ihren Liebling.

Tipp 3: Vergleiche zu Metaphern machen

Wenn Sie einen passenden Vergleich haben – *Die Schuld war wie eine Jägerin* –, dann überlegen Sie, ob Sie daraus nicht auch eine Metapher machen können, indem Sie das Wörtchen »wie« streichen: *Die Schuld war eine Jägerin und ich ihr nächstes Opfer.*

Tipp 4: Sammeln Sie Metaphern

Ich schreibe mir gerne ungewöhnliche Vergleiche und Metaphern aus anderen Büchern in mein Ideenbuch auf. Nicht, um sie selbst zu benutzen – das wäre Diebstahl geistigen Eigentums –, sondern um meinen Metapher-Muskel zu stärken (ha! Sehen Sie, manchmal fallen einem automatisch Bilder ein, um eine Sache zu verdeutlichen, wenn man ein wenig geübt ist). Es ist eine Übung, um das Aufstöbern von passenden Metaphern zu erleichtern.

Vergessen Sie darüber hinaus nicht, dass die Figuren auch all ihre Sinne nutzen, um ihre Welt zu erleben: Sie sehen, fühlen, schmecken, hören und riechen.

Liste mit Stilmitteln

Erinnern Sie sich an »Gedichtinterpretationen« in der Schule? Wir bekamen eine Liste mit Stilmitteln ausgehändigt, die in Gedichten gerne genutzt werden, um bestimmte Botschaften und Gefühle zu erzeugen. Natürlich haben wir konsequent infrage gestellt, »ob der Dichter uns das wirklich damit sagen wollte«. Heutzutage verstehe ich viel besser, wie vorsätzlich Stilmittel in literarischen Texten eingesetzt werden.

Und das können Sie bei Ihrem Roman auch tun.

Nun schreiben wir im Roman selten Gedichte und meiner Meinung nach lassen sich nicht alle Stilmittel auf das prosaische Schreiben übertragen, jedenfalls nicht in der Unterhaltungsliteratur, um die es hier geht. Daher habe ich Ihnen eine Liste mit empfehlenswerten Stilmitteln zusammengestellt. Nutzen Sie davon, was Sie anspricht.

Allegorie

»Bildlicher Ausdruck«. Die Allegorie ist das Gemeinte (vgl. mit »Symbol«, das das Gemeinte bedeutet). Ein abstrakter Begriff oder Gedanke wird bildhaft belebt dargestellt:

- ✔ »Justitia« = Gerechtigkeit
- ✔ »Fortuna« = Glück
- ✔ »Amor« = Liebe

Beschwingt sprang ich die Treppen hinunter. Fortuna war mir heute gnädig!

Alliteration

In unserem Fall: Mehrere Wörter (oder betonte Begriffe) hintereinander beginnen mit dem gleichen Buchstaben.

- ✔ bei Nacht und Nebel
- ✔ dummdösiger Dorfdepp

Sie drückte den Knopf und lauschte dem Summen. Alle guten Dinge des Lebens vereint in einem Raum: Kaffee, Kekse – und Konstantin.

Antithese/Gegensätze + Chiasmus

Ein Begriffspaar, das eigentlich gegensätzlich ist:

- ✔ Himmel und Hölle
- ✔ Freund und Feind
- ✔ beziehungsweise überkreuzte Begriffe: Diese Frau war Freund und Feind zugleich.

Die Shoppingtüten wurden immer schwerer und mein Portemonnaie immer leichter.

Umschreibungen

Statt des eigentlichen Begriffs wird eine Beschreibung gegeben.

Stilistisch fasse ich hier mehrere Stilmittel zusammen (Allusion, Antonomasie, Euphemismus, Metonymie, Periphrase, Synekdoche).

Da vorne ist doch der, dessen Name nicht genannt werden darf. (Allusion, Anspielung auf literarische Figur »Voldemort«)

»Krösus« statt »reicher Mann« (Antonomasie)

Ja, ich hatte jemanden ermordet. Ein kleiner Fehltritt. Passiert mal. (Beschönigende Umschreibung; Euphemismus)

Er kickte das Leder in jeder freien Minute. (»Leder« für »Ball«, Metonymie)

»Der Allmächtige steh mir bei!« (statt »Gott«, Periphrase)

Er zündete den Weihnachtsbaum an. (statt »die Kerzen am Weihnachtsbaum«; Synekdoche)

Foreshadowing

Im Text wird eine Entwicklung in der Zukunft angedeutet, die der Erzähler nur in der Rückschau geben kann. Achtung, das ist ein sogenannter »Perspektivbruch« und sollte nur sehr sparsam eingesetzt werden. Sie brechen damit absichtlich eine Regel.

Ich wusste nicht, dass es bald zu spät sein würde.

Er öffnete die Tür – etwas, das er schon Sekunden später bereuen würde.

Oxymoron / Contradictio in adjecto

Gegenteile, die aber zusammen gemeint sind:

- ✔ schwarzer Schnee
- ✔ bittersüß
- ✔ lautes Schweigen

Die Bäume ließen ihre Äste hängen und selbst die Blumen öffneten sich nicht mehr. Der Regen war trocken, die Nacht zu hell und der Krieg um Ressourcen wurde als Friedensmission verkauft.

Hyperbel: Übertreibungen

Eine Hyperbel ist eine starke Übertreibung:

- ✔ Ein Meer aus Tränen
- ✔ »Chuck Norris«-Witze, zum Beispiel: *Chuck Norris braucht keinen Honig: Er kaut Bienen.*
- ✔ »Deine Mudda«-Witze, zum Beispiel: *Deine Mudda ist so fett, die hat beim Bungee-Jumping die Brücke eingerissen.*
- ✔ Schneckentempo

Ich habe im Restaurant das ganze Buffet aufgegessen.

Ironie und Sarkasmus

Es wird das Gegenteil dessen gemeint, was gesagt wird. Eine Ironie wird nicht erklärt, sondern muss aus dem Kontext selbst geschlossen werden. Beim Schreiben ist es daher wichtig, ironische Bemerkungen deutlich zu machen, da der Tonfall fehlt, der im echten Leben oft eine große Hilfe beim Erkennen von Ironie und Sarkasmus ist. Dieses Stilmittel ist mit der Hyperbel verwandt.

- ✔ Was für eine schöne Bescherung!
- ✔ Das hast du ja mal wieder gut hingekriegt!
- ✔ Ich hab ja sonst nichts zu tun!

Sie drehte sich vor ihm einmal im Kreis. Das neue Kleid schmiegte sich an ihre Hüften.
Er hob eine Augenbraue. »Gab es das nicht mehr in deiner Größe?« [Sarkasmus]

Sie drehte sich vor ihm einmal im Kreis. Das grelle Kleid schmiegte sich an ihre Hüften.
Er hob eine Augenbraue. »Sehr zurückhaltend, dieses Neongelb. Überhaupt nicht auffällig.« [Ironie]

Metapher

Ein Bild/Begriff wird seinem normalen Umfeld entnommen und in einen anderen Kontext gesetzt, sodass ein neuer Sinn entsteht.

- ✔ Blumenmeer
- ✔ Gebrochenes Herz
- ✔ Mauer des Schweigens
- ✔ Rabeneltern

- die Spitze des Eisbergs
- Säulen der Gesellschaft

Der Liebesbrief in ihren Händen erzitterte. Seine Worte waren die Pausetaste in ihrem Leben.

Nach dem Gespräch bricht die Stille über sie herein.

Ihre Augen sind funkelnde Sterne, das Haar pures Gold, und wenn sie lacht, geht die Sonne auf.

Paradoxon

Augenscheinlicher Widerspruch.

Man muss erst einen Schritt zurückgehen, um vorwärtszukommen.

Das einzig Konstante ist der ständige Wandel.

»Weißt du«, sagte der Weise mit milder Stimme, »auch wenn du noch so arm bist, kannst du viele reich machen.«

Personifikation

Ein Gegenstand oder Ding erhält menschliche Züge. Die Personifikation ist ein Teilbereich der Metapher.

Die Sonne lacht am Himmel.

Die Vögel begrüßen den Morgen.

Im Haus war es still. Selbst die Kuscheltiere schliefen.

»Schlafes Bruder« (der Tod)

Symbol

Der Einsatz von Symbolen in Romanen ist weit verbreitet. Ein Symbol steht als Einzelnes für ein großes Ganzes:

- »Kreuz« für Christentum, Auferstehung oder Ostern
- Weiße Tauben für Frieden

Sie griff nach seiner Hand. Gemeinsam beobachteten sie das Schlachtfeld. Es war beendet. Sie hatten gewonnen. »Schau mal«, flüsterte er und sie folgte seinem Blick: Zwei weiße Tauben zogen über ihre Köpfe hinweg.

Vergleich

Ähnlich wie die Metapher, allerdings wird hier das Wort »wie« oder »als (ob)« verwendet:

- stark wie ein Löwe
- ein Mann wie ein Baum
- er sah aus, als hätte er einen Geist gesehen.

Der Liebesbrief in ihren Händen erzitterte. Seine Worte waren wie eine Pausetaste in ihrem Leben. (siehe auch »Metapher«).

Zeugma

Beim Zeugma wird ein Verb verwendet, das sich auf mehrere Objekte des Satzes bezieht. Komiker wie Heinz Erhardt haben sich oft dieses Stilmittels bedient.

Ich nahm die Schlüssel und er sich das Leben.

»Ich hatte Kopfschmerzen und das Wochenende frei.«

»Nimm dir Zeit für dich und nicht das Leben.«

Sie stellte sich dem neuen Mitarbeiter vor. »Ich heiße nicht nur Valerie Nordmann, sondern Sie auch herzlich willkommen.«

Und wie setzen Sie das um? Hier ein Beispiel aus dem Buch *Aus schwarzem Wasser*[2] von Anne Freytag, die eine ziemlich hohe Dichte an Stilmittel in ihren Texten hat und oft für ihren Schreibstil gelobt wird:

Der Ausdruck verschwindet aus ihren Augen. Dann sind sie nur noch leer (Metapher) *und blau, wie Glaskugeln, durch die niemand mehr sieht* (Vergleich). *Ihre Hand liegt tot in meiner, ihr Blick geht ins Unendliche, an mir vorbei in ein unbestimmtes Nichts. Schmutzpartikel schweben im Wasser. Ihr Haar fließt um ihr Gesicht* (Personifikation) *wie blonde Flammen* (Vergleich). *Ich will wegsehen, aber ich kann nicht. Mein Brustkorb zieht sich immer weiter zusammen* (Personifikation), *ein Gefühl, als würden meine Rippen brechen* (Vergleich). *Es dauert nicht mehr lang, dann gibt es mich nicht mehr* (Foreshadowing).

Zusammengefasst:

- ✔ Ihr Stil setzt sich aus Ihrer eigenen Perspektive auf das Romanthema, aus Ihrer Wortwahl und der Art und Weise zusammen, wie Sie Ihre Geschichte erzählen.
- ✔ Sie finden Ihre eigene Stimme beim Schreiben. Je mehr Sie schreiben und das Geschriebene analysieren, desto mehr entwickelt sich dieser Stil.

[2] Freytag, Anne, *Aus schwarzem Wasser*, bold, 2020, S. 9

IN DIESEM KAPITEL

Wie Schreibblockaden entstehen

Schreibblockaden als Mindset-Problem

Schreibblockaden als Organisationsproblem

Schreibblockaden als Projektproblem

Kapitel 22
Was tun bei Schreibblockaden?

Was sind Schreibblockaden und wie entstehen sie?

Von einer Schreibblockade sprechen Autorinnen und Autoren, wenn sie sich an den Schreibtisch setzen und auf den blinkenden Cursor starren (oder alternativ auf ein weißes Blatt Papier) und nicht wissen, was sie schreiben sollen.

Manchmal trifft es Sie direkt zu Beginn, nachdem Sie viele Planungen gemacht haben und zum ersten Mal »richtig« schreiben wollen. Häufig tritt das Phänomen auch auf, nachdem Sie die ersten zehntausend bis zwanzigtausend Wörter geschrieben haben (das sind ungefähr 40 bis 80 Seiten, also der erste Akt bei einem Roman von 300 Seiten). Natürlich kann auch einfach das normale Leben so aufwühlend sein, dass an entspanntes Schreiben nicht zu denken ist.

Schreibblockaden sind in meinen Augen entweder ein Mindset-, Organisations- oder ein Projektproblem. Je nach Ursache können Sie es unterschiedlich lösen.

Fehlende Motivation oder Probleme beim Durchhalten sind ganz normal bei einem so großen Projekt. Blockaden sind kein Zeichen für mangelnde Fähigkeiten, sondern normaler Bestandteil kreativer Prozesse. Wer kreativ ist, zweifelt in der Regel auch viel. Lernen Sie, es als Teil des Weges zu sehen.

Schreibblockaden als Mindset-Problem

Wie Sie vielleicht noch aus dem ersten Teil dieses Buches wissen, beeinflussen Ihre unbewussten Gedanken Ihre Gefühle und Ihre Gefühle steuern Ihre spontanen Handlungen.

Im Coaching gilt auch »Schreibblockade haben« als Handlung, also als Ergebnis aus Gedanken und Gefühlen. Es stellt sich also nur die Frage, welche Gedanken dazu geführt haben.

Ihre Gedanken lösen Gefühle aus – nicht Ihr Projekt oder etwas anderes in Ihrer Welt.

Wann tritt die Blockade auf?

Halten Sie inne und überlegen Sie, wann diese Blockade zuletzt aufgetreten ist. Geschieht das situationsabhängig oder gab es in letzter Zeit auch Phasen, in denen alles gut geklappt hat? Was war gegebenenfalls der (gefühlte) Unterschied?

Finden Sie dann durch weitere Fragen an sich selbst heraus, wieso Sie in diesen Situationen unterschiedlich gedacht haben.

Was denken Sie gerade über das Schreiben?

Meistens erzählen wir uns irgendwelche alten Geschichten über unsere Fähigkeiten und die schwarze Zukunft, die uns bevorsteht.

Nehmen Sie sich Zeit, um wirklich aufzuschreiben, welche Gedanken durch Ihren Kopf ziehen, wenn Sie sich an Ihr Manuskript setzen.

Beispiele:

- ✔ Ich schreibe (oder bin) nicht gut genug.
- ✔ Das will eh niemand lesen.
- ✔ Wie peinlich … wenn das jemand lesen würde!
- ✔ Ich bin viel zu langsam. / Das dauert alles zu lange.
- ✔ Ich kann erst weitermachen, wenn der Text perfekt ist (oder »gut genug«).

Diese Sätze sind keine Fakten, sondern Geschichten, die wir irgendwann mal für wahr gehalten haben. Aber sie sind keine universellen Wahrheiten.

Wie würde jemand über sein Manuskript denken, den Sie bewundern?

Mir hilft es bei Zweifeln, mir zu überlegen, wie andere Menschen mit den gleichen Problemen umgehen. Im Internet kursieren so viele Zitate von Schriftstellerinnen und Schriftstellern, die Sie inspirieren können!

Erfolgreiche Autorinnen und Autoren haben akzeptiert, dass Zweifel als Teil des Prozesses auftreten können – und schreiben trotzdem einfach weiter, auch wenn es sich unangenehm anfühlt (siehe Unterkapitel »Unangenehme Gefühle sind der Preis für Erfolg« im Kapitel über Selbstzweifel).

»Mach nicht mittendrin schlapp. Wenn du dich im Plot verloren hast oder du nicht weiterweißt, verfolge deine Schritte zurück, bis dahin, wo du falsch abgebogen bist. Dann nimm die andere Route.« – Margaret Atwood

Prüfen Sie Ihr Thema und Ihr Warum

Wenn ich keine Lust auf ein Schreibprojekt habe, dann versuche ich, das Problem von verschiedenen Richtungen anzupacken: Einerseits hinterfrage ich meine Gedanken und finde heraus, woher die Unlust oder die Blockade kommt.

Gleichzeitig sorge ich dafür, die äußeren Faktoren zu optimieren: Ich mache es mir schön, meditiere vielleicht vorher, brühe frischen Kaffee auf und zünde Kerzen an. Je wohler ich mich fühle und je besser meine Laune ist, desto leichter überwinde ich die Unlust. Außerdem sorge ich für möglichst wenig Ablenkung durch Kinder, Handynachrichten und das Internet.

Anschließend verbinde ich mich mit meinem »Warum«, über das es ebenfalls im Kapitel über Selbstzweifel ging (der »Goldene Kreis«, erinnern Sie sich?). Warum wird diese Geschichte am Ende trotzdem Herzen erfreuen? Warum ist es wichtig, sie aufzuschreiben? Was könnte sie idealerweise bewirken, auch wenn es nur bei einer einzigen Person ist?

Das führt mich immer wieder zurück zu meinem gewählten Romanthema, das ich zwischen den Zeilen bearbeite. Wenn ich nach wie vor dafür brenne, stellt sich die Motivation bald wieder ein.

Übrigens erstelle ich mir in ganz herausfordernden Phasen auf `www.canva.com` ein vorläufiges Buchcover, das mein fertiges Buch symbolisiert. Wenn ich mir vorstelle, wie dieses Buch irgendwann in den Händen meiner Leserschaft sein wird, motiviert mich das, weiterzumachen.

Finden Sie den Schwan

Die häufigste Aussage, die ich von zweifelnden Autorinnen und Autoren höre, lautet: Mein Text ist nicht gut genug. Wissen Sie noch, was ich im Kapitel über Klischees geschrieben habe? Ein Schwan war immer ein Schwan, auch wenn er als Küken nicht danach aussieht.

Das gilt auch für Ihren Text.

Er mag jetzt so aussehen wie ein frisch geschlüpftes Küken: schrumpelig, nackt, vielleicht etwas nass, mit einem riesigen Kopf und Stummelflügeln.

Na und? So bleibt dieses Küken doch nicht! Und Ihr Text ebenso wenig.

Wovor haben Sie Angst? Vor Ihnen liegt ein Schwanküken.

Setzen Sie sich kleine Ziele

Vielleicht fühlen Sie sich auch von dem ganzen Vorhaben überfordert, etwas so Großes wie einen Roman zu schreiben? Dann hilft es, sich kleine Ziele zu setzen: heute nur eine Seite. Wenn Sie jeden Tag eine Seite schreiben, haben Sie Ihren Entwurf in einem Jahr fertig. Oder in einem halben, wenn Sie zwei Seiten pro Tag schreiben. Eine bis zwei Seiten liegen absolut im Rahmen des Machbaren, auch wenn Sie keine Erfahrung haben.

Wie sähe es aus, wenn es jetzt einfach wäre?

Manchmal machen wir es uns zu kompliziert. Wenn alles ganz einfach wäre, wie sähe das aus? Und warum machen Sie das nicht einfach so?

Was brauchen Sie, um in »Schreibstimmung« zu kommen?

Finden Sie heraus, unter welchen Umständen Sie natürlicherweise gut schreiben können. Ist es möglich, diese Situationen teilweise oder ganz zu kreieren? Berücksichtigen Sie dafür auch den Notfallkoffer im Kapitel über Selbstzweifel.

Schreibblockaden als Organisationsproblem

Die Organisation Ihres Lebens hängt eng mit dem Mindset zusammen. Manchmal bricht das Leben über Sie herein und Sie schaffen es zwar, sich an den Schreibtisch zu setzen, aber Ihre Gedanken schweifen ständig ab.

»Dürfen« Sie gerade schreiben?

Wäscheberge, Staubflusen, leerer Kühlschrank und jammernde Kinder: Je nachdem, welche Aufgaben Sie bisher in Ihrem Familiengefüge oder in Ihrem Leben übernommen haben, können Probleme auftreten, wenn Sie nicht mehr wie gewohnt »funktionieren«. Ein Projekt wie einen Roman kann man selten »mal eben so« im Alltag integrieren, ohne dass es jemandem auffällt.

Das führt nicht selten zu dem Gedanken »Ich will ja schreiben, aber eigentlich müsste ich …« und schon bekommen Sie ein schlechtes Gewissen, weil Sie lieber beschreiben, wie sich Annabelle und Leonie ihrem ersten Kuss hingeben, als staubzusaugen oder die Schrauben an der klappernden Tür nachzuziehen.

- ✔ Was beschäftigt Sie, sobald Sie am Manuskript sitzen?
- ✔ Was fordert Ihre Energie? Ist das nur temporär oder anhaltend?

Finden Sie heraus, was gerade wichtig ist. Besprechen Sie die verschiedenen Prioritäten familienintern und klären Sie, was gerade wirklich wichtig ist.

Prüfen Sie Ihre Aufgaben

Die meisten Dinge, die Sie tun, sind notwendig, aber vielleicht nicht alle. Gibt es Aufgaben, die Sie nur machen, weil sich sonst niemand dazu bereit erklärt hat? Tun Sie Dinge aus Gewohnheit, die keinen Sinn erfüllen? Oder machen Sie etwas, um anderen zu gefallen, obwohl es Ihnen eigentlich gleichgültig ist?

Entscheiden Sie sich bewusst dafür – oder dagegen.

Berücksichtigen Sie auch die Tipps aus dem Kapitel »Was Sie vom Schreiben abhält: Fehlende Zeit«.

Wechseln Sie Platz und Gerät

Häufig kann es schon helfen, den Platz zu wechseln und da zu schreiben, wo Sie normalerweise entspannt sind. Oder versuchen Sie es im Café, in der Bahn, in der Bücherei, in einem Museum, im Wald oder an einem anderen Ort, den Sie mögen.

Versuchen Sie außerdem mal, das Medium zu variieren: Diktieren Sie Ihre nächste Szene spaßeshalber oder schreiben Sie in Ihr Notizbuch.

Schreibblockaden als Projektproblem

Natürlich kommt es auch immer wieder vor, dass es tatsächlich an Ihrem Projekt liegt. Wenn Sie die Figuren und den Plot mit keinem Profi besprochen haben, dann können Sie nicht wissen, ob es ein Problem in diesem Bereich gibt, denn Sie stehen sich selbst im Weg.

Lassen Sie mich Ihnen dennoch ein paar Fragen an die Hand geben, an denen Sie sich orientieren können. Lesen Sie gegebenenfalls die entsprechenden Kapitel noch einmal durch.

Fragen zur Orientierung

- ✔ Wo im Manuskript befinden Sie sich (handwerklich gesehen)? (Einführung? Zweiter Akt? Tiefpunkt?)
- ✔ Steuern Sie auf etwas Spannendes zu? (Twist, Gefahr, überraschende Wende?)
- ✔ Wissen Sie, was als Nächstes kommt? (Das müssen Sie nicht unbedingt im Detail wissen, aber manchmal hilft es.)

Fragen zur Szene

- ✔ Was ist Sinn und Zweck dieser Szene aus handwerklicher Sicht?
- ✔ Was ist das Ziel der Perspektivfigur in dieser Szene?

- ✔ Welche Ziele (oder welche Agenda) haben die anderen Figuren dieser Szene?
- ✔ Gibt es äußere Konflikte?
- ✔ Widersprechen sich die Ziele der Figuren? Wenn alle das Gleiche wollen und einer Meinung sind, fehlt es an Spannung.
- ✔ Wer oder was steht der Perspektivfigur bei der Erreichung ihres Szenenziels im Weg? Warum?
- ✔ Bringt diese Szene etwas Neues in die Geschichte? (Neuen Konflikt, neue Information, die nirgends untergebracht werden kann? Neue Figuren?)
- ✔ Mit welchem Gefühl geht die Perspektivfigur in die Szene hinein und wie ist sie am Ende? Hier sollte es einen deutlichen Unterschied geben.
- ✔ Müssen Sie die Szene jetzt schreiben oder könnten Sie auch erst einmal mit einer anderen weitermachen? Auf welche Szene hätten Sie jetzt mehr Lust?
- ✔ Ist Ihnen klar, was das Thema Ihrer Geschichte ist? Wie greifen Sie es in dieser Szene auf?
- ✔ Quetschen Sie zu viel in eine Szene? Manchmal hilft es, Szenen zu vereinfachen, statt noch mehr Konflikte reinzunehmen.

Vielleicht brauchen Sie auch mehr Ordnung in Ihrem Kopf. Ich persönlich erstelle mir für ein neues Projekt immer eine DIN-A4-Seite, auf der die wichtigsten Punkte enthalten sind: neben dem Arbeitstitel natürlich die Grundidee, Stichpunkte zu den Figuren (besonders ihre Anfangslügen und die Wahrheit, die sie erkennen sollen), Notizen zur Kulisse, zum Setting, zu den Tropes, den Konflikten und auf den darauf folgenden Seiten die Übersicht über die 20 Meilensteine. Das hilft mir, mich auf das »Wie« in der Geschichte zu konzentrieren.

Zusammengefasst:

- ✔ Schreibblockaden passieren und lassen sich wieder lösen.
- ✔ Oft sind es unsere Gedanken, die uns Zweifel einflüstern wollen.
- ✔ Probieren Sie verschiedene Methoden aus, um wieder ins Schreiben zu kommen.
- ✔ Prüfen Sie, ob Schreiben aktuell wirklich wichtig ist oder ob sich andere Dinge in Ihrem Leben gerade als wichtiger herausstellen.
- ✔ Prüfen Sie anschließend, ob strukturell mit Ihrem Roman alles passt.

IN DIESEM KAPITEL

So überarbeiten Sie Ihren Plot und jede Szene

So überarbeiten Sie Ihre Figuren

So feilen Sie an Ihrem Stil

Kapitel 23
So überarbeiten Sie Ihren Text

Dieser Teil des Buches ist erst interessant, wenn Sie Ihren ersten Entwurf hinter sich gebracht haben. Schreiben Sie Ihre Geschichte, ohne gleich darüber nachzudenken, ob Sie bereits die schönsten Worte dafür gefunden haben.

Ihren Text überarbeiten

Für mich persönlich hat sich dabei folgende Herangehensweise bewährt:

1. **Das ganze Manuskript in einem Rutsch durchlesen und lediglich Anmerkungen in Form von Kommentaren und Markierungen machen** – keine Änderungen am Text vornehmen (außer vielleicht hier und da einen Rechtschreibfehler korrigieren, wenn er Ihnen auffällt).

   Achten Sie beim Lesen auf Logikfehler (»Warum ruft er nicht gleich bei ihr an?«), auf Kontinuitätsfehler (»Eben hatte sie doch noch rote Haare, warum jetzt blond?«), Spannungsabfall (»Ab hier wird es langweilig«) und machen Sie sich Notizen, die Ihnen passend erscheinen. Bei mir steht häufig »mehr Atmosphäre« oder »Mehr Gefühl!«, weil das im ersten Entwurf bei mir oft zu kurz kommt.

2. **Die Kommentare einarbeiten**, also jeden Kommentar durchgehen und umsetzen. Das kann vertiefte Recherche bedeuten oder Sie überlegen sich, warum eine Szene sich nicht so spannend liest, wie Sie es sich vorgestellt haben. In den folgenden Abschnitten finden Sie dazu Fragestellungen.

   Der Fokus liegt hierbei vor allem auf der Struktur: Plot-Aufbau, Akt-Aufbau, Kapitelaufbau, Szenenaufbau.

3. **Wenn nötig, die Figuren nachschärfen**. Kommt der Charakter so lebendig durch, wie Sie es sich wünschen?

4. **Stimmt die Atmosphäre; die Tonalität? Passt das Tempo?**
5. **Welche stilistischen Änderungen sind sinnvoll?** Mehr oder weniger Metaphern? Können Sie die Kapitel spannender enden lassen?
6. Zuletzt mache ich einen Durchgang nur für die **Dialoge**, da sie in meinen Büchern einen Kern meines Stils ausmachen. Wenn das für Sie passt, übernehmen Sie es gern.

Sehen Sie sich das im Einzelnen an. Ich starte mit den Figuren, denn ich glaube, lesen und kommentieren können Sie bereits ohne meine Unterstützung.

Überarbeiten Sie Ihren Plot

Auch auf die Gefahr hin, mich erneut zu wiederholen: Sie wissen erst, was für eine Geschichte Sie geschrieben haben, wenn Sie »Ende« unter den ersten Entwurf tippen. Bis dahin haben Sie lediglich einen mehr oder weniger ausgereiften Plan.

Aus diesem Grund sollten Sie bei Ihrer Überarbeitung noch einmal den Plot prüfen, auch wenn Sie ihn bereits ganz am Anfang durchdacht haben.

Hangeln Sie sich an diesen Fragen entlang:

Enthält die Grundidee ungewöhnliche oder neuartige Elemente?

Sie erfinden das Rad nicht neu, aber Sie kombinieren Räder, Ketten, Zahnräder, Schrauben, Stangen und Farbe in einer Art und Weise, wie es bisher niemand getan hat. Oder nicht? Dann überlegen Sie, ob es Aspekte gibt, die Sie anders darstellen können.

Gibt es eine klare Kernfrage für den Roman?

Ein deutliches Ziel für die Hauptfiguren hilft nicht nur beim Spannungsaufbau, sondern unterstützt auch Sie dabei, eine lesenswerte Geschichte zu erschaffen. Mit dieser Frage überprüfen Sie nämlich, ob es in Ihrem Roman immer nur darum geht, einem inneren Wunsch zu folgen, oder ob Sie Ihre Figuren und den Plot vielschichtig angelegt haben (Beispiel: »Wird Emily es rechtzeitig schaffen, den Fluch zu brechen, der ihrer großen Liebe das Leben kosten wird?«).

Haben Sie ein moralisches Dilemma eingebaut?

Das ist zwar nicht zwingend notwendig, aber die Wahl zwischen Pest und Cholera ist spannender als die Wahl zwischen Pest und Gesundheit. Überprüfen Sie mal, ob Ihre Figuren tatsächlich vor schwierigen Entscheidungen stehen. Eine Möglichkeit, die Entscheidungsfindung zu erschweren, ist der Einbau moralischer Dilemmata.

Steht immer mehr auf dem Spiel? (Stichwort »Fallhöhe«)

Vielleicht geht es Ihrer jungen Baronesse am Anfang nur darum, diesen langweiligen Ball hinter sich zu bringen, aber schon ab Mitte des ersten Akts sollte klar werden, dass sie etwas möchte (oder zu etwas gebracht wird), was bei Nichterfüllung unangenehme Konsequenzen hätte.

Diese Konsequenzen werden dramatischer, je weiter die Geschichte voranschreitet.

Wenn Sie ein Happy End haben, passt das in den meisten Fällen wunderbar zur Geschichte und ist zwar »vorhersehbar«, aber angemessen. Dennoch: **Hat man beim Lesen das Gefühl, die beiden werden es nie schaffen, diese Beziehung zu retten?**

Schließlich wollen wir als Leserinnen und Leser mitfiebern und durch Höhen und Tiefen gehen. Die Achterbahn der Gefühle sollte glaubhaft sein und die Zukunft unserer Figuren muss tatsächlich ungewiss sein, damit es spannend bleibt.

Haben Sie überraschende Wendungen eingebaut?

Die Ungewissheit über den Ausgang des Romans wird auch durch Überraschungen und Twists hervorgerufen. Hierbei gibt es eine Faustregel, je nachdem, wie temporeich Ihr Roman sein soll:

- ✔ Gemächliches Tempo: ca. alle 100 Seiten ein Twist beziehungsweise eine Überraschung
- ✔ Moderates Tempo: ca. alle 60 Seiten ein Twist beziehungsweise eine Überraschung
- ✔ Hohes Tempo: ca. alle 30 Seiten ein Twist oder eine Überraschung

Halten Sie sich nicht sklavisch daran, aber schauen Sie mal nach, wie sich die Überraschungen in Ihrem Roman verteilen.

Haben Sie Rückblenden, die man streichen kann?

Wenn es Rückblenden gibt, haben diese eine zusätzliche Funktion als nur Informationsübermittlung? Rückblenden können dann eingesetzt werden, wenn sie eine eigene Geschichte erzählen, die wichtig für die Hauptgeschichte ist.

Schreiben Sie testweise ein Roman-Exposé, als würden Sie es einem Verlag anbieten wollen. Das hilft Ihnen, die Kernidee Ihres Romans zusammenzufassen, und zeigt Ihnen auf, wo Sie noch nachschärfen können.

Eine Anleitung zur Erstellung eines Exposés finden Sie über den QR-Code und auf `vomschreibenleben.de/expose`.

Entwickelt sich die Geschichte organisch aus sich selbst heraus?

Manchmal bekommt man beim Lesen das Gefühl, bestimmte Szenen, Dialoge, Eigenarten oder Wendungen sind nur enthalten, weil der Autor/die Autorin damit etwas zeigen will oder weil es sich vielleicht um etwas Persönliches handelt.

Passt die Erzählperspektive?

Passen die Perspektive und die Geschichte gut zusammen? Häufig werden Sie entweder die Ich-Perspektive oder den personalen Erzähler gewählt haben. Ändern Sie die Erzählperspektive, wenn Sie die Perspektivfigur wechseln? Wenn ja, fühlt sich das stimmig an?

Üblich wäre es, den personalen Erzähler zu nutzen, wenn Sie mehr als eine Perspektivfigur verwenden, aber heutzutage liest man auch sehr viele Romane mit zwei Ich-Erzählern.

Passen die gewählten Perspektivfiguren?

Ebenso wie die Erzählperspektive können Sie auch die Figuren auf den Prüfstand stellen. Wäre die Geschichte fesselnder, dramatischer oder tiefgründiger, wenn Sie eine andere Perspektive dazunähmen? Oder, im Gegenteil, würde die Geschichte davon profitieren, eine Perspektive zu streichen?

Wählen Sie, wenn Sie das Handwerk noch nicht beherrschen, bitte nicht mehr als drei oder vier Perspektiven. Alles andere führt mit großer Wahrscheinlichkeit zu einer Verflachung Ihrer Geschichte, weil Sie mehr als vier Geschichten innerhalb eines Romans schlecht auserzählen können (wenn Sie nicht gerade planen, achthundert, tausend oder mehr Seiten zu schreiben).

Sind die Nebenhandlungen notwendig?

Sie werden neben der Liebesgeschichte möglicherweise eine Rahmenhandlung haben. Ist diese in sich spannend und lesenswert, auch ohne die Liebesgeschichte? Oder gibt es noch Verbesserungspotenzial?

Und haben Sie darüber hinaus noch mehr Nebenhandlungen aufgetan? Das passiert oft beim freien Schreiben ohne vorigen Plan. Wenn ja, gleiche Frage: Ist diese Nebenhandlung spannend und brauchen Sie sie für die Liebesgeschichte?

Wenn nein: Was tut sie dann hier?

Lösen Sie Ihre Versprechen ein?

Wenn ich als Leserin Ihr Buch in die Hand nehme, geben Sie mir ein paar Versprechen:

- ✔ Es wird um Liebe gehen.
- ✔ Die beiden werden es schwer haben.
- ✔ Ich werde große Gefühle erleben, von himmelhochjauchzend bis »zu Tode betrübt«.

Und je nach Subgenre kommen weitere Versprechen hinzu, die sich aus der Erwartungshaltung an das Subgenre speisen. Eine romantische Komödie ohne Ironie, Missgeschicke und peinliche Momente? Das hatten Sie mir anders versprochen!

Stimmt der Ton?

Wird beim Lesen die Stimmung erzeugt, die Sie sich wünschen? Wo kommt noch ganz die gewünschte Atmosphäre auf? Experimentieren Sie mit:

- ✔ Show, don't tell
- ✔ Sinneseindrücken
- ✔ stimmungsbildenden Wörtern

Ist das Ende befriedigend?

Es sollte verdient und erarbeitet sein, dabei authentisch bleiben und möglichst einen emotionalen Abdruck hinterlassen. Wie sähe ein offenes Ende aus? Wie ein tragisches? Und ein glückliches? Ziehen Sie verschiedene Enden in Erwägung, falls Sie unsicher sind, welches das beste ist, und schreiben Sie sie!

Könnte das Ende einen Twist bekommen?

Nicht alle Texte profitieren von einem Twist auf der letzten Seite, aber vielleicht passt es ja zu Ihrem Buch. Ein guter Twist will vorbereitet sein, doch nicht immer fällt uns bereits in der Planungsphase etwas Gutes ein. Lassen Sie sich während der Überarbeitung offen, das Ende so oft zu variieren, bis Sie zufrieden sind. Es ist immerhin das Letzte, was Ihre Leserschaft von der Geschichte mitnimmt.

Überarbeiten Sie Ihre Figuren

Können Sie aus dem Kopf sagen, was Ihre Figur heute trägt? Wie ihre morgendliche Routine aussieht? Wie sie ihre Einschulung empfunden hat?

Wenn nicht, ist das nicht verwerflich, aber ein möglicher Hinweis auf Ausbaupotenzial.

Machen Sie den »Würde er wirklich …?«-Test

Diesen Begriff habe ich vor vielen Jahren bei Autor und Schreibcoach James N. Frey aufgeschnappt. Sie kennen Ihre Figur. Gehen Sie mit wachen Augen durch die Szenen und fragen sich: Würde er/sie das wirklich machen/sagen/denken? Ich erwische mich selbst sehr oft dabei, meinen Kundinnen und Kunden diese Frage zu stellen, wenn wir über die Motivation ihrer Figuren sprechen.

Kann man sich die Figur bildlich vorstellen?

Nur, weil Sie ein konkretes Bild der Figur vor Augen haben, heißt das noch lange nicht, dass Sie uns dieses Bild auch vermittelt haben. Überprüfen Sie, wie Sie die Figuren dem Äußeren nach beschrieben haben. Je einfacher sich eine Figur stilisieren lässt, desto leichter bleibt sie im Kopf.

Findet sich das Romanthema in Ihren Figuren wieder?

Es ist keine zwingende Grundvoraussetzung für den Erfolg Ihres Romans, gibt Ihrem Buch aber eine zusätzliche Tiefe. Sagen wir, das Thema in Ihrem Roman ist »Vergebung«: Findet sich das Thema in Ihrer Figurengestaltung wieder?

Will man mit Ihren Figuren seine Freizeit verbringen?

Machen Sie sich bewusst, dass wildfremde Menschen ihr kostbares Gut »Zeit« für Ihre Geschichte zur Verfügung stellen werden. Sie verbringen ihre Zeit aber ungerne mit Figuren, die sie nicht berühren oder die ihnen zu unsympathisch sind, gerade im Liebesroman.

Sind Ihre Figuren interessant, weil sie ungewöhnlich sind, dennoch lebensnah erscheinen und Fragen aufwerfen? Haben Sie diese Fragen auch beantwortet? (Haben Sie bei einem Mehrteiler Fragen offen gelassen?)

- ✔ Sind die Namen Ihrer Figuren aussprechbar?
- ✔ Ist klar, wer die beiden Hauptfiguren sind? (Spätestens ab dem »Meet Cute«)
- ✔ Kommen die besonderen Eigenschaften Ihrer Figuren schon im ersten Kapitel heraus, in dem wir sie kennenlernen?
- ✔ Hat jede Figur in ihrer Szene zu ihrem Leben passende Probleme?
- ✔ Bringt diese Figur etwas Eigenes mit, das man so nicht kennt oder erwartet? (Zum Beispiel ein Arzt, der keine Menschen mag; ein Einsiedler mit Hunderttausenden Followern, ein Sänger, der nicht singen kann, …)

Machen Sie Klischees ausfindig – innerhalb des Subgenres

Hin und wieder geraten wir beim Schreiben in die Klischeefalle, insbesondere, wenn wir gerade im Flow waren. Da kauft die Heldin doch noch schnell eine Handtasche im Sale, der Held wurde mal verlassen und kann seither nicht mehr lieben, und wenn die beiden miteinander schlafen, gibt es multiple Orgasmen.

Wenn genau das allerdings die Erwartungshaltung an Ihr Subgenre ist, dann sollten Sie natürlich nicht zu viel verändern. In einigen Heftromanen beispielsweise sind die Figuren absichtlich wie Abziehbilder gestaltet. Setzen Sie sich daher mit den Genrekonventionen auseinander.

Haben Sie die Backstory der Figuren elegant eingebunden?

Wir wollen Ihre Figuren kennenlernen und interessieren uns für die Hintergründe. Nichts ist jedoch langweiliger, als wenn eine Figur einen langen Monolog über ihr Leben hält (okay, das war übertreiben: Steuererklärung machen ist noch langweiliger).

So können Sie das tun:

- ✔ ***Show, don't tell:*** Die Handtasche glitt ihr aus den Fingern und ihr Inhalt verteilte sich auf dem Supermarktboden. Lippenstift, Tampons, Kugelschreiber, ihr Portemonnaie und das Pfefferspray, das sie seit jener Nacht immer bei sich trug.
- ✔ ***Dialoge, gerne häppchenweise***: »Du magst keine Züge?« – »Nicht, seit ich mal ein unschönes Erlebnis hatte. Aber lass uns nicht darüber sprechen. Wollen wir?«
- ✔ ***Sinneseindrücke, die Erinnerungen hervorrufen:*** Das pünktliche Läuten der Kirchturmuhr erinnerte sie daran, wie sie als Kind zu dieser Zeit nach Hause gelaufen war.
- ✔ ***Fragen provozieren:*** *Sie setzte sich mit dem Rücken zur Wand, sodass sie die Tür im Blick hatte. Nie wieder würde sie sich einem leichtsinnigen Risiko ausliefern.* (Man fragt sich: Was ist passiert? Wir wissen aber, dass irgendetwas passiert ist, was höchstwahrscheinlich mit einer Tür zu tun haben könnte.)

Teilen Sie Gefühle, Gedanken und Einordnungen der Figuren mit uns

Dies ist der beste Trick, um sich Ihren Figuren nahe zu fühlen. Ich habe mal einen Roman geschrieben und einer befreundeten Autorin zum Testlesen gegeben. Die häufigste Rückmeldung war »Was denkt sie darüber?«, »Was fühlt sie hier?« Für mich war das in diesen Szenen klar, aber ich hatte es nicht auf das Papier gebracht.

Versucht Ihre Figur aktiv, ein Ziel zu erreichen?

In der ersten Hälfte des Romans darf die Figur eher auf äußere Umstände reagieren und erst später aktiver werden, aber dennoch wäre es gut, wenn sie selbst aktiv die Geschichte durch ihr Handeln voranbringt.

Hat die Figur ihren Aha-Moment?

Wenn Sie sich mehr oder weniger an die Struktur der Girlandenmethode gehalten haben, sollte um den 17. Meilenstein herum ein Aha-Effekt bei mindestens einer Hauptfigur zu sehen sein. Prüfen Sie, ob dem so ist. Das ist eine für Ihre Figur äußerst wichtige Szene. Kommt sie so gefühlsstark rüber, wie Sie es möchten?

Hat Ihre Figur eine starke Motivation?

Viel zu oft fragt man sich beim Lesen, wieso eine Figur eigentlich gerade dieses oder jenes macht. Prüfen Sie, ob Ihre Figur ein starkes Ziel für diesen Roman hat (oft verbunden mit der Rahmenhandlung) und inwieweit ihr inneres »Herzensloch« der Erreichung entgegensteht. Wenn Sie es schaffen, wäre es schön, wenn Ihre Figur das äußere Ziel erst (und nur) dann erreicht, wenn sie sich der Liebe geöffnet hat.

Überarbeiten Sie jede Szene

Beginnt und endet die Szene zum optimalen Zeitpunkt?

Wenn Schreibcoaches gefragt werden, wann man eine Szene beginnen und beenden sollte, werden die meisten antworten: »So spät wie möglich einsteigen und so früh wie möglich wieder raus.«

Leider existieren in Büchern zahllose Szenen, die sich nicht an diese Vorgabe halten. Da wird fleißig erklärt, lamentiert, drei Seiten innerer Monolog geschrieben über das, was am Vortag war (wir waren dabei, warum wiederholst du alles noch mal?) und dann, wenn die Szene vorbei ist, dümpelt sie so vor sich hin.

Schauen Sie nach, ob sich der erste (zweite, dritte) Satz der Szene wegnehmen lässt, ohne die Szene zusammenbrechen zu lassen.

Verändert sich die »Energetik« in jeder Szene?

Sie können eine Szene positiv oder negativ starten (bitte möglichst selten »neutral«, das ist nicht sehr spannend). Achten Sie darauf, anschließend diese »Energetik« zu verändern: Wird aus der anfangs positiven Stimmung eine negative? Oder umgekehrt? Sie können auch eine Szene positiv starten, negativ werden lassen und dann wieder positiv enden. Oder natürlich andersherum.

Gibt es in der Szene mindestens einen Konflikt?

Es können (und werden) auch mehrere Konflikte parallel verlaufen. Manche entstehen in dieser Szene und werden auch hier aufgelöst. Andere haben in einer anderen Szene begonnen und ziehen sich noch immer durch. Sie haben vermutlich äußere Konflikte (zum Beispiel Zeitdruck oder äußere Ziele) und innere Konflikte (zum Beispiel mangelndes Vertrauen zu einer Figur), die mal mehr, mal weniger im Vordergrund stehen.

Provozieren Sie in jeder Szene Fragen?

Versuchen Sie, auf jeder Seite Fragen aufzuwerfen und zu beantworten. Lesegenuss entsteht genau durch diese kleinen Haken, die Sie auswerfen, einholen und wieder auswerfen.

Aber Achtung: Sorgen Sie dafür, dass alle Fragen am Ende beantwortet sind! Außer natürlich die, die Ihre Leserschaft zum nächsten Band bringen soll, wenn Sie einen Mehrteiler schreiben.

Überarbeiten Sie Ihren Stil

Nun geht es an den Feinschliff. Es geht nun um Dialoge, Stilmittel, Füllwörter und alles, was noch zwischen Ihnen und einem lesenswerten Roman steht.

Erfüllt jeder Dialog einen Sinn – innerhalb der Geschichte und handwerklich?

Haben Sie versehentlich Dialoge geschrieben, obwohl es ein einfaches »Sie beschlossen, nach Westen zu gehen« gereicht hätte? Wenn es um nichts als eine bloße Information für die Leserschaft geht, ist ein Dialog oft überdimensioniert.

Gibt es im Dialog Konflikt?

In seltenen Fällen kann ein Dialog mit wenig Konflikt auskommen, insbesondere, wenn Sie eine entspannte, sichere Atmosphäre erschaffen wollen. Aber warum sollte sich eine Figur nicht sicher fühlen? Dieser »Konflikt« – Angst zu haben, trotz des Wunsches, sich zu entspannen – kann im Dialog gespiegelt werden.

Charakterisieren Sie Ihre Figuren durch den Dialog?

Was wir sagen, spricht Bände, ohne weitere Worte zu verwenden. Die Wortwahl spielt eine genau so große Rolle wie das, was gesagt wird. In Dialogen zeigen Sie als Autorin oder Autor, wer diese Figur ist.

Haben Sie Inquit-Formeln mit Bedacht benutzt?

»Er sagte« ist völlig in Ordnung in den meisten Fällen. Sie müssen nicht ständig Synonyme dafür finden. Effektiver ist es, diese Inquit-Formeln mit aktiver Handlung abzuwechseln.

Konstruktionen wie *»Sei doch nicht so!«, lachte er* sind eher unglücklich, weil man gemeinhin keinen Satz lachen kann. Auch das beliebte *»Ich mag dich auch«, lächelte sie* ist anatomisch schwierig. Jedoch kann man etwas sagen und dann lachen oder lächeln:

»Sei doch nicht so!« Er lachte.

»Ich mag dich auch«, sagte sie lächelnd.

Klingen Ihre Dialoge lebensnah genug, aber nicht zu sehr?

Versuchen Sie, die Waage zu halten zwischen Sätzen, die aus dem Leben gegriffen sind, und Sätzen, die korrekt sind.

»Ich schlage dir vor, dass wir nachher noch einkaufen gehen« wird zu *»Lass uns doch nachher noch einkaufen.«*

Und noch ein Tipp: Lesen Sie den Dialogabschnitt mal laut vor, als würden Sie eine Lesung geben oder eine Hörbuchaufnahme machen. Klingt es spannend und nach dem Gefühl, nach dem es klingen soll?

Haben Sie Sätze im »Aktiv« formuliert (statt im »Passiv«)?

Die Beschreibung dieser beiden Gegensätze rechtfertigt bereits den Tipp: Wenn Sie Sätze im »Aktiv« schreiben, wirkt alles dynamischer. Passiv macht passiv. Wer handelt?

So wird aus *In der Kneipe hat eine Schlägerei stattgefunden* beispielsweise der Satz *Zwei Männer haben sich in der Kneipe geprügelt* oder *Ein Betrunkener hat einen jungen Studenten zusammengeschlagen.*

Keine Sorge, Sie müssen nicht auf jedwede Passivkonstruktion verzichten. Entscheiden Sie sich bewusst dafür oder dagegen. »Die Tür wurde geöffnet« ist völlig in Ordnung, wenn die Perspektivfigur nicht wissen kann, wer das tut.

Haben Sie Füllwörter gestrichen?

Im ersten Entwurf – insbesondere, wenn Sie Ihren Text im »Flow« geschrieben haben, also wenn der Text wie von selbst aus den Fingern floss – rutschen zu viele Füllwörter in das Manuskript, die in der Überarbeitung gestrichen werden sollten. Das sind Wörter und Floskeln, die den Text nicht beeinflussen.

Achten Sie auf Wörter wie eigentlich, irgendwie, ziemlich, ganz, einfach, vielleicht, sozusagen, jedenfalls, halt, eben, wohl, schon, ja, gerade quasi, doch, nun, natürlich, total, …

In Dialogen können diese Wörter sinnstiftend sein, wenn sie die Figur charakterisieren und für Lebendigkeit sorgen. Auch in der Ich-Perspektive kann es stilistisch passend sein, den Text so zu verfassen, wie die Figur ihn erzählen würde. Letztlich hängt es davon ab, wie Sie schreiben wollen. Sie können die Regel »keine Füllwörter benutzen« brechen, aber brechen Sie sie vorsätzlich.

Wiederholen Sie sich?

Solange Sie noch kein professionelles Schreibprogramm benutzen, das Ihnen Wortwiederholungen markiert, müssen Sie selbst ran. Lesen Sie den Textabschnitt, den Sie gerade überarbeiten, laut vor, um Wortwiederholungen ausfindig zu machen. Das gilt für:

- ✔ Dass-Sätze (ich bekenne mich schuldig!)
- ✔ Satzanfänge
- ✔ Einzelne Wörter
- ✔ Inhaltliche Wiederholungen (»Sie biss sich auf die Lippe« – schon wieder?!)

Haben Sie den Fluch der Adverbien gebrochen?

Stephen King soll gesagt haben: »Der Weg zur Hölle ist gepflastert mit Adverbien.« Wie kommt er auf das schmale Brett?

Adverbien sind per se nicht verkehrt. Sie kommen in wunderbaren Variationen vor:

- ✔ Lokaladverb (Adverbien der Bewegung: von links, nach hinten, abwärts, unten, innen, …),
- ✔ Temporaladverb (Adverbien der Zeit: gestern, morgen, jetzt, später, manchmal, immer),
- ✔ Kausaladverb (Adverbien der Begründung: deshalb, daher, hiermit, dazu, dennoch, dafür, …)
- ✔ und Modaladverb (Adverbien der Beschreibung: ungern, besonders, genauso, vielmals, sehr, kaum, ziemlich, …).

So weit die Theorie. An diesen Adverbien ist nichts auszusetzen.

Adverbien werden aber auch benutzt, **um Verben besser zu beschreiben**: »leise gehen«, »schnell sprechen«, »hoch springen« (nicht »hochspringen«, sondern im Sinne der Beschreibung, dass jemand sehr hoch springt).

Lassen sich die Adverbien, die Sie finden, durch treffendere Verben ersetzen?

Langsam ging er den Flur entlang ➔ Er schlich

Hannes setzte sich zögerlich in Bewegung ➔ tastete sich vor

Haben Sie auf die Positionen der Verben im Satz geachtet?

Im Deutschen können wir Verben auseinanderziehen:

Er schlug die Tür, die vor wenigen Sekunden noch geschlossen gewesen war, zu.

Seine Rede hatte nicht nur die Änderung des Grundgesetzes und letztlich den Tumult auf den Straßen, sondern auch das Auseinanderbrechen seiner eigenen Familie bewirkt.

Diese Sätze werden verständlicher, wenn Sie diese Verben zusammenziehen:

Er schlug die Tür zu, die vor wenigen Sekunden noch geschlossen gewesen war.

Seine Rede hatte nicht nur die Änderung des Grundgesetzes bewirkt, sondern letztlich auch den Tumult auf den Straßen und das Auseinanderbrechen seiner eigenen Familie.

Haben Sie Substantivierungen im Text, die durch Verben ersetzt werden können?

Wenn Sie nicht gerade eine Figur haben, die der Wissenschaft zugetan ist oder ihr Leben als Beamte fristet, vermeiden Sie Substantivierungen.

Aus einem Satz wie *Schon lange hatte Amy auf die Zustellung des lang ersehnten Briefes gehofft* wird zum Beispiel:

- ✔ *Schon lange hatte sich Amy nach diesem Brief gesehnt.*
- ✔ *Schon lange hatte Amy gehofft, dass dieser Brief bald zugestellt würde.*
- ✔ *Amy konnte es kaum erwarten, den lang ersehnten Brief endlich in den Händen zu halten.*

Haben Sie, im Gegensatz zu mir, Ihre Satzanfänge variiert?

Zugegeben, es kann herausfordernd sein, nicht immer mit »Ich« oder »Er« beziehungsweise »Sie« zu beginnen, aber der Aufwand lohnt sich.

So nicht:

Ich drückte sachte gegen die Holztür, die sofort einen Spalt breit aufschwang. Licht fiel aus dem angrenzenden Raum in den Flur, in dem ich stand. Ich holte tief Luft, wohl wissend, dass ich kurz davor war, meinen Verlobten mit meiner besten Freundin zu erwischen. »Los jetzt«, dachte ich. »Trau dich.« Ich stieß die Tür auf und machte mich auf den Anblick der beiden gefasst, wie sie mit nackten Körpern übereinander herfielen.

Doch da war nichts. Der Raum war leer.

Wandeln Sie die Sätze um, sodass Sie selten mit »Ich« starten. Fügen Sie die Gedanken der Figur in den Text ein:

Zögernd drückte ich gegen die Holztür, die einen Spalt breit aufschwang. Schwaches Licht fiel aus dem angrenzenden Raum in meinen Flur. Ich holte tief Luft, wohl wissend, dass ich kurz davor war, meinen Verlobten mit meiner besten Freundin zu erwischen. Also los. Nur Mut. Ruckartig stieß ich die Tür vollends auf und machte mich auf den Anblick der beiden gefasst, wie sie mit nackten Körpern übereinander herfielen.

Doch da war nichts. Der Raum war leer.

Zusammengefasst:

- ✔ Schreiben ist Umschreiben. Keine Szene bleibt, wie sie im ersten Entwurf war.
- ✔ Graben Sie so lange Ihren Text um, bis Sie das Gold darin gefunden haben.

IN DIESEM KAPITEL

So geht es für Sie weiter

Warum Sie sich schon jetzt mit Marketing beschäftigen sollten

Kapitel 24
Ausblick und abschließende Worte

Herzlichen Glückwunsch, Sie haben nun alles, was Sie brauchen, um umwerfende Liebesromane in allen Variationen zu entwickeln, zu schreiben und zu überarbeiten. Ich wünsche mir, dass dieser Ratgeber ein treuer Begleiter auf Ihrem Weg wird und Sie sicher auf dem langen Weg begleiten wird.

Je nachdem, was Sie mit Ihrem Buch vorhaben, kommen nach der Überarbeitung verschiedene Schritte auf Sie zu:

Sie wollen nur für sich schreiben

Wenn Sie mögen, können Sie Ihr Manuskript drucken lassen. Das ist bereits ab einer Auflage von nur einem Exemplar möglich. Wenn Sie es halbwegs professionell aussehen lassen wollen, beschäftigen Sie sich zunächst mit dem Thema »Buchsatz«, um Ihr Buch so aussehen zu lassen, als hätte es ein Verlag gedruckt, und investieren Sie in ein Cover. Sie finden auf Seiten wie »99designs.de« oder »fiverr.com« Angebote, die oft recht erschwinglich sind.

Sie wollen zu einem Verlag

Den Mythos, dass man heutzutage keinen Verlag mehr findet, halte ich für ein Gerücht. Irgendeinen Verlag findet man immer, wenn man sich zuvor mit dem Schreibhandwerk auseinandergesetzt hat (was Sie beim Lesen getan haben), immerhin gibt es fast 10.000 registrierte Verlage in Deutschland.

Von denen haben jedoch mehr als die Hälfte weniger als zehn Mitarbeitende, wenn man der »Listflix«-Datenbank glaubt.

Es geht also zunächst darum, passende Verlage zu finden und dann ein dazu passendes Anschreiben und Exposé zu erstellen sowie eine Leseprobe vorzubereiten. Eine Vorlage für ein Exposé können Sie kostenlos unter `www.vomschreibenleben.de/expose` herunterladen.

Je größer der Verlag, zu dem Sie wollen, desto eher sollten Sie mit einer Agentur zusammenarbeiten. Suchen Sie im Internet nach passenden Adressen.

Sie wollen ins Selfpublishing

Wenn Sie Ihr Buch in Eigenregie veröffentlichen wollen, übernehmen Sie alle Arbeiten der Verlage. Beschäftigen Sie sich also damit, wie ein guter Buchsatz aussieht (oder delegieren Sie das an einen Profi), was ein verkaufsfähiges Buchcover ausmacht (bitte delegieren Sie das unbedingt an einen Profi! Nichts zerstört Ihre Verkaufszahlen so nachhaltig wie ein selbst gemachtes Buchcover …), wo Sie Ihre Bücher verkaufen können (Amazon Kindle Direct Publishing, tolino media, …), was die Vor- und Nachteile verschiedener Wege sind und was Sie noch klären müssen.

Beschäftigen Sie sich rechtzeitig mit dem Thema »Marketing«

Wollen Sie Ihr Buch verkaufen? Dann müssen Ihre Mitmenschen davon erfahren. So einfach ist das.

Marketing ist ein Schlagwort, das bei den meisten von Ihnen keine Freudensprünge auslöst. Lassen Sie mich daher nur kurz anreißen, warum Marketing dennoch wichtig ist und sogar Spaß machen kann:

Sie brauchen Marketing auch, wenn Sie einen Verlag haben

Zugegeben, je größer der Verlag und je wichtiger Ihr Buch im verlagseigenen Ranking, desto mehr wird der Verlag für Sie übernehmen. Obwohl ich Ihnen selbstverständlich wünsche, dass große Publikumsverlage Sie mit Angeboten überhäufen, ist die Realität leider eher das Gegenteil. Je kleiner der Verlag, desto mehr müssen Sie selbst die Werbetrommel rühren (ohne externes Budget).

Marketing ist nicht »Kauf mein Buch!«, sondern Verbindung

In meinen Augen ist Marketing keine reine Verkaufsveranstaltung, sondern die Einladung an Interessierte, sich mit Ihnen und Ihren Geschichten zu beschäftigen. Erzählen Sie davon, was Sie an der Geschichte begeistert, wie es war, in diese Figuren zu schlüpfen, und warum das Schreiben Sie erfüllt.

Bleiben Sie einfach ehrlich und Sie selbst.

Finden Sie Ihren passenden Kanal

Marketing muss nicht auf Social Media stattfinden. Kann es aber. Vielleicht steckt in Ihnen ein ungeahntes TikTok-Talent? Oder Sie lernen, Instagram zu lieben? Vielleicht konzentrieren Sie sich auch lieber auf den Aufbau eines Newsletters oder rufen einen Podcast ins Leben. Auch Lesungen und Messebesuche sind Marketing, ebenso wie Pressemitteilungen oder Fernsehauftritte.

Finden Sie heraus, was Ihnen Spaß machen könnte, und bilden Sie sich in diesem Bereich weiter.

Zögern Sie nicht, mich persönlich unter kontakt@annikabuehnemann.de zu kontaktieren, wenn Sie Unterstützung brauchen.

Ich danke Ihnen für diese gemeinsame Reise. Schicken Sie mir ein Bild von Ihrem Buch, sobald es veröffentlicht ist! Ich warte.

Und nun: Schreiben Sie. Ich warte auf Ihre Geschichte.

Teil V
Top-Ten-Teil

Besuchen Sie uns auf www.fuer-dummies.de oder unseren Social-Media-Kanälen:

Facebook
www.facebook.com/fuerdummies

Instagram
www.instagram.com/furdummies

YouTube
www.youtube.com/@dummies-mann

Kapitel 25

10 Tipps gegen Prokrastination

Was wäre ein ... *für Dummies*-Buch, ohne den Top-Ten-Teil? Es wäre wie ein Liebesroman ohne Liebe, ohne Romantik, ohne Gefühle.

Deshalb finden Sie hier noch zehn Tipps, die ich gern mit Ihnen teile.

Schreiben Sie nur einen Absatz statt eines Kapitels

Ein Absatz hat nur ein paar Zeilen. Sie müssen in einer Sitzung nicht gleich ein ganzes Kapitel schreiben! Geschichten entstehen Satz für Satz.

Alternativ kann es helfen, mit einem Wecker für zehn Minuten zu schreiben – egal, wie viel oder wenig dabei herauskommt.

Erlauben Sie sich, schlecht zu schreiben

Perfektionismus ist die Angst vor dem Scheitern. Sie können im ersten Entwurf nur scheitern, wenn Sie ihn nicht schreiben. Sobald Sie ihn schreiben, ist er perfekt, denn er muss einfach nur existieren.

Schreiben Sie zum Spaß mal eine Szene so schlecht, wie Sie können. Das nimmt den Druck von Ihnen.

Vergleichen Sie sich nicht mit anderen – schon gar nicht mit fertigen Romanen

Wissen Sie, wie oft diese Geschichten überarbeitet, verworfen, neu geschrieben wurden, ehe Sie sie ins Regal stellen konnten? Sogar überragend erfolgreiche Autorinnen wie Cornelia Funke schreiben Bücher manchmal in der Überarbeitungsphase zu 90 Prozent neu, wie sie in einem Interview erzählt hat.

Schreiben Sie und konzentrieren Sie sich auf Ihre Geschichte.

Sprechen Sie mit sich wie mit Ihrer besten Freundin

Wir sind zu uns selbst oft härter als zu anderen. Wann immer Sie merken, dass Sie um Ihr Projekt schleichen, aber das Schreiben vermeiden, fragen Sie sich: Was würde ich meiner besten Freundin raten, wenn sie dieses Problem hätte? Wie würde ich mit ihr sprechen? Sprechen Sie auch so mit sich selbst.

Setzen Sie sich ein inhaltliches Ziel

Statt darauf zu schauen, wie viele Wörter Sie in einer bestimmten Zeit schaffen, kann es helfen, sich inhaltliche Ziele zu setzen. »Ich schreibe jetzt, wie meiner Protagonistin die Ming-Vase herunterfällt«, klingt vielleicht motivierender als: »Ich schreibe jetzt 500 Wörter.«

Visualisieren Sie sich Ihr Buch

Stellen Sie sich vor, wie Ihr fertiges Buch im Handel ausliegt. Träumen Sie von Ihren Zielen und machen Sie sie so deutlich, dass man sie aufmalen könnte. Erstellen Sie ein Visionboard, auf dem Sie diese Träume festhalten, und verbinden Sie sich mit der Vision, die Sie für Ihr schreibendes Ich haben. Was würde dieses Ich zu Ihnen sagen?

Schreiben Sie, auch wenn Sie Zweifel haben

Kein Buch wurde ohne Zweifel geschrieben. Lernen Sie, das nagende Gefühl auszuhalten und trotzdem weiterzumachen. Wenn die Zweifel zu groß werden, lesen Sie Teil I dieses Buches noch einmal – und machen Sie die Übungen dieses Mal wirklich.

Springen Sie herum

Dieser Tipp ist doppeldeutig zu verstehen: Einerseits bringt es tatsächlich etwas, wenn Sie sich bewegen und herumspringen. Bewegung reduziert Stress. Andererseits ist der Tipp metaphorisch gemeint: Sie müssen Ihre Geschichte nicht linear erzählen. Suchen Sie sich eine Szene heraus, die Sie heute interessiert, und schreiben Sie sie.

Etablieren Sie Rituale

Je häufiger Sie zu einer bestimmten Zeit oder unter bestimmten Umständen schreiben, desto mehr verankert sich das als Routine in Ihrem Gehirn. Sie müssen sich dann langfristig nicht mehr ständig dazu motivieren, sich an die Geschichte zu setzen, sondern tun es einfach, weil Sie es immer tun. Je stärker Ihre Schreibroutine verankert ist, desto leichter wird es.

Wenn Sie möchten, nutzen Sie auch Ihre Sinne dafür und trinken Sie ein leckeres Getränk, zünden Sie eine Kerze an und/oder hören Sie Instrumentalmusik.

Machen Sie sich Ihr Warum klar

In Krisenzeiten brauchen Sie einen soliden Grund, um weiterzumachen. Machen Sie sich diesen Grund am Anfang Ihres Projekts klar. Warum schreiben Sie – für sich selbst und für Ihre künftigen Leserinnen und Leser?

Abbildungsverzeichnis

C. Ermel und O. Runge

Programmieren und zeichnen mit Python für Dummies Junior

2. Auflage 2022 **ISBN:** 978-3-527-71995-2

224 Seiten

Format: 176 mm x 240 mm

Ladenpreis: 18,- €*

Zaubere tolle Bilder mit dem Computer! Du brauchst dafür nur ein paar einfache Befehle aus der Programmiersprache Python.

W. Eagle et al.

TikTok-Videos selber machen für Dummies Junior

1. Auflage 2023 **ISBN:** 978-3-527-72133-7

160 Seiten

Format: 176 mm x 240 mm

Ladenpreis: 17,-€*

Werde Teil der TikTok Community und begeistere andere mit deinen Ideen. In diesem Buch erfährst du, wie du Videos mit dem Smartphone erstellst, bearbeitest und mit deinen Freunden teilst.

C. Ermel und N. Rosenfeld

Spaß mit Elektronik für Dummies Junior

1. Auflage 2020 **ISBN:** 978-3-527-71705-7

198 Seiten

Format: 176 mm x 240 mm

Ladenpreis: 15,- €*

In diesem Buch lernst du, Schaltungen für coole Gadgets aufzubauen: eine Glückwunschkarte, die leuchtet, eine blinkende Weihnachtsbaumkugel, einen klingenden Draht und anderes mehr.

* Der €-Preis gilt nur für Deutschland. Preisänderungen und Irrtümer vorbehalten.

Stichwortverzeichnis

Noch mehr professionelle Schreibtipps

AXEL HOLLMANN und MARCUS JOHANUS

Romane schreiben und veröffentlichen für Dummies

2. Auflage

2024. 368 Seiten. Broschur.

ISBN: 978-3-527-72196-2

€ 18,-

Haben Sie auch schon einmal mit dem Gedanken gespielt, Ihren eigenen Roman zu schreiben? Dieses Buch begleitet Sie auf Ihrem Weg als Schriftsteller. Axel Hollmann und Marcus Johanus helfen Ihnen, faszinierende Buchideen zu entwickeln, interessante Figuren zu erfinden, fesselnde Dialoge zu schreiben und spannende Handlungsbögen aufzubauen. Außerdem finden Sie in diesem Buch das wichtigste Handwerkszeug, das Sie als Romanautor beherrschen sollten und Möglichkeiten, Ihr Buch als gedrucktes Buch oder E-Book, im Selfpublishing oder bei einem Verlag zu publizieren und zu vermarkten. In der neuen Auflage kommen die Themen KI beim Schreiben und Social-Media-Marketing hinzu sowie Trendthemen für Titel (Umwelt, Diversität), Hörbücher und Schreibschulen.

*Der €-Preis gilt nur für Deutschland. Preisänderungen und Irrtümer vorbehalten.

Mordsmäßig gut schreiben lernen

KLAUS MARIA DECHANT

Krimis und Thriller schreiben für Dummies

2025. 336 Seiten. Broschur.
ISBN: 978-3-527-72238-9
Ca. € 19,99

Wer schon mal selbst versucht hat, einen Krimi zu schreiben, der weiß: Der Mord ist der einfache Teil. Aus der Aufklärung einen Roman zu machen, entpuppt sich allerdings schnell als große Herausforderung. Wie arbeiten Ermittler eigentlich in Mordfällen? Wie entwickelt man eine Spurensuche zu einem spannenden Plot? Und was macht einen guten Protagonisten im Thriller aus? Krimi-Autor Klaus Maria Dechant steht Ihnen bei diesen Hürden zur Seite: mit hilfreichen Tipps zur Ideenfindung, Informationen für einen gelungenen Spannungsbogen, praktischen Anleitungen für die Handlungs- und Charakterentwicklung sowie Einblicken in die Kripo- und Ermittlungsarbeit. Damit dem Schreiben Ihres Krimis nichts mehr im Weg steht.

*Der €-Preis gilt nur für Deutschland. Preisänderungen und Irrtümer vorbehalten.

Für Autoren in anderen Genres

RICK DAKAN und RYAN G. VAN CLEAVE

Science-Fiction, Fantasy und Horror schreiben für Dummies

2023. 416 Seiten. Broschur.

ISBN: 978-3-527-72075-0

€ 25,-

Sie spielen schon lange mit dem Gedanken, ein Science-Fiction-, Fantasy- oder Horrorwerk zu schreiben, aber Sie wissen nicht, wie Sie es angehen sollen? Oder Sie sind vielleicht schon mitten im Schreibprozess, aber kommen nicht weiter? Dieses Buch liefert Ihnen alle Basics, die Sie brauchen, um faszinierende Welten und packende Charaktere zu erschaffen. Lernen Sie Strategien, um Geschichten aus verschiedenen Genres zu schreiben, zum Beispiel Romane, Kurzgeschichten, Videospiele oder Drehbücher. Anschließend geht es um das spezifische Handwerkszeug für Science-Fiction-, Fantasy- und Horrortexte. Zu guter Letzt geben Ihnen die Autoren auch Tipps, wie Sie Ihr Buch lektorieren, einen Agenten finden oder Ihr Buch per Self-Publishing auf den Markt bringen. So wird aus Ihnen vielleicht bald der nächste Tolkien, King oder Asimov!

*Der €-Preis gilt nur für Deutschland. Preisänderungen und Irrtümer vorbehalten.

Und für andere Textformen

MONIKA HOFFMANN

Kreatives Schreiben für Dummies

2026. Ca. 320 Seiten. Broschur.
ISBN: 978-3-527-72319-5
Ca. € 18,-

Kreativität tut jedem Text gut, ob es nun ein Roman ist, eine Bewerbung oder ein Bericht. Doch wie stößt man diesen Prozess an, der Originalität oder gar Witz zwischen die Zeilen zaubert? Monika Hoffmann erklärt Ihnen, wie Sie Schritt für Schritt Ihre Kreativität nutzen, um Texte zu schreiben, die sich von anderen positiv abheben. Sie erklärt Ihnen systematisch, wie Sie Ihre Kreativität entdecken und in die richtigen Bahnen lenken. Sie erfahren, wie Sie Texte aufziehen, Sätze bauen und Wörter wählen. Dabei geht die Autorin auf fiktionale und non-fiktionale Texte und deren jeweilige Anforderungen ein. So erhält das, was Sie schreiben, stets eine persönliche Note und hebt sich ab von lieblos Zusammengeschustertem und automatisch Generiertem.

*Der €-Preis gilt nur für Deutschland. Preisänderungen und Irrtümer vorbehalten.

... zum ersten Mal

RUTH K. WESTHEIMER und PIERRE A. LEHU

Sex für Dummies

4. Auflage

2018. 385 Seiten. Broschur.

ISBN: 978-3-527-71503-9

€ 16,99

Ein erfülltes Sexleben – das wünscht sich wohl so ziemlich jeder. In diesem Buch erfahren die Leser endlich, was sie schon immer über erogene Zonen von Frauen und Männern, Verhütung, Orgasmus und Viagra wissen wollten. Sie erhalten unverblümt Antworten auf die Fragen, die sie nie zu stellen wagten. Dr. Ruth Westheimer gibt ihnen Sicherheit beim »ersten Mal«, hilft Ihnen aber auch nach langen Ehejahren, wieder mehr Lust und Spaß ins Schlafzimmer (oder anderswo) einkehren zu lassen. Dabei macht sie keinen Bogen um »Rote-Ohren-Themen« wie Impotenz, Selbstbefriedigung, Gruppensex und gleichgeschlechtliche Liebe.

*Der €-Preis gilt nur für Deutschland. Preisänderungen und Irrtümer vorbehalten.

www.ingramcontent.com/pod-product-compliance
Lightning Source LLC
LaVergne TN
LVHW061935220826
846092LV00004B/1014
9783527722686